POLITICS
AND LAW REVIEW

政治与法律评论　第十二辑

长臂管辖与美国总统权力

主编　史　庆

当代世界出版社
THE CONTEMPORARY WORLD PRESS

长臂管辖与美国总统权力

《政治与法律评论》第 12 辑

主办单位：北京大学国家法治战略研究院

总 主 编：强世功

本 辑 主 编：史 庆

编辑委员会：（按姓氏笔画排序）

于 明 华东政法大学法律学院

孔 元 中国社会科学院欧洲研究所

田 雷 华东师范大学法学院

刘 晗 清华大学法学院

陈 颀 中山大学法学院

邵六益 中央民族大学法学院

欧树军 中国人民大学政治学系

章永乐 北京大学法学院

赵晓力 清华大学法学院

强世功 北京大学法学院

魏磊杰 厦门大学法学院

助 理 编 辑：袁阳阳

导　言

　　2018年初，《外交事务》发表了库尔特·坎贝尔和伊莱·拉特纳的联名文章《重估中国》。这两位现已在拜登政府中身居高位的作者认为，美国对中国的政策一直被一种"认定中国将逐步开放并广泛接纳现有国际体系"的信念束缚，但这些愿望与中国实际发展之间的距离越拉越大，因此美国的对华战略需要重新评估。是年3月底，美国对中国发动贸易战，并不断增加经济制裁的种类，扩大制裁范围；赴美上市、跨境直接投资、对外贸易、产业供应链、文化交流甚至留学签证，均受到影响。美国直接或间接针对中国出台的法律文件还涉及出口管制、资本市场、高科技企业制裁及数据安全。中国亦针锋相对地制定了多部具有回应性质的法律法规和相关文件，主要包括《不可靠实体清单规定》《阻断外国法律与措施不当域外适用办法》《反外国制裁法》。这些文件具有开创性意义，但如何适用仍须在实践中不断探索。

　　这一切，触发了对2015年美国哈佛大学教授格雷厄姆·艾利森提出的所谓"修昔底德陷阱"的争论：守成大国和新兴大国身陷结构性矛盾、冲突甚至战争极易发生。2021年6月，《经济学人》某篇佚名文章指出，评估美国和中国全球经济地位的一种方式就是观察两国占全球生产总值的比重及分享的商业活动（系指他们在全球股票市场资本额、公开发行收益、风险资本、"独角

1

兽"或更大的私人初创企业，以及世界最大的 100 家公司中所占份额的平均值）。按照这个标准，美国国内生产总值占全球的 24％，但商业活动占 48％；中国国内生产总值占全球的 18％，商业活动占 20％。可以确定的是，美国在资本市场的统治地位仍然存在且仍将保持，但中国已经对其构成了有力的挑战。2019 年末至 2020 年初，全球爆发的新冠疫情及两国的不同应对策略，更加剧了这一挑战。

作为第一个与大英帝国成功实现分离的殖民地，美国具有共和国和帝国的双重特性。它首先是一个共和国。哈灵顿的共和主义在这里发生了跨大西洋的转移：其所要求的美德，即军事和个人财产，为革命提供了政治理论，其所追求的商业也带来了腐败及党争。尽管如此，作为体制的必要牺牲，腐败也为美国带来了多样性和多元主义，利益拼盘被认为是其政治自由的体现。同时，它也是一个帝国。这不仅体现在其联邦与各州的初始关系，也体现在其在《大西洋宪章》后继承了"不列颠治世"的"美利坚治世"。尼尔·弗格森甚至认为，这个"新罗马帝国"应效法大英帝国，继续在全球推行自由资本主义。帝国和共和国属性的连接点似乎在于弗里德里克·特纳的"边疆理论"。他认为，在宪法的制定和修订的背后存在着重要的力量，它赋予了这些机体以生命；而美国制度的特质是：他们一直迫使自己适应一个从扩张人群中所发生的变化；西进过程中的每一条边疆因此都对美国的特性作出了贡献，它们引出了新的制度和活动，塑造了美国人独特的"德行"。这个出生在新世界的联邦同时结合了扩张的罗马以及自由而稳定的威尼斯，又避免了罗马和威尼斯共同的命运，尽管这与两次世界大战后的"非正式帝国"既有共通也有矛盾。

在世界各地，对美国更多归于帝国还是共和国结构的观点随着个人背景和所处时空的变化而变化。本辑研究对象就是一个最好的例证——中国社会对美国"长臂管辖"一词的认知在过去短短20年内发生了翻转。在"入世"前后，该词在中国实务界和理论界的普及程度并不高，当时关注这一制度的学者仅集中在民事诉讼及国际私法领域，实务界亦只有部分涉外律师对此有研究。但自2018年以来，"长臂管辖"及其所引发的"企业合规""数据主权"等问题，已经引起了理论和实务界的广泛关注。20年内，"长臂管辖"的外延从一种仅限于民事诉讼领域的州法律制度（long-arm jurisdiction），拓展到极为宽泛的"超领土管辖"（extraterritorial jurisdiction）。后一概念所指涉的范畴不仅包括民事领域，也包括刑事领域的司法管辖，还包括以总统权力为基础的经济制裁。"超领土管辖"的历史含义亦指向殖民时期的"治外法权"，而众所周知的是，不对等的"治外法权"本身是促成20世纪民族国家形成的一个重要因素。

主题文章部分以"长臂管辖与美国总统权力"为主题，聚焦于长臂管辖、经济制裁与总统权力、宪法与政党三个议题。三个议题环环相扣：长臂管辖作为在美国历史上形成的独特制度，为其诸多政治经济行为的发生和规制提供了正当性和合法性；而两次世界大战以来总统权力的扩张是其经济制裁的基础，并构成其当今长臂管辖的主要内容；长臂管辖背后自然也体现宪法与政党的张力，亦即纵向和横向分权如何制衡利益集团对美国国内外政策的影响。

前三篇文章分别从历史、概念、规则和动机的角度，分析了美国长臂管辖制度及其所规制行为发生的动因。其中，史庆的文章通过摘选美国建国、内战、两次世界大战及20世纪70年代改革四个节点，分析了各个时间段中，地理扩张、科学技术及权势集团如何影响美国州和联邦层面长臂管辖制度的发生与演变。该文指出，长臂管辖的背后是资本主义的扩张性，而美国联邦与州的复合政治结构适应了这一扩张性；在州的垄断被内战后的联邦政府打破后，垄断性公司与联邦政府的联姻指向了新的国际与跨国权力塑造；在权势集团追求新垄断的过程中，作为规制理由的过往法律资源并未失效，而是展现出极强的历史连续性。李月翻译的弗雷娅·伊拉尼的文章指出：第二次世界大战后美国法院在反垄断和雇佣劳工方面的判决差异已经显示出，除了领土概念之外，美国的管辖权边界已经围绕着被称为"国民经济"的概念展开，而不论领土抑或"国民经济"本身只是法律的产物。徐梦瑶翻译的威廉·吉梅内斯和阿诺·罗德的文章用公海/港口模型解释著名的跨国互联网管辖案件。该文指出，欧陆法国家在确立互联网管辖权新规则时，更加趋向于美国的属人管辖原则。

随后的两篇文章揭示了经济制裁与总统权力扩张之间的关系。其中，王秋豪沿历史脉络对美国的经济制裁进行了详尽分析，他指出，作为传统战时经济思路之下衍生而来的执法措施，美国的经济制裁一直以外交领域的国家安全利益为核心价值；由于国会的授权和法院的顺从，美国经济制裁逐渐形成了以总统为核心的、行政权力主导的制裁体系。制裁的具体手段包括制裁计划和制裁名单，其特点在于规则导向且快速变化，并给相关商事主体带来极大的合规成本。从根本上说，经济制裁等制度的实施均有赖于美国商品技术和美元的核心主导地位。张圣泽的文章亦从美国频繁动用的 1977 年《国际紧急经济权力法》的前身——1917 年《对敌贸易法》入手，指出随着美国向制裁国家转变，受国家理性影响的国会、最高法院为了同行政首脑行动保持一致，倾向于减少实质制约而专注于设定程序；而总统经济特权的应用逐渐成为美国的经济政策工具，并从例外手段变为一种治理技术。

　　主题文章中的最后两篇围绕宪法与政党的关系展开。李泉在总结福山和阿克曼提出的美国衰落论后，就其共同分享的"政治问题法律化"这一特点进行了探讨。通过展现美国宪法"根本法"与"行宪之法"（即由普通法法官根据社会环境解释的法律）的"二元宪法陷阱"，作者指出，"斯科特案"所反映的利益集团斗争贯穿阿克曼所谓"高级立法"和"普通立法过程"的"二元民主制"。该文提出的"二元二阶行宪制"，要求超越阿克曼所依循的政府内部权力分置框架，将政治学分析注入法律研究当中。同样的理解也体现在孙竞超翻译的保罗·波洛克的文章中。该文指出，如果用麦迪逊的观点评判今天的美国政党，它们可能并不属于被批评的"派系"。但在麦迪逊看来，如果政党参与制宪议程，则很可能将其过去的行为合法化，并利用所制定的规则谋取特定利益。国家因此需要"一个组织起来以保证只有'共同体冷静而审慎的情感'才能占上风的全国政府"。如果说《联邦论》第 10 篇是利益集团研究无法回避的历史文献，那么麦迪逊以制衡政府对抗社会派系的方案，能否或在多大程度上行之有效呢？

　　一个全球霸权必然建立于宣称道德优越的基础之上，但前提是拥有经济和军事实力。本辑关注的长臂管辖是美国全球道德领导地位的一个法律注脚，尽管其重要性并不亚于经济和军事实力。从"特朗普现象"到此次新冠疫情防控，美国政治领域的内部张力正逐渐显露。这一曾终结历史的国家似乎已进入"亚健康"状态。探讨中国对此应何去何从，并非本辑的主旨，虽然本辑的其他文章在各个领域探讨了中国及世界的其他问题。关于长臂管辖与美国总统权力的研究，本辑只提供了一个开端、一个基本框架，更深入的见解留待今后更多的研究发现。但可以确定的是，一方面，我们既需要消化尤其是西方文明建构世界帝国的技艺和成就，也需要为中国找回精神上的主权，找到元叙事的差异性；另一方面，考虑到以超越领土管辖为特征的长臂管辖在世界史上并不是个例，在不同共同体针锋相对的思想和制度中，也需要挖掘被遮蔽的、更多的相似内容，以及作为其背景的历史和时代的法则。

目　录

主题文章：长臂管辖与美国总统权力

美国长臂管辖的发生与演变（1776—1976）

史　庆[*]

摘要：美国的制度变迁受地理空间、科学技术及权势集团的变化影响至深。在早期政治经济生态中，竞争中的各州（殖民地）为保护债权人利益及寻求土地利益，塑造了美国特有的长臂管辖制度。在西部拓殖进程中，联邦法院以各州领土主权下的对物管辖权为依据，认可了州的长臂管辖权，并未对其进行实质上的干涉。"彭诺耶诉内夫案"（1850—1877）历时近30年，此时的美国完成了南北统一并进入快速工业化时代。虽然该案旨在限制各州的长臂管辖权，但对人管辖中的实际通知亦成为简便的送达途径，因而成为随后州长臂管辖权的基础。作为镀金时代高关税制度的延续，1890年《谢尔曼法》首次将各州民事诉讼中的长臂管辖制度写入联邦立法，该法同时规定了企业管理人员的刑事责任。而同时期美国对外的军事征服

---

* 北京大学法学院法学博士研究生。

与商业扩张使得该法迅速被适用至本国公司的域外行为与外国公司。至大萧条期间，反垄断长臂管辖的制度实践在对外贸易、关税、证券与通信领域被效仿。第二次世界大战前后，联邦法院对"客观属地原则"的持续发展、司法部的权限扩大以及联邦调查局的域外行动，是美国实施全球刑事长臂管辖的基础。

关键词： 长臂管辖　对物管辖　对人管辖　反垄断　客观属地原则　美国司法部

导论

法律的生命在于经验而非逻辑……其蕴含着一个国家数个世纪发展的故事。……它的形式、机制以及能够实现预期结果的程度很大程度上取决于过去。

——小奥利弗·霍姆斯:《普通法》，1881 年[1]

该法的……管辖范围与大地比肩，除非争议只涉及一州居民的州内事务。……一旦时机成熟，我们会发现那个为在大西洋旁的狭长 13 州——只有 400 万人口，没有制造业和商业，没有信用和财富，破产无法还债——设计的制度，将成为一个统治着 42 个州和 6500 万人民、拥有全球最大规模制造业和第二多财富的大陆帝国的最幸福制度。

——约翰·谢尔曼关于"托拉斯"的演讲，
1890 年 3 月 21 日于美国参议院[2]

目前许多带有刑事制裁的联邦法存在域外适用条款，包括：……《对敌

---

〔1〕 Oliver Wendell Holmes, Jr. , *The Common Law*, Boston: Little, Brown and Company, 1881, p. 1.

〔2〕 Trusts: Speech of Hon. John Sherman of Ohio delivered in the Senate of the United States, March 21, 1890, pp. 16-22.

贸易法》（1917）、《证券交易法》（1934）、《谢尔曼反托拉斯法》（1890）和《联邦贸易委员会法》（1914）。……在1973年美国诉埃多斯一案中，法院确认了国会法律的域外适用："在国际法体系中，国会可选择为实现立法所寻求的目的所必需的任何公认的国家管辖原则。"

——哈雷·斯塔格斯：《"公司非法支付法"报告》，
1977年9月28日于美国众议院[3]

　　自然状态的人群为结成共同体，需要以全部力量保卫每个结合者的人身和财富，对其中任何一个成员的侵犯因此构成对整个共同体的侵犯。[4]1769年冬，当英国议会认为马萨诸塞湾一场骚乱的责任人应被带到英国受审的消息传至美洲，正在会期的弗吉尼亚地方下议院议员们迅速通过决议："将个人送到海外受审，是对英国臣民权利的严重损害；在这种审判中，被告受到传唤及召集证人的权利将被剥夺。"类似决议很快在其他殖民地获得通过。[5]后来托马斯·杰弗逊等起草的《独立宣言》指出，乔治三世和英国议会的种种"伤害和掠夺"，包括"剥夺我们享有陪审团的权益"并"编造罪名把我们递解到海外受审"。[6]这部为各国行为提供准则的宣言逐渐具备了普世意义，不同地方或国家群体共发布了一百多种独立宣言。[7]

　　2008年起，因涉嫌违反美国联邦法律，西门子公司与美国司法部及证券交易委员会达成的和解协议款项总计达8亿美元。这一贿赂发生在阿根廷，实际行贿者并非美国人，受贿者为阿根廷官员，被处罚人亦是一家德国公司。但由于其证券在美国交易，

---

　　〔3〕　US House of Representatives（Report）No. 95-640（1977）.

　　〔4〕　卢梭：《社会契约论》，钟书峰译，法律出版社2017年版，第17页。

　　〔5〕　Daniel Huff, "Witness for the Defense: The Compulsory Process Clause as a Limit on Extraterritorial Criminal Jurisdiction", 15（1）*Texas Review of Law & Politics*（2010）, p. 130.

　　〔6〕　大卫·阿米蒂奇：《独立宣言——一种全球史》，孙岳译，商务印书馆2014年版，第105—106页。

　　〔7〕　同上注，第64—65页。

所以受到处罚。2017 年 9 月，西门子大项目部负责人、德国公民埃伯哈德·赖希特（Eberhard Reichert）在克罗地亚被捕，并被引渡至美国纽约南区联邦法院受审。[8] 2018 年 3 月 15 日，起初拒绝认罪的赖希特最终与美国司法部达成认罪协议。西门子违反的法律正是闻名全球的美国《反海外腐败法》（Foreign Corrupt Practices Act)。这部法律起源于 1976 年美国证券交易委员会的一份跨国公司海外行贿报告，立法原意本为禁止美国公司（包括国外子公司）及所属员工、代理人向外国官员进行赠与、许诺提供或提供任何有价物品的行为。[9] 如今，该法已被翻译成 50 种语言文字并发布于美国司法部的官方网站上。[10]

解释这一断裂及其背后的连续性的前提是对"长臂管辖"的准确界定。"长臂管辖"一词原对应美国民事诉讼中的 long-arm jurisdiction。[11] 此管辖形式源于美国各州民事诉讼中的"长臂制定法"（long-arm statutes），在知识体系中隶属于与事物管辖（subject matter jurisdiction）相对应的属人管辖（personal jurisdiction）。如今其受美国宪法正当程序条款的限制，并不涉及刑事领域，起初也不涉及晚近国际法管辖理论中的各项原则。[12] 但时至今日，中文语

---

〔8〕 Brendan Pierson, *Ex-Siemens employee pleads guilty in U. S. to Argentine bribery scheme*, at https：//uk. reuters. com/article/uk-siemens-corruption/ex-siemens-employee-pleads-guilty-in-u-s-to-argentine-bribery-scheme-idUKKCN1GR3A9, 最后访问日期：2020 年 10 月 16 日。

〔9〕 15 U. S. C. § 78dd-1 (a), § 78dd-2 (a).

〔10〕 The United States：Department of Justice, Foreign Corrupt Practices Act of 1977, at https：//www. justice. gov/criminal-fraud/statutes-regulations, 最后访问日期：2020 年 10 月 19 日。

〔11〕 参见赖紫宁：《国际民事诉讼管辖权的根据及其新发展》，载《中外法学》1999 年第 2 期；郭玉军、甘勇：《美国法院的"长臂管辖权"——兼论确立国际民事案件管辖权的合理性原则》，载《比较法研究》2000 年第 3 期。

〔12〕 Fleming James, Jr. , Geoffrey C. Hazard, Jr. , John Leubsdorf, *Civil Procedure (Fourth Edition)*, Boston：Little, Brown, 1992, pp. 63-66；Vedder Price, *Long-Arm Statutes：A Fifty-State Survey*, Kaufman & Kammholz, P. C. 2003.

境中"长臂管辖"一词的意涵已经发生变化，[13] 其所指涉的内容已超出美国民事诉讼中的管辖形式，而更接近于超越领土范围（extraterritorial）的域外管辖权。[14] 这一管辖权在诉讼类别上既包括民事诉讼也包括刑事诉讼，依权力来源亦可分为立法、执法和司法管辖权，且包括联邦及各州层面的长臂管辖。[15] 引起讨论的原因在于，其被认为突破了第二次世界大战以来的国家主权原则。无独有偶，大洋彼岸在使用 extraterritorial jurisdiction 一词时也面临着类似问题。该词的较早含义为"一国将本国实体法适用于他国领土上的本国国民"，其直接指向第二次世界大战以前"包括美国在内的列强将其法律适用于遥远地区（包括中国）"的"治外法权"（extraterritoriality）。基于该词与殖民主义的联系及其产生的强烈情感暗示，第二次世界大战后的美国政府和评论家并未普遍使用该词。[16] 因此，时下"长臂管辖"一词更准确的对应翻译应为 extraterritorial jurisdiction。[17]

本文围绕美国长臂管辖的发生与演变展开叙事，时间选取自《独立宣言》发表的 1776 年至《反海外腐败法》制定的 1976 年。

---

〔13〕 参见肖永平：《"长臂管辖权"的法理分析与对策研究》，载《中国法学》2019 年第 6 期。

〔14〕 参见李庆明：《论美国域外管辖：概念、实践及中国因应》，载《国际法研究》2019 年第 3 期。

〔15〕 Anthony J. Colangelo, "What is Extraterritorial Jurisdiction?", 6 *Cornell Law Review* (2014), pp. 1303-1352.

〔16〕 Note 7, Deborah A Sabalot, "Shortening the Long Arm of American Antitrust Jurisdiction: Extraterritoriality and the Foreign Blocking Statutes", 28 *The Loyola of Los Angeles Law Review* (1982), p. 214; TeemuRuskola, "Colonialism without Colonies: On the Extraterritorial Jurisprudence of the U. S. Court for China, Law and Contemporary Problems", 71 (3) *Transdisciplinary Conflict of Laws* (2008), pp. 217-242.

〔17〕 可参见实务界的用法，如刘相文等：《美国长臂管辖规则及其适用之解读》，载 http://www.zhonglun.com/Content/2019/04-15/1321043154.html，最后访问日期：2020 年 10 月 16 日；Jerome Tomas, *A Return to the Broad Extraterritorial Reach of the US Federal Securities Laws?*, at https://www.bakermckenzie.com/en/insight/publications/2018/09/a-return-to-the-broad-extraterritorial-reach，最后访问日期：2020 年 10 月 16 日。

美国学界一般认为，民事诉讼长臂管辖第一案可以追溯至 1877 年彭诺耶诉内夫一案（"彭诺耶案"）[18] 中斯蒂芬·菲尔德（Stephen Johnson Field）法官对州长臂管辖的限制，而 1945 年国际鞋业公司诉华盛顿州则为这一作为原则的限制增加了例外；刑事诉讼长臂管辖则可追溯至 1891 年菲尔德法官在"罗斯案"[19] 中对联邦宪法适用范围的限制，而 1922 年塔夫脱法官（William Howard Taft）在"鲍曼案"[20] 中增加了例外。[21] 但这一叙事既忽略了内战前各州长臂管辖的发生及其主导作用，也忽略了从州到联邦层面、从民事到刑事领域长臂管辖的动因，以及得以促成联邦政府对域外长臂管辖的前提。对制度制定者（author）意图的理解，不仅需要对制度本身的文本（textual）进行研究，也需要对制度语境（contextual）尽可能全面进行考察。美国自建国以来，制度变迁受地理空间、科学技术及权势集团的变化影响至深，其长臂管辖正发生在此内外逻辑中。据此，本文内容分为以下四个层面。

第一，从殖民地至内战时期的美国存在南北意识形态的分裂，但共同的"昭昭天命"指向了对整个法国、英国、西班牙、墨西哥和印第安人占据的北美的扩张主义。对于那些越过公认边界进入外国领土的拓荒者，以及那些在公海上被强征为海员的美国公民，美国有责任依据《独立宣言》保护他们的自然权利。[22] 而此时美国的扩张动力及共同体责任的承担主体主要为各州，长臂管辖亦为各州在此环境中内外竞争的自然要求。联邦对各州的

---

〔18〕 *Pennoyer v. Neff*, 95 U. S. 714（1878）.

〔19〕 *In re Ross*, 140 U. S. 453（1891）.

〔20〕 *United States v. Bowman*, 260 U. S. 94（1922）.

〔21〕 José A. Cabranes, "Our Imperial Criminal Procedure: Problems in the Extraterritorial Application of U. S. Constitutional Law", 118（8）*The Yale Law Journal*（2009）, p. 1665.

〔22〕 罗伯特·卡根：《危险的国家——美国从起源到 20 世纪初的世界地位》，社会科学文献出版社 2016 年版，第 153 页。

长臂管辖采取原则上限制、实践中放任的态度。

第二，"彭诺耶案"虽被认为是对宪法第十四修正案正当程序条款的首次运用，但其制度背景在于约瑟夫·斯多利（Joseph Story）法官将海事法上的对物管辖运用于陆地上的不动产纠纷。1877年的美国已不存在南北分裂，联邦权亦取得对州权的强势地位；斯蒂芬法官将该案认定为对物管辖并适用正当程序条款，不仅体现其保护财产权的意图，也反映出他对各州滥用对物管辖以进行长臂管辖的限制（本案中俄勒冈州参议院议长及未来州长均败诉）。但是，工业革命产生的铁路和电报使得整个美洲大陆的实际通知成为便捷方式，斯多利的枢纽性判决事实上将各州的长臂管辖引向更为简便的对人管辖。

第三，随着镀金时代中一批全国垄断性公司的出现，联邦政府的竞争/合作对象逐渐从依赖土地的州转移至大型垄断性公司。内战后高关税政策带来美国公司对本土市场的垄断格局；作为对这一垄断在国际层面的延续，1890年《谢尔曼法》不仅吸纳了州的长臂管辖权，而且规定了对企业管理人员的刑事责任。在军事扩张和海外投资加速的年代里，"旋转门"中的美国政商界权势集团将该法适用至这个"大陆帝国"的边疆，霍姆斯大法官亦于1911年在"美国烟草公司案"[23]中认可了"客观属地"原则。自威尔逊执政至新政时期，关税、贸易、通信、证券交易领域对反垄断制度的效仿以及司法部的权限细分，为第二次世界大战后美国各经济部门的长臂管辖提供了制度依据。

第四，美国司法部自两次世界大战至20世纪70年代的权限扩张构成刑事长臂管辖的物理基础。一方面，联邦法院不断给予司法部长臂管辖以判例法支持，法院在肯定联邦法律域外效力的同时否定了西部拓殖时期"宪法随着国旗走"原则，这使得域外

---

〔23〕 *United States v. American Tobacco Co.*, 221 U.S. 106 (1911).

个人不再受到美国宪法的保护；另一方面，基于地缘经济诉求，联邦调查局域外调查制度在第二次世界大战期间得以建立并在拉美有效开展。为应对第二次世界大战后大量的经济案件，司法部于 20 世纪 50 年代逐渐形成了一套诉前会议及和解判决机制。在 70 年代新自由主义的全球影响下，美国对外控制手段逐渐由直接的武装干预转向间接的制度影响；作为这一时期长臂管辖法代表的《反海外腐败法》，不仅将适用主体拓展至美国公司及其雇佣的外国人，而且基于联邦调查局的域外取证能力，将司法部作为核心执法部门。

本文的研究不局限于当今学科范式下各类管辖形式及原则的思维定向，而是以长臂管辖背后的"家族相似"结构——超领土的管辖——审视美国史。并非将"长臂管辖"作为一种观念具象化，本文选取历史进程中驱动长臂管辖的施动者（州政府、联邦法官、垄断性公司、司法部等）及具有枢纽性意义的先例和立法作为研究对象，这些均不意味着在先形成的管辖制度"预示"了在后的长臂管辖；[24] 相反，上一时间段管辖制度的例外往往成为下一时间段长臂管辖的理由。此外，本文聚焦于依据美国国内法、刑事及民事诉讼领域的长臂管辖，不专门讨论作为经济制裁的长臂管辖以及殖民时期的"治外法权"。[25] 本文不带任何倾见。

---

[24] 昆汀·斯金纳：《观念史中的意涵与理解》，任军锋译，载丁耘等主编：《思想史研究》第 1 卷，广西师范大学出版社 2005 年版。

[25] 相关研究可参见本辑张圣泽的《美国总统经济特权研究——以 1917 年〈对敌贸易法〉及其演变为例》与王秋豪的《美国经济制裁的历史演进及制度解构》，以及络德睦：《法律东方主义：中国、美国与现代法》，魏磊杰译，中国政法大学出版社 2016 年版，第 5 章。

一、长臂管辖的早期发生：猜忌中的各州竞争利益与英国法管辖理论的海陆转变

建国至内战时期的美国，权力主要在各州而非联邦。"联邦政府仍然是特殊的政府，各州政府才是一般的政府。……今天统治美国社会的那些伟大政治原则先于各州产生和发展。"[26] 作为美国最早的长臂管辖法的《外国人侵权法》（Alien Tort Statute），集中反映了这一特征。该法颁布时，这个年轻国家在依《邦联条例》（Articles of Confederation）组建的第一届国会中苦苦挣扎；而在共和国成立初期，确保遵守联邦根据国际法所作承诺的主体不是联邦而是各州，它们是美国义务的实际承担者。在当时，一些州拒绝按照 1783 年《英美和平条约》（Treaty of Peace with Great Britain）的要求，消除英国公民在收回独立战争前债务方面的法律障碍。当一名法国外交官在费城的一条公共街道上遭到袭击时，美国政府被迫向法国大使道歉，并解释道，只有宾夕法尼亚州的官员有权起诉罪犯。而《外国人侵权法》则赋予了联邦法院对因战争引发的海事案件管辖权，且该法要求原被告均应为外国人。根据最高法院的观点，该法的"主要目标"是"通过确保外国原告在缺乏证据的情况下对违反国际法的行为采取补救措施，以促进国际关系的和谐"。[27] 在适用《外国人侵权法》时，联邦法院更类似于调处欧洲国家公民在北美发生纠纷的平台，但该法在制定后的190 年中极少被适用，几乎处于休眠状态。而在内部关系方面，《司法法》第 11 条在一定程度上反映了联邦对州管辖权（对人管

---

〔26〕 托克维尔：《论美国的民主》，董果良译，商务印书馆 1991 年版，第 65 页。

〔27〕 Stephen P. Mulligan, *The Rise and Decline of the Alien Tort Statute*, Congressional Research Service, pp. 1-2.

辖）的限制,[28] 且该条款首先于 1798 年"霍林斯沃思诉亚当斯案"中被最高法院适用。[29] 该案中，霍林斯沃思在宾夕法尼亚州联邦地区法院就特拉华州居民亚当斯申请"对外财产扣押"（foreign attachment）指令，而亚当斯在接受送达时并非位于宾夕法尼亚州。他提起动议，联邦最高法院最终撤销了这一指令。但这一判决并不能反映常态。其更多是对州已发生的长臂管辖既有现实的确认（如下文的"米尔斯诉杜瑞案"及"达西诉凯彻姆案"），而审理绝大多数案件的州法院仍然在各自的法律体系中运作。[30]

斯多利法官于 1813 年在"米尔斯诉杜瑞案"中给出的多数意见,[31] 则反映了美国联邦法院对各州依据自身法律进行长臂管辖的态度。此案中，被告被拘留至纽约州法院并受到该法院的对人管辖，而争议点在于，原告能否在哥伦比亚地区巡回法院申请执行。当时斯多利法官援用了联邦宪法"充分信任和尊重条款"（full faith and credit clause）："各州必须尊重其他所有州的公共行为、记录和司法程序"，而国会在对"公共行为、记录和司法程序"的界定中将适用法院扩展至美国境内的所有法院。因此，既然该判决能够在纽约州被执行，也应能在哥伦比亚地区巡回法院执行。该案承认了各州的长臂管辖权。从后观的角度来看，斯多利法官似乎在为其 1816 年著名的"马丁诉亨特租户案"作铺垫，该案奠定了联邦法院审查各州司法判决的权力。但在当时，威

---

[28] An Act to establish the Judicial Courts of the United States, section 11, *A Century of Lawmaking for a New Nation: U. S. Congressional Documents and Debates*, 1774–1875, pp. 78–79.

[29] *Hollingsworth v. Adams*, 2 U. S. 396 (1798).

[30] 如 *Murphy v. John S. Winter & Co.*, 18 Ga. 690 (1855); *Weil v. Lowenthal*, 10 Iowa 575 (1860); *Moore v. Smith*, 41 Ky. (2 B. Mon.) 340 (1842); *Nelson v. Omaley*, 6 Me. 218 (1829); *Bissell v. Briggs*, 9 Mass. 462 (1813), 转引自 Wible, Elizabeth Camilla, "The Supreme Court Returns to the Jurisdictional Philosophy of Pennoyer v. Neff", 21 *Cumberland Law Review* (1991), p. 340.

[31] *Mills v. Duryee*, 11 U. S. 481 (1813).

廉·约翰逊法官提出了更激进的反对意见："联邦法院的目的是消除而非促进各州间的猜忌（jealousies）。……州的管辖权限于州界，因而不能不公正地对其程序管辖外的财产、不对其效忠或不属于其管辖的公民行使管辖权。"

猜忌中各州的竞争利益是美国早期政治经济生态中的重要特征。猜忌产生于对资源分配可能不公的畏惧心理：在西部体现为陆地上广袤的土地资源，在东部体现为海洋上竞争的商业机会。[32] 而当时正值美国对英国的 1812 年战争。这场"第二次独立战争"历时两年半，起因被归于美国西部各州对加拿大土地的觊觎，以及对英法贸易限制的不满（参议院差点同时批准向英法两国宣战）。[33] 战争中，首都华盛顿一度被占领，但美国最终取得了陆地和海洋上的全面胜利。这是"合众为一"的高光时刻，也是分裂主义抬头的时刻：新英格兰的联邦党人因为不满国会的征兵要求，认为各州在极端情况下可以拒绝服从国会，在最坏的情况下可以脱离联邦。[34] 将这一背景信息带入后，我们不难发现斯多利法官保守意见的合理性。

各州竞争利益因此成为导致美国的管辖制度区别于英国的重要原因；类似的长臂管辖并非基于普通法先例。一方面，普通法存在对法律域外效力的严格限制。在 1808 年"布坎南诉洛克案"中，多巴哥岛的一家法院根据多巴哥法律，在法院门口钉了一份传票副本，对一名按程序送达的非居民被告作出了判决，后来原告寻求在英国法院执行。本案中，首席大法官埃伦伯勒（Lord Chief Justice Ellenborough）写出了一句后来被频繁引用的名言："多巴

---

〔32〕 汉密尔顿等：《联邦党人文集》，程逢如等译，商务印书馆 2013 年版，第 30—31 页。

〔33〕 布拉福德·珀金斯：《共和制帝国的创建》（1776—1865），周桂银、杨光海译，载孔华润主编：《剑桥美国对外关系史》（上），新华出版社 2004 年版，第 141—142 页。

〔34〕 苏珊-玛丽·格兰特：《剑桥美国史》，董晨宇、成思译，新星出版社 2017 年版，第 185 页。

哥岛能通过一项法律来约束全世界的权利吗？世界会服从于这种假定的管辖吗？"[35] 1870 年，在"西斯比诉维斯腾霍兹案"中，作为法国居民的原告西斯比寻求在英国执行一份法国法院作出的对非法国居民的缺席判决，理由是英国 1852 年《普通法程序法》（Common Law Procedure Act）确定了与法国一致的对非居民管辖理论。科林·布莱克本法官对此予以拒绝，其援用埃伦伯勒的话指出："法兰西帝国的法律能够约束全世界吗？如果同样的案件发生在美国，原告亦依据《普通法程序法》要求美国法院管辖，那么美国法院的问题亦是：大不列颠岛的法律能够约束全世界吗？答案在任何情况下都是否定的。"[36] 另一方面，普通法程序制度亦不支持上述"对外财产扣押"。这一制度原系 14 世纪伦敦商人无法从普通法法院获得执行外国债务人财产扣押的救济，而通过市长法院或郡长法院申请的救济程序。在当时，普通法下的扣押令状（writ of attachment）将导致原告在被告不出庭且无法依中间令状实施拘禁（mesne process）的情况下无法获得被告财产，因为被告的财产将被国王没收。[37]

然而，作为长臂管辖原型的"对外财产扣押"则在大西洋彼岸呈现出另一番景象。不同于英格兰，在美洲的债权人面临着债务人逃出殖民地边界的极高风险。如果说英格兰的"对外财产扣押"长期限制在特定的港口城市法院，那么北美殖民地法院则更为频繁地要求非居民的英国被告出庭应诉。北卡罗来纳曾于 1746年颁布制定法，规定"当任何殖民地或地方的任何个人对殖民地任何居民负债或造成任何侵权及损害且无法被司法送达的情况

---

[35] *Buchanan v. Rucker*, 9 East, 191 (1808), 转引自 Arthur Nussbaum, "Jurisdiction and Foreign Judgments", 2 *Columbia Law Review* (1941), p. 223.

[36] *Schibsby v. Westenholz and Others*, 6 Q. B. 160, 161 (1870).

[37] Ryan C. Williams, "Personal Jurisdiction and the Declaration of Independence", at SSRN: https://ssrn.com/abstract=3642031, pp. 4–6.

下，可对其货物及财产进行扣押"。18 世纪枢密院曾在贸易委员会的要求下，对这一制度在北美的适用进行调查，时任贸易委员会法律顾问理查德·杰克逊（Richard Jackson）承认，"对外财产扣押"制度"几乎普遍运用于北美殖民地"。[38] 而建国后的美国联邦政府无疑替代了英国国王（枢密院）的角色，其管控力依然取决于其与地方实力的强弱对比。同样的案例发生在 1850 年，美国最高法院在"达西诉凯彻姆案"中维持了路易斯安那州拒绝执行纽约州对该州一名被告的判决。在本案中，法庭广泛引用了"米尔斯诉杜瑞案"的反对意见，并进一步指出：如果被告既没有按程序送达，也没有主动辩护，判决就没有必要被"充分地信任和尊重"。[39] 这其实引发了一个所有管辖案件都会涉及的问题——管辖之必要形式的送达应如何认定为有效？作为回应，斯多利法官对于州长臂管辖最重要的贡献就是将国际海事法上的对物（in rem）管辖制度引入了以英国法为基础的美国扣押法。

在长臂管辖的法理中，一个共同体对另一共同体的个人或财产行使管辖权的物理基础在于，该共同体本身能够实际控制被告居民的人身或财产。不论在欧陆抑或英国，在对物管辖方面作为物理基础的扣押均可以追溯至罗马。在罗马法中，如被告拒不出庭，原告可请求法官作出"占有裁定"（missio in possessions），扣押被告在法院管辖范围内的不动产或动产直至拍卖以清偿债务及其他人身义务。法院的判赔上限也可以被扣财产的价值为限。[40] 对物管辖与对人（in personam）管辖在今天看来只是实现同一目的的不同手段，但其在古代直至 19 世纪中期的民事诉讼中意义重

〔38〕 Ryan C. Williams, "Personal Jurisdiction and the Declaration of Independence", at SSRN: https://ssrn.com/abstract=3642031, pp. 6-8.

〔39〕 *D'Arcy v. Ketchum*, 52 U. S. 165 (1850).

〔40〕 David Johnston, *Roman Law in Context*, Cambridge: Cambridge University Press, 1999, pp. 112-114.

大，因为拘留被告并押送至法院与扣押其财产的难易程度因审判的时间进度及管辖疆域的地理空间而变化，而财产尤其是不动产并不具有这一流动性特征。在英国普通法对罗马法的继受中，民事诉讼往往从对被告的拘留开始。在经由原告宣誓的拘留还债令状（writ capias ad respondendum）下，被告除非能提供保证书，否则将被实际拘留以应答控诉。这一程序既确保被告得到通知，又确保法院在作出判决后能够执行其判决。而在执行阶段，扣押令状的适用位阶仍然在亲自送达令（personnal writ）之后。亦即在原告亲自送达且被告仍不出现的情况下，除被告的保证财产被征收外，执行官可以依据扣押令（writ of distringas）扣押其财产直至被告出现。[41] 但在海事法中，船舶有其区别于所有人的独立身份。这种身份甚至不是作为所有者的代理，而是由于其常常与所有人发生巨大的时空分离，基于极高的交易成本而将其拟制为一个拥有自身权利和义务的"人"。因此，对船舶的扣押（seizure）本身构成了对人的管辖，也就不再需要所有人出现。由于诉讼可以直接对船舶进行，对其所有人的送达因此并非必要。

著名的斯多利法官除了有哈佛毕业、律师从业、马萨诸塞州从政、服务于最高法院 34 年的无敌履历外，还有一段鲜为人知的经历。1801 年，当他被马萨诸塞州塞勒姆的一家律师事务所录取，他还被当时强大的克劳宁希尔德航运公司（George Crowninshield & Sons）聘为法律顾问。这一家族里，本杰明·威廉姆斯·克劳宁希尔德（Benjamin Williams Crowninshield）是麦迪逊和门罗时期的美国海军部长。1811 年，斯多利进入最高法院；1812 年美英战争爆发后，他作为最高法院的大法官被指派在新英格兰巡回法庭审理

---

[41] William Blackstone, *Commentaries on the Laws of England* (1st ed), Hardcastle Browne ed., St. Paul: West Publishing Co., 1897, pp. 556-557.

众多的"战利品"（prize）案件，[42] 这使他能够充分运用海事法并撰写了一系列著名判决，这些判决影响了自米尔斯案至彭诺耶案期间的一系列重要判决。在后来的任期里，这位"美国的格劳秀斯"不断调整其法律理论以适应整个国家的扩张环境。不同于荷兰或英格兰，美国庞大的土地争议数量提供了将海事对物管辖制度与美国扣押法融合的大量契机。在 1828 年"皮奎特诉斯旺案"中，斯多利明确区分了对个人及其财产的管辖的区别：如果系对人管辖，则通知义务是必需的；如果系对物管辖，则并不需要通知，因为主权权力天然涵盖捕获其边界范围内财产以基于其价值偿还债务的能力。这一"拟制"折射出英美普通法发展的分野：在英国，由于所有土地与国王的法律上的联系，所以不具备将土地财产拟制为被告的前提；对物管辖原则上发生在对人管辖之后。[43] 在斯多利于 1834 年撰写的、后成为英美法系冲突法经典著作的《冲突法评论》（*Commentaries on the Conflict of Laws*）中，他对罗马法中"不遵守超越领土的判决不受惩罚"（Extra territorium ius dicenti impune non paretur）这一准则提出了质疑，并将上述对物管辖提升至对人管辖的相同位阶。[44] 然而，对于"捕获"的概念应由谁决定，斯多利法官认为仍应尊重地方法院的意见：在 1839 年"布拉德斯特里特等诉尼普顿公司案"[45] 中，他认定对物管辖的权力派生于主权的领土法律，决定其性质和适用范围的最恰当机构是地方法院。

---

[42] Gerald T. Dunne, "Joseph Story: The Germinal Years", 75 (4) *Harvard Law Review* (1962), pp. 707-754; American Council of Learned Societies, *Dictionary of American Biography*, Vol. 9, New York: C. Scribner's Sons, 1943, pp. 103-105.

[43] John Backer, *An Introduction to English Legal History*, Oxford: Oxford University Press, 2019, pp. 71-72.

[44] Joseph Story, *Commentaries on the Conflict of Laws*, Boston: Hilliard, Gray and Company, 1834, pp. 458-463.

[45] *Bradstreet et al. v. Neptune Ins. Co.*, 2 Hunt, Mer. Mag. 508.

自此，在各州普遍适用的"对外财产扣押"经由斯多利对"对物管辖"的解释构成了美国早期长臂管辖的制度基石。自1803年杰弗逊从拿破仑手中购得路易斯安那地区，直至19世纪中叶，密西西比河流域已基本被拓荒与投机者占据，"迁移在西部几乎成为一个习惯"。[46] 随着西部扩张的推进，地方法院不断被设立。虽然英国已臻完善的诉讼程序仍然能够得以适用，且东部的法律也随着边疆的推进而向西传播，但边疆的法律整体呈现高度的易变性，伪证、腐败等均为边疆的常态。[47] 变动的边疆导致土地权利归属的不明，在利益的驱动下极大地增加了基于虚假权利请求进而触发长臂管辖的可能。其中一个模糊地带在于地方政府对印第安人领地的争夺。韦伯斯特诉里德一案集中反映了西部拓殖中各州的竞争利益以及民事诉讼中对物管辖的运用。[48] 该案中，美国政府在1824年以土地契约的形式将密西西比河附近的11.9万英亩土地转让给萨克与福克斯（Sac and Fox）族印第安人中的混血儿，但是在1838年和1839年，威斯康星和艾奥瓦（当时尚未建州）的地方立法机构擅自侵占了这片土地。艾奥瓦立法机构颁布条例，允许实际针对李县（Lee County）的混血儿进行一种基于对物管辖的公告送达，并给出或出庭主张权利或失去土地的选择。既没有试图查明财产的所有人，也没有任何确定他们是否居住在艾奥瓦境内的努力——这项特殊的条例也不是艾奥瓦附属法规的一部分。被任命监督这项法律的3名委员中，有2名于1842年将出售这11.9万英亩土地的收入中饱私囊。里德作为一名买家，为了排除占有人韦伯斯特的占地妨害而提起诉讼。

---

〔46〕 关于美国边疆拓展的流动性问题，可参见弗里德里克·特纳：《边疆在美国历史上的重要性》，载张世明等主编：《空间、法律与学术话语：西方边疆理论经典文献》，黑龙江出版社2014年版，第57—93页。

〔47〕 劳伦斯·弗里德曼：《美国法律史》，苏彦新等译，中国社会科学出版社2007年版，第161—168页。

〔48〕 *Webster v. Reid*, 52 U. S. 437 (1850).

艾奥瓦的地方法院自然支持了这一出售，同时支持了里德的请求。但最终，最高法院以违反宪法第七修正案"超过 20 美元的普通法诉讼应保留由陪审团审理权利"之规定，宣布该法案无效；同时，地方法院也存在拒绝接收韦伯斯特追溯至某印第安人地契作为证据的错误。尽管如此，在 1832 年黑鹰战争（Black Hawk War）失败后，萨克与福克斯族大规模西迁，离开了密西西比河流域。约翰·金尼法官在判决中无意道出了原委："（售地）条例下的这些诉讼不是对土地的对物诉讼，而是对土地所有者的对人诉讼。并不能看出他们（印第安人）是否都居住在领土内，这也不是一个重要的问题。"艾奥瓦州以及威斯康星州，最终建立在这块印第安人的土地上。

这一案件折射出"彭诺耶案"的大前提：在内战前，美国早期的长臂管辖制度主要由各州的竞争利益所推动。其中，联邦法院起到的作用并非遏制，更多是一种顺水推舟，并未进行实质利益上的干涉。在今天将"彭诺耶案"作为美国联邦限制各州长臂管辖开端的主流说辞背后，隐藏的是一组被忽略的因果关系：地方上的长臂管辖制度及背后的驱动利益一定程度上构成了美国所以成为今日之联邦的前提。

二、"彭诺耶案"始末：被篡夺的州权与联邦权力的重塑

作为内战后对州长臂管辖权的第一次有效限制，"彭诺耶案"在州法院和联邦地区法院的争夺过程亦符合上述逻辑。考虑到该案在美国长臂管辖史中的枢纽作用，本节将对其发生的背景进行详细梳理，因为该案的当事人虽包括一名州参议院议长（未来的联邦参议院议员）以及一名未来州长，但他们均未在该案中获得有利判决。"彭诺耶案"发生在美国于 1846 年取得的俄勒冈地

区，而该案的主角马库斯·内夫（Marcus Neff）则是一名 1826 年出生于艾奥瓦州后辗转至加利福尼亚州的年轻人。1848 年，他随西征的马车队来到了俄勒冈。在 1812 年战争结束后，英美于 1818 年签署《尊重渔业、边境和赔偿奴隶的协定》，开始对这片地区实行共管。在内夫到来时，该地已经有大量的拓荒者定居。1848 年 8 月 14 日，国会正式确定了俄勒冈的领土，当地居民已经为自己建立了一个独立的政府，有着自己的城镇、高速公路以及税收和土地制度。有证据表明，该地的法律模仿了纽约州。[49]

1850 年 9 月 27 日，美国国会为鼓励边境移民通过了一项《俄勒冈捐赠法》，以 "设立俄勒冈公共土地测量员办公室，以调查提供服务，并向该公共土地的定居者捐赠土地"。《捐赠法》开出的要约是：1850 年 12 月 1 日以前居住在俄勒冈公共土地的居民，在该法案通过后连续 4 年居住并耕种同一块土地的，可以申请该土地的权属证明；单身男子上限为 320 英亩，已婚夫妇则为 640 英亩。[50] 同年，内夫申请了土地证。1853 年和 1856 年，他分别提交了关于在这块土地上已居住 4 年的宣誓书，申请由华盛顿审批，但由于内战的爆发，内夫在 10 年后才取得自己的土地权证。

1862 年前后，内夫咨询了波特兰的律师约翰·米歇尔（John H. Mitchell）。这是该案的一个重要人物。他不是一名普通的律师。米歇尔于 1860 年来到俄勒冈，到 1863 年，他已经成立了一家利润丰厚的律所，并且是州参议院的一员。米歇尔不是他的本名，实际上这是这位约翰·希普尔（John Hipple）在俄勒冈州的别名。之前的米歇尔（希普尔）曾是宾夕法尼亚州的一名教师，在与被

---

〔49〕 Adrian M. Tocklin, "Pennoyer v. Neff: The Hidden Agenda of Stephen J. Field", 1 *Seton Hall Law Review* (1997), p. 77.

〔50〕 9 Stat. 496 (1850).

他引诱的一名 15 岁学生结婚后，他离开学校开始从事法律工作。[51] 在当地律所锻炼几年后，他带着客户的 4000 美元资金和他的新任情妇来到了俄勒冈。米歇尔在律师＿＿获得了成功，他钻研土地诉讼和铁路路权案件，并帮助＿＿＿证申请。但当内夫支付给他 6.5 美元律师费时，米歇＿＿还应支付 209 美元。尽管米歇尔的送达在咨询前后已经＿＿，他还是选择了在 1865 年，也就是内夫已经离开俄勒冈州后提起了诉讼。此时的米歇尔已经是俄勒冈州参议院议长。

1865 年 11 月 3 日，米歇尔向俄勒冈州法院起诉内夫，要求获得 253.14 美元外加诉讼费。依据当时俄勒冈州民事诉讼法，如果被告经过适当的调查后仍无法在州内发现，可以通过公告送达。[52] 米歇尔因此提供了一份宣誓，声称内夫住在加利福尼亚州的某个地方，且他无法找到内夫。《太平洋基督教倡导者》（*Pacific Christian Advocate*）连续 6 周刊登了这一诉讼的通知——但这是一份由卫理公会授权发行的周报，主要刊登宗教新闻和励志文章。值得一提的是，内夫是一个文盲，在诸多宣誓书签名处写得都是"X"，直至 1875 年才能够写出自己的姓名。

在提起诉讼时，米歇尔在宣誓书中声称内夫拥有财产，但他当时没有对其财产扣押，一方面是因为俄勒冈州法律并没有对此作出要求，另一方面可能因为内夫尚未获得土地权属证书——权证由华盛顿于 1866 年 3 月 22 日作出，此时对内夫的缺席判决已于同年 2 月 19 日生效。尽管米歇尔声称内夫不可寻，但俄勒冈州土地办公室轻松地将这一权属证明送达内夫。极有可能在权属证明送达内夫之后，米歇尔寻求执行。1866 年 8 月 7 日，土地以

---

〔51〕 Wendy Collins Perdue, "Sin, Scandal, and Substantive Due Process: Personal Jurisdiction and Pennoyer", 3 *Washington Law Review* (1987), pp. 447–448.

〔52〕 Or. Code Civ. P. § 55 (1863).

341.6 美元的价格被拍卖给了米歇尔，米歇尔于 3 天后转手给了本案的"受害人"斯尔维斯特·彭诺耶（Sylvester Pennoyer）。

彭诺耶并非土地投机者。作为斯多利法官的哈佛校友，他携家带口来到俄勒冈居住了 7 年，直至 1874 年内夫突然出现并提起诉讼，他的平静生活才被打破。内夫在加利福尼亚州发迹，为了征得这块地，他也携家带口来到了俄勒冈州。幸运的是，内夫是加利福尼亚州公民，而彭诺耶则是俄勒冈州公民。如果内夫在俄勒冈州法院提起诉讼，他很可能不会在当地已经有一定势力的彭诺耶甚至米歇尔掌控的地方司法体系中得到满意的结果，此案也会和其他大量的州长臂管辖一样不为人所知。但是，不论是常识还是运气把他带到联邦法院，州际矛盾无意间转化了联邦与州的冲突。最终，马修·迪迪（Matthew P. Deady），这位撰写了俄勒冈州宪法和州民事诉讼法的联邦法官支持了他的驱逐诉请。米歇尔的送达过程存在明显的程序性问题，包括未依据俄勒冈法在诉讼开始前扣押被告财产，案件开始时没有实际的诉因（内夫的财产尚不确定），米歇尔没有尽"适当的调查"义务以及传票送达不符合州法要求;[53] 此外还有，彭诺耶的去处不明，亦没有证据证明其是否是完全善意的买受人。1887 年，彭诺耶在他的俄勒冈州州长的就职演说中谴责这一判决是对州权力的篡夺。[54] 而该案的另一条线索是迪迪与米歇尔的争夺。1872 年，米歇尔被选为美国参议员，1879 年失去参议员席位，在 1885 年大选前不久，迪迪法官获得了米歇尔写给他第二任妻子的妹妹的一组情书，这些情书写于米歇尔与第二任妻子的妹妹发生婚外情的 5 年中。迪迪把情书交给了《俄勒冈人报》（Oregonian）刊登，尽管丑闻不

---

〔53〕 *Neff v. Pennoyer*, 17 F. Cas. (C. C. D. Or. 1875)（No. 10, 083），转引自 Adrian M. Tocklin, "Pennoyer v. Neff: The Hidden Agenda of Stephen J. Field", Note 15。

〔54〕 Wendy Collins Perdue, "Sin, Scandal, and Substantive Due Process: Personal Jurisdiction and Pennoyer", p. 489.

断，米歇尔还是在 4 天后再次当选为联邦参议员。1905 年，因利用在联邦政府的政治影响力帮助客户处理土地索赔，米歇尔被以"土地欺诈"的罪名起诉。被判有罪的他不久后去世。[55] 在联邦最高法院的审理中，作为迪迪法官好友的菲尔德法官肯定了迪迪的判决，但提出了一个完全不同于下级法院的理由。在此之前，斯多利法官的管辖和扣押理论一直是审判的依据，直到该案，迪迪法官也引用了其对物管辖的理论。但是，菲尔德却将对人管辖的理论运用于这一判决，成为第十四修正案正当程序原则适用的第一案。

州的权力，或者说州的当权者的权力，在这一案件后发生了实质性的减损。这并非仅仅基于政治斗争。从 1850 年内夫申请俄勒冈土地权证至 1877 年菲尔德法官作出判决的 27 年时间里，美国的国际国内形势发生了巨大变化。俄勒冈和加利福尼亚的购买使得美国成为"太平洋上所存在的唯一真正力量"。至 1867 年，美国已完成对阿拉斯加的购买，领土边界直抵俄国。但在整个西部拓殖过程中，南北意识形态的独立逐渐加深。在《密苏里条约》的框架下，约翰·亚当斯曾指责主张蓄奴的波尔克对英国人放弃了太多的俄勒冈领土，同时非难其从墨西哥攫取了太多领土。这一争夺也反映在 1854 年夏威夷是否应以奴隶州的身份加入联邦的问题上。外部矛盾最终在国界内爆发。在迪迪、彭诺耶、内夫和米歇尔争夺俄勒冈的一片土地之时，美国先后经历了血腥的内战、南方的重建、三个宪法修正案的通过、一个刺杀总统案件和一个弹劾总统案件，以及惊人的经济增长和西进运动。在 1861 年至 1865 年内战期间，林肯领导的联邦政府第一次创立国内税务局征税、发行本国货币、创立本国军队各级指挥官的升

---

〔55〕 Biographical Directory of the United States Congress, *Mitchell, John Hipple*（1835 - 1905），at https：//bioguideretro. congress. gov/Home/MemberDetails? memIndex = m000818，最后访问日期：2020 年 10 月 21 日。

迁制度。内战结束后，北方军队对南方领土实行了长达 10 年的军事占领，整整一代男性或被杀，或致残，或丧失生活能力。直至菲尔德作出"彭诺耶案"判决的 1877 年，北方的南方政策摇摆不定。南方亦不愿意放弃白人的高等地位，并且迅速确定了新的种族隔离手段；而安德鲁·约翰逊总统因对南方的妥协遭到弹劾，几乎被激进的共和党人赶下台。1876 年，当共和党人拉瑟福德·海斯（Rutherford Birchard Hayes）以一票选举人票战胜民主党人塞缪尔·蒂尔登（Samuel J. Tilden）时，民主党甚至企图发动第二次内战。而第十四和十五修正案的承诺也一直没有在联邦法院中兑现，大量的联邦立法被最高法院的法官们废止。曾被林肯不假思索提名的菲尔德法官也是其中之一。[56]

除了一种对个人荣誉的追求外，驱使菲尔德作出这一对人管辖判决的原因在于他在西部拓殖时期形成的财产权观念。菲尔德的生平[57]更接近于前文提及的米歇尔。他的父母并不是显贵，但其最年长的哥哥大卫·菲尔德是一位极负盛名的律师；他在支持法律改革工作的同时代理权势集团。此外，大卫积极参与共和党，包括提名林肯为总统。[58] 在大卫的支持下，斯蒂芬于 1848年前往加利福尼亚淘金。但在来到旧金山不到一天时间里他便破产了。1850 年 1 月 15 日，斯蒂芬来到马里斯维尔，开始了他的土地投机生涯。在 3 个月内，斯蒂芬净获利 2.5 万美元。再加上他在镇长职位上的收入及所买的出租财产，他已经成为一个相当富有的绅士。1851 年，菲尔德当选为州议会议员。1857 年，菲尔德被任命为加利福尼亚州最高法院法官。任职期间，菲尔德的

　　〔56〕　罗伯特·卡根：《危险的国家》，第 270—271、275、294、298 页。

　　〔57〕　American Council of Learned Societies, *Dictionary of American Biography*, Vol. 3, New York：C. Scribner's Sons, 1943, pp. 372-376.

　　〔58〕　American Council of Learned Societies, *Dictionary of American Biography*, Vol. 3, New York：C. Scribner's Sons, 1943, pp. 368-372.

工作主要是处理土地、财产和矿产权益纠纷。在美墨战争前，加利福尼亚州原为墨西哥领土，地方上按照墨西哥法律运作，有些法律还是用西班牙语书写的。发现金矿后，这里的土地投机活动猖獗，菲尔德与加利福尼亚州州长及一系列企业家成为好友。在地下矿产权利归属问题上，菲尔德推翻了先前的州判决，认定当墨西哥将加利福尼亚州的公共土地转让给美国时，其包含了所有的矿产权利；当美国将土地转让给个人所有者时，它没有保留任何作为主权的矿产权利，而是将这些权利转让给新的所有者。作为为新贵朋友撑腰的代价，菲尔德甚至收到过来自反对者的装有炸弹的包裹。

菲尔德对财产权的热情保护一直延续至其进入最高法院后，在对 1861 年《没收法》（Confiscation Act）合宪性的审判中表现得最为明显。该法规定，政府可以没收叛乱分子的财产：这不仅适用于南部联盟，更适用于任何公民，只要他们的财产被用来协助、教唆或促进反对美国政府的起义，[59] 通知程序在国会看来无关紧要。菲尔德将这种行为比作政府允许没收窃贼、拦路强盗或杀人犯的财产，不是因为他们被定罪，而是因为他们的罪行是被钉在法院大门上的单方面指控。在另一横跨东西海岸的州际长臂管辖案中，[60] 菲尔德法官将对物诉讼分为四类：一是针对特定财产的、效力及于全世界的诉讼，如海事诉讼；二是遗嘱检验书中仅确定特定财产和人员状况的遗嘱诉讼；三是对债务人的扣押诉讼；四是在不动产转让中寻求处分财产或其中权益的诉讼。对于前两种诉讼，扣押本身即构成推定的通知。但对于后两种，如果在诉讼开始时财产没有被扣押，也就没有推定的通知，法院应该按照对人管辖的要求进行实际送达。值得注意的是，虽然

---

〔59〕 *Miller v. United States*, 78 U.S.（11 Wall.）268（1870）.
〔60〕 *Galpin v. Page*, 85 U.S. 350（1873）.

"彭诺耶案"属于第三种情形，但审理中的各方均认为，1866年"米歇尔诉内夫案"的判决并非以对人管辖为基础，亦即除系争土地之外，判决对内夫个人没有约束力。尽管如此，菲尔德还是将正当程序适用于土地所有权这一经济权利。[61] 南北统一后，各州以往的竞争固然存在，但强大的联邦已经不再需要竞争的各州去推动扩张；相反，此时的"国会政府"在运筹全国性事务方面不再受州权主义的掣肘，而可以直接介入个人权利领域。[62] 虽然19世纪美国民事诉讼中的"属地"管辖原则牢固地建立在斯多利的两大支柱之上，即：（1）每个国家都对其领土内的人员和财产拥有专属管辖权和主权，以及（2）任何国家都不能对其领土之外的人员和财产行使直接管辖权和权威。[63] 一个主权权威对其领土内财产的权力系属绝对，只受到该主权的公平意识和良好的公共政策的限制。以上也是斯多利对物管辖的理论基础。但是在"彭诺耶案"中，菲尔德偷偷将"国家"（nation）替换为"州"（state），因此既摧毁了州的第一根支柱，也损坏了州的第二根支柱。

然而，菲尔德作出该案判决的目的并不仅在于保护潜在被告的财产权进而提高潜在原告的送达难度：如果说在斯多利的年代，以扣押代替送达本身构成一种优于直接送达的捷径，那么在菲尔德的年代里，"骑马巡回办案"已经成为历史，[64] 大西洋上的第一条海地电缆已经于1858年铺设（菲尔德的弟弟塞勒斯·菲尔德对此做出了重要贡献），第一条太平洋铁路已经于1869年建成，对人管辖中的实际通知即便横跨大陆甚至跨海，也反而成

〔61〕 *Pennoyer v. Neff*, 95 U. S. 714, 721 (1877).

〔62〕 邓署生：《美国联邦主义的历史演变》，载中国美国史研究会编：《美国史论文集》(1981—1983)，生活·读书·新知三联书店1983年版，第457页。

〔63〕 Joseph Story, *Commentaries on the Conflict of Laws*, section18, 20.

〔64〕 劳伦斯·弗里德曼：《美国法律史》，苏彦新等译，中国社会科学出版社2007年版，第137页。

为更为简便的途径——这一点尤其体现在因资本流动造成的垄断、社会福利、危险责任等案件中，而国际鞋业案件正产生于华盛顿州对国际鞋业在当地未设实体机构情况下的失业金征收。[65]而待解决的问题只在于：（1）被告（个人或公司）与主权州（以及其后的联邦）存在多少联系，以提供符合管辖权的送达基础；以及（2）具体事项是否存在法律上的管辖授权。在内战后政治动荡结束的这一关键时间点上，"彭诺耶案"事实上为州及其后联邦的对人管辖的扩张打开了大门。因此即便"边疆关闭"，这种地理塑造的、不断适应扩张和融合带来的变化的民族特性，仍然可以反作用于边疆的再开拓。[66] 1889 年，时任美国海军学院院长马汉曾作出精辟的规划，他认为域外影响力的取得既需要为国家发展的商业企业，也需要国家通过自己的力量对这些企业给予支持，包括必要时候的军事力量。[67] 1917 年，霍姆斯在一州长臂管辖案判决中写出后被引用甚广的定义："管辖权的基础是物理权力（physical power）"，尽管"在文明年代，我们没有必要在已正确开始的诉讼程序中始终维持这种权力，且通过应诉服从管辖可以代替对人送达……但这一基础仍应铭记在心"。[68] 在新的国际国内形势下，发源于美国各州竞争利益的长臂管辖理念开始产生新的指向。

三、大陆帝国的新边疆：垄断性公司与《谢尔曼法》

在内战后，美国先后迎来了镀金时代（1870—1890）：第二

---

〔65〕 *International Shoe v. State of Washington*, 326 U. S. 310 (1945).

〔66〕 弗里德里克·特纳：《边疆在美国历史上的重要性》，第 92—93 页。

〔67〕 艾尔弗雷德·塞耶·马汉：《亚洲问题》，李少彦等译，载《海权对历史的影响（1660-1783 年）》，海军出版社 2013 年版，第 506 页。

〔68〕 *McDonald v. Mabee*, 243 U. S. 90 (1917).

次工业革命不仅满足了西进运动中的农业行业的工业需求，也直接促成了众多制造业的兴起。在内战促成统一的美国国内市场后，美国的工商业发展呈现出如下特征。

第一，各个产业领域出现全国性寡头。各个产业领域的企业不断兼并不仅体现在农产品领域，也广泛体现在铁路、钢铁、电气、化工和汽车等制造业领域，如西联电报公司（后被美国电话电报公司收购）成了美国第一家真正意义上近乎垄断的全国性企业。[69] 限制全国性寡头权力的重任在当时由州法院和州政府完成，1889年，堪萨斯州、密歇根州和内布拉斯加州通过了反托拉斯法，旨在防止企业串通价格、操纵生产。[70]

第二，金融资本主义初具规模。作为工业化的支撑基础，美国的高储蓄率、高投资回报率来源于其金融市场的稳定性，金融市场的稳定性进一步来源于美元币值的稳定性。这些稳定的预期则源于海斯1877年提出的金本位制度——19世纪末美国的黄金储备已占到世界的1/4;[71] 同时，以市场价格购买银元、以较高的价格标记硬币的"铸币税"也被使用。[72] 且美国农业部门的私有农场与种植园、工业企业的所有权以及以发行政府债券所支持的公共服务均可以被证券化，整个国家的金融资本主义业已形成。[73]

第三，全球商业扩张肇始。一方面，美国贸易地位迅速上

---

[69] 斯坦利·恩格尔曼、罗伯特·高尔曼主编:《剑桥美国经济史》（第2卷），王珏、李淑清译，人民大学出版社2018年版，第386—402页；丹·席勒:《信息资本主义的兴起与扩张》，翟秀凤译，北京大学出版社2018年版，第22—26页。

[70] Wayne D. Collins, "Trusts and the Origins of Antitrust Legislation", 81 *Ford Law Review* (2013), pp. 2292-2293; 理查德·本塞尔:《美国工业化的政治经济学》（1877—1900），吴亮、张安、商超、田启家译，孙宇、韩宇校，长春出版社2008年版，第285—286页。

[71] 斯坦利·恩格尔曼、罗伯特·高尔曼主编:《剑桥美国经济史》（20世纪上册），蔡挺等译，中国人民大学出版社2018年版，第421页。

[72] Craig K. Elwell, *Brief History of the Gold Standard in the United States*, Congressional Research Service, p. 7.

[73] 理查德·本塞尔:《美国工业化的政治经济学》（1877—1900），第41页。

升，其出口显示出与美国人口的不成比例——至 1880 年，美国人口占世界 3.6%，而出口则占 13.2%，1900 年达到 15%。[74] 另一方面，基于美欧金融资本家、产业大亨以及原材料销售商之间的连接，美国自 19 世纪 90 年代开始迅速融入国际资本市场，至 1897 年，美国对欧洲直接投资占到其海外总投资的 20.6%，对加拿大为 25.2%，古巴及西印度群岛为 7.7%，墨西哥为 31.6%，中美洲为 3.3%，南美洲为 6%。在推行门罗主义的背景下，美国对独立后的拉美国家均为直接投资，没有组合投资，至 1935 年投资比重占到 65%。[75] 对墨西哥的铁路投资以及对拉美的海底电缆铺设是这一时期美国商业扩张的典型标志。[76]

此时，联邦政府的目光正在转向另一种社会权力——大型垄断性公司的经济权力。如果说美国通过内战、宪法修正案及最高法院的一系列判决限制了州权，那么大型垄断性公司的经济权力已经成为联邦政府新的竞争对手和合作伙伴。而且，不同于依赖特定土地的州，企业经济权力不受地理空间上的限制，而是随着资本的流动而流动。联邦政府对这一经济权力的控制并非一蹴而就。在这个从镀金到进步的转折时刻，一部闻名法律史与经济史的美国制定法——由当时财政部长约翰·谢尔曼主导制定的《谢尔曼反托拉斯法》（以下简称《谢尔曼法》）——得以出台。目前对这部旨在控制限制契约自由的立法的评价多集中于保护消费者，但事实上，当时《谢尔曼法》更多体现的是权势集团的诉求。与菲尔德、斯多利的经历相似，谢尔曼早年曾开办过律所，他在内战中坚决反对奴隶制，参与发行联邦货币，并配合搭建了

---

〔74〕 斯坦利·恩格尔曼、罗伯特·高尔曼主编：《剑桥美国经济史》（第 2 卷），第 627 页。

〔75〕 斯坦利·恩格尔曼、罗伯特·高尔曼主编：《剑桥美国经济史》（第 2 卷），第 709—711、712—719 页。

〔76〕 理查德·本塞尔：《美国工业化的政治经济学》（1877—1900），第 55 页。

美国的公务员制度。而他的传记作者并未将重点篇幅放在这部反垄断法上,[77] 而是放在其以 1890 年《麦金莱关税法》(Mckinley Tariff Act) 为代表的一系列关税政策上。虽然当时的美国对外贸易及投资日益壮大,但其国内市场相对封闭。不同于同时期主张自由贸易的大英帝国,美国自内战以来一直延续着高关税政策,至《麦金莱关税法》通过时,平均关税税率已经达到了 51%;[78] 且即便在欧洲投资最集中的铁路部门,近 3/4 的资本仍然由美国国内资本贡献。[79] 高关税是最大的垄断,而《谢尔曼法》系在美国公司对本土市场垄断格局下对国内自由竞争秩序的保护;其似乎与一个世纪前的茶党事件发生了勾连——反对其他列强对美国的垄断。谢尔曼对此作出了清晰论述,他指出:"如果这些兼并将统一几乎全部的国内必需品的生产商,限制他们的竞争,并将价格提升以包含附加的国外成本和关税,那么这不正是限制了贸易和商业行为,并有损我们税收法运行吗?"[80] 虽然两党在 1890 年的众议院投票中立场对立,[81] 但 1892 年控制了众议院的民主党的行动则反映出关税保护已经成为两党共识——其仅仅提出了相对温和的关税保护版本。[82] 在美国企业加速出海的年代,高关税不仅使得本土企业在本国市场上能够承受外国冲击,而且使其能够在国际市场上展现竞争力。

　　《谢尔曼法》的立法宗旨源于宪法。1890 年 3 月 21 日,谢尔

---

〔77〕　Thomas W. Hazlett, "The Legislative History of The Sherman Act Re-Examined", 30 (2) *Economic Inquiry* (1992), p. 266.

〔78〕　Thomas W. Hazlett, "The Legislative History of The Sherman Act Re-Examined", 30 (2) *Economic Inquiry* (1992), p. 270.

〔79〕　理查德·本塞尔:《美国工业化的政治经济学》(1877—1900),第 61 页。

〔80〕　Trusts: Speech of Hon. John Sherman, March 21, 1890, p. 21.

〔81〕　有 62 名民主党议员同意通过《谢尔曼法》却不同意通过《麦金莱关税法》,有 117 名共和党议员同意通过《麦金莱关税法》却不同意通过《谢尔曼法》,见 Thomas W. Hazlett, "The Legislative History of The Sherman Act Re-Examined", p. 271.

〔82〕　理查德·本塞尔:《美国工业化的政治经济学》(1877—1900),第 412 页。

曼在参议院的发言中批判道："如果兼并所带来的集中性权力被授予一个人，那么这种国王式的特权将与我们的政府形式截然不符……如果我们不能容忍国王作为唯一的政治力量，那么我们也将不能容忍在生产、运输以及生活必需品的销售中存在一个国王。如果我们不服从任何君主，那么我们也不应服从于有着防止竞争以及固定商品价格方面的贸易专制。"[83] 尽管该法在富兰克林·罗斯福的新政期间几乎被完全暂停适用，[84] 但时下被美国司法部誉为"经济宪法"[85] 的反垄断法立法要点依然在这段经典发言中清晰彰显：

第一，来源于"文明国家普遍法"的立法原理。在肯定了旨在结合劳动与资本的公司和合伙，并肯定了专利制度后，该法指向"基于违反人类经验的非法兼并"；[86] 在是否违宪方面，他引用了斯多利的宪法理论，[87] 并强调其管辖权源于宪法理论中的普通法救济。[88] 反垄断法还是意识形态斗争的一部分，谢尔曼谈道："现在包括美国在内的众多国家都感受到了这些兼并的能量和控制力，并要求所有立法部门对这种恶提供救济。"[89]

第二，联邦权对州权的吸纳。该法第一章指出，其适用主体包括两个及以上的美国公民或公司，以及美国及其他国家的公民和公司，规范对象则是它们所有的防止充分且自由竞争的交易安

---

[83] Trusts: Speech of Hon. John Sherman, p. 8.

[84] James B. Townsend, "Extraterritorial Antitrust: The Sherman Antitrust Act and U. S. Business Abroad", US: Westview Press, 1980, p. 41.

[85] Roger P. Alford, 《"摸着石头过河": 关于近十年中国竞争法执法的思考》, athttps://www.justice.gov/opa/speech/file/1130471/download, 最后访问日期: 2020 年 10 月 22 日。

[86] Trusts: Speech of Hon. John Sherman, pp. 6-7.

[87] Trusts: Speech of Hon. John Sherman, p. 17.

[88] 相关案件如柯克 1614 年审理的 Rogers v. Parrey 一案, 以及托马斯·帕克 1711 年审理的 Mitchel v. Reynolds 一案, 见 Wayne D. Collins, "Trusts and the Origins of Antitrust Legislation", pp. 2295-2296.

[89] Trusts: Speech of Hon. John Sherman, p. 15.

排、契约、协议、信托或兼并。同时，该法赋予了美国巡回法院的初始管辖权，以将州法院对控制州内限制竞争的权力原封不动地授予联邦；而在当时，能够审理全美国层面的非法兼并的机构只有联邦法院。[90]

第三，对企业的高级管理人员、律师、信托人的刑事处罚。在该法授予司法部起诉权的同时，谢尔曼认为，每一家参与业务往来的公司必须为其发展趋势负责，但证明公司的意图近乎不可能，也不符合该法的目的；而个人正好可以因刑事法上的意图受到惩罚。他还指出，对高级管理人员意图之惩罚是一个"艰难的过程"，不妨留给未来立法解决。[91]

发源于州的长臂管辖诉求率先在这一实体法领域浮出水面："如果兼并系我们的关税法所引起，那么它应当被及时调整，且如果必要，应当要求垄断商品在全世界的公平竞争中被规制"；"这些兼并已经控制了强大的运输公司并到达联邦层面，它们向我们国家的每一个角落伸出它们的手臂，而垄断商品系从国外进口"；该法"管辖范围与大地比肩（as broad as the earth），除非争议只涉及一州居民的州内事务"。法案的域外效力受到了质疑，有参议员提出："如果在美国管辖范围以外的兼并或协议依据该法构成犯罪，那么其将无法在美国受到惩罚。"对此谢尔曼回应道："诚然，在国外的犯罪将无法在国内受到惩罚，但如果非法兼并发生在海外，且其在兼并的过程中将有财产进入美国国内，那么相应的财产将受制于美国的法律。其财产可以被查扣（seize），而民事救济可以围绕对财产的扣押展开，任何在美国的利益相关人可以被作为一方当事人。""外国人和本国国民均有可能因逃离美国而逃脱该法刑事条款的制裁，他们中有很多已经这么做了，但

---

〔90〕 Trusts: Speech of Hon. John Sherman, pp. 3-4.

〔91〕 Trusts: Speech of Hon. John Sherman, pp. 4-5.

如果他们有财产在这里，就可以受到民事审判。我不认为，在个人和财产都不在境内的情况下，一个外国人将会对我们造成多大的伤害，仿佛当他在国内没有共谋者，或者其财产不在国内时，他就可以随意所欲地兼并或共谋兼并。"在发言最后，谢尔曼特别指出，国父立宪的要旨并不在于建立"创世神一样的伟业"，而在于"人类心智观念的逐渐发展和联邦政府的权力分立"；许多联邦权力处于"休眠和闲置状态"，"等待着国家的成长和进步"，且"一旦时机成熟，我们会发现那个为在大西洋旁的狭长13 州——只有 400 万人口，没有制造业和商业，没有信用和财富，破产无法还债——设计的制度，将成为一个统治着 42 个州和6500 万人民、拥有全球最大规模制造业和第二多财富的大陆帝国（continental empire）的最幸福制度"。[92]

"大陆帝国"一词并非谢尔曼首创，其在整个西进运动中被广泛使用，其指导思想是文明等级论下的"昭昭天命"；[93] 但是，将大陆帝国与联邦宪法连接，并在联邦制定法层面提出长臂管辖，正发端于这位担任过律师且即将担任国务卿并竞选美国总统的财政部长。这一连接的深刻寓意在于揭示了美国宪法以及《谢尔曼法》后众多联邦法律的帝国面向，它们服务于一个动态的、不断扩张的共同体，外部环境均在法律制度和实施的考虑范围之内，甚至构成其主要动因。似乎与立法原意背道而驰的是，1890 年后《谢尔曼法》恰恰被频繁运用于反对劳联的工会运动，对于大企业兼并的监管动力在整个麦金莱当政期间奄奄一息——格罗弗·克利夫兰（1893—1897）时期，司法部提起了 8 件诉讼

---

〔92〕 *Id*, pp. 6, 8, 16, 18-19, 22.

〔93〕 参见 Walter LaFeber, *John Quincy Adams and American Continental Empire: Letters, Papers, and Speeches*, Chicago: Quadrangle Books, 1965; William Earl Weeks, *Building the Continental Empire: American Expansion from the Revolution to the Civil War*, Chicago: Ivan R. Dee, 1997; 苏珊-玛丽·格兰特:《剑桥美国史》，董晨宇、成思译，新星出版社 2017 年版，第216—225 页。

（其中有 4 件针对工会），而麦金莱时期仅为 3 件。[94] 在 1890—1900 年间，庞大的产业兼并几乎在联邦法院面前毫发无伤。从表面上看原因有二：其一，法院在审理中适用双重主权原则，一些托拉斯则完全发生在州主权范围之内，联邦无权干涉；[95] 其二，司法部对该法较为陌生，且没有专门的部门和人员。[96] 而深层原因在于，整个美国政商界的"旋转门"正在加速转动。美国的法官必须由律师担任，资深律师自然具有丰富的公司实践经验，而最高法院的法官在这一时期与商界的联系变得格外密切。格罗弗·克利夫兰总统任命了许多与企业有着盘根错节关系的公务员，以至于被誉为"铁路律师政府"。[97] 布鲁尔法官（David Josiah Brewer）曾于 1895 年谈道："律师从一开始就是这个国家的统治者"，他们是"教士式的集团"。[98] 此时，美国的法官们不仅可以获得律师费，还可以获得公司的股票，甚至担任董事会成员。[99] 他们完全被商业律师取代，因而丧失了斯多利时期律师们"在政治生活中的号召力"，"比以往更像商人，并成为工业和金融业庞大组织体系中的一部分"。[100]

　　管辖原则因此发生由内向外的转变。在探索大陆帝国新疆界中，首要的法律原则就是对属地（territorial）管辖的扩展[101]——管

---

　　〔94〕　Wayne D. Collins, Wayne D. Collins, "Trusts and the Origins of Antitrust Legislation", pp. 2345-2347.

　　〔95〕　*United States v. E. C. Knight Company*, 156 US 1 (1894).

　　〔96〕　理查德·本塞尔：《美国工业化的政治经济学》（1877—1900），第 288—289 页。

　　〔97〕　理查德·本塞尔：《美国工业化的政治经济学》（1877—1900），第 290—291 页。

　　〔98〕　伯纳德·施瓦茨：《美国法律史》，王军等译，法律出版社 2018 年版，第 194 页。

　　〔99〕　理查德·本塞尔：《美国工业化的政治经济学》（1877—1900），第 291 页。

　　〔100〕　伯纳德·施瓦茨：《美国法律史》，第 196 页。

　　〔101〕　1935 年来，美国用以决定是否允许刑事长臂管辖的国际规范来源于哈佛大学对国际法的研究。这项研究形成了刑事管辖的不同原则，包括属地（territoriality）、国籍（nationality）、消极属人（passive personality）、保护（protective）及普遍（universality）原则。见 Harvard Research in International Law, Jurisdiction with Respect to Crime, 29 (Supplement) *American Journal of International Law* (1935), p. 437。

辖不再以行为是否发生于领土的物理边界内，而是以领土外的行为是否对在领土内造成违反国家法的效果（effect）为判断标准。[102] 在上文提到的政商关系下，类似案例很快得到了海外适用。在 1909 年最高法院审理的一起案件中，美国香蕉公司在海外救济无果的情况下，在美国对其竞争对手联合果品公司提起诉讼，[103] 指控联合果品公司共谋"煽动"哥斯达黎加政府查扣了美国香蕉公司在当地的种植园和物资，停止其在当地的种植园和铁路建设，而联合果品公司的目的在于垄断哥斯达黎加的香蕉市场。尽管霍姆斯驳回了原告的请求，但其理由在于"查扣属政府行为"，而"哥斯达黎加的主权已经得到美国的承认"，"说服一个国家宣布其认为合适的行为非法显得自相矛盾"，且"当地官员和士兵的行为得到了政府的命令"。事实上，该案中霍姆斯既没有肯定主权豁免原则，也没有明确属地原则。1911 年的美国诉美国烟草公司一案则为《谢尔曼法》的长臂管辖提供了判例依据。经过激烈的国内市场竞争之后，美国烟草公司与其英国竞争对手帝国烟草公司达成了一项协议。根据该协议，两家竞争对手将把业务限制在各自的国家范围内。该协议在英国达成并被英国法院认定为合法。霍姆斯认为，该协议对美国烟草市场的潜在影响构成了《谢尔曼法》中的"共谋"。该案为美国联邦层面对"客观属地"（objective territorial）原则的首次表述，即当一项在国外

---

〔102〕　Sigmund Timberg, "Remarks on Extraterritorial Enforcement of the Sherman Act", in *Proceedings (American Bar Association. Section of International and Comparative Law)*, American Bar Association, 1957, p. 51.

〔103〕　*American Banana Co. v. United Fruit Co.*, 213 U. S. 347 (1909).

实施的行为在美国造成后果，则可在美国受到起诉。[104] 自"美国烟草案"以来，如果违反《谢尔曼法》的行为对美国与外国的商贸产生重大影响，则司法部将进行调查并提出检控，法院会对其进行审查。[105] 较有代表意义的案件是 1917 年的"汤姆森诉凯撒案"。该案中，汉萨德意志蒸汽航运公司（Deutsche Dampschiffahrts Gesellschaft, Hansa）因不服从其他航运商提出的建立从美国到部分非洲港口货物运输的垄断协议，与其他外国航运商一同成为被告；而最高法院认为，尽管协议系在国外签署，但由于它对美国国内产生了巨大影响，因此应受到《谢尔曼法》的规制。

从门罗主义的中美洲到已被列强瓜分的非洲，这些长臂管辖案件的发生地无一例外均是这个帝国的新势力范围，边疆争议也不断为 1904 年的"罗斯福推论"提供了先例。帝国游说集团一定程度上导致了麦金莱于 1898 年发动美西战争，[106] 1901 年的《普拉特修正案》（Platt Amendment）则将古巴变成了实际上的殖民地。[107] 继罗斯福接管古巴海关和政府预算后，塔夫脱推出"美元外交"，即通过提供美元贷款稳定当地的货币流通，并将其黄金储备转移至纽约，重新安排债务以管理其预算和海关赋税，其

---

〔104〕 Heinz Bloch, "Extraterritorial Jurisdiction of U. S. Courts in Sherman Act Cases", 54 (8) *American Bar Association Journal* (1968), p. 782。值得一提的是，此前各州层面即在刑法层面对类似原则有所规定，如 1909 年《纽约州刑法典》规定"在州外的个人如有意图违反本州法律做出对本州造成影响的行为，且这一行为正常实施过程中造成了违反本州法律的行为或影响，则本州法律将有权管辖"。见 Born, Gary B, "A Reappraisal of the Extraterritorial Reach of U. S. Law", 24 (1) *Law and Policy in International Business* (1992), p. 8。而联邦层面的首次确认是在 1911 年 5 月在一跨州刑事案件中，见 Strassheim v. Daily, 221 US 280 (1911)。

〔105〕 典型如 Thomsen v. Cayser, 243 U. S. 66 (1917)，以及 United States v. Sisal Sales Corporation, 274 U. S. 268 (1927)。

〔106〕 迈克尔·曼：《社会权力的来源：全球诸帝国与革命》（1890—1945）（上），郭台辉等译，上海人民出版社 2015 年版，第 115 页。

〔107〕 Alan McPherson, *A Short History of U. S. interventions in Latin America and the Caribbean*, West Sussex: Wiley Blackwell, 2016, pp. 45-47.

最大受益人正是美国的企业家与债券持有人。[108] 当时的钢铁寡头安德罗·卡内基和石油寡头约翰·洛克菲勒均为扩张主义者，后者曾向国务卿格雷沙姆（Walter Q. Gresham）致信，要求通过炮舰政策保证其在巴西的投资利益不受英国影响。[109] 而联合果品公司的思想来源于铁路寡头亨利·梅格斯（Henry Meiggs）的侄子迈纳·基斯（Minor Cooper Keith），他娶了前哥斯达黎加总统女儿为妻，并于1883年得到英国人在当地的铁路经营特权。在此基础上，联合果品公司控制了中美洲的矿山、牧场、种植园、铁路、港口等产业，关键时期还控制了哥斯达黎加、洪都拉斯和危地马拉政府。1846—1903年美国海军7次干涉巴拿马，为美国商品顺利通过巴拿马地峡提供了保障。而在美西战争至1920年间，美国海军陆战队进入加勒比国家的次数超过20次。为使"加拿大成为美国的附庸"，塔夫脱不断寻求经济政策破坏英国与加拿大的市场优惠政策。[110] 此时，帝国的势力范围已经横跨太平洋，从夏威夷、萨摩亚一直延伸到菲律宾。在新帝国的边疆稳定后，威尔逊总统治下的美国于1917年正式加入第一次世界大战。[111] 在1919年的《凡尔赛和约》中，威尔逊提出的国际联盟被采纳，但美国国会参议院最终并没有批准美国加入国际联盟。尽管遭到列强的抵制，美国仍以一种"缺席的在场"的方式，小心翼翼地在国际范围内扩大其本国利益。[112]

---

[108] 迈克尔·曼：《社会权力的来源：全球诸帝国与革命》（1890—1945）（上），第128-129页。

[109] 沃尔特·拉夫伯：《美国人对机会的寻求》（1865—1913），载孔华润主编：《剑桥美国对外关系史（上）》，新华出版社2004年版，第297—305、399页。

[110] 沃尔特·拉夫伯：《美国人对机会的寻求》（1865—1913），载孔华润主编：《剑桥美国对外关系史（上）》，新华出版社2004年版，第342、345、480、500页。

[111] 入江昭：《美国的全球化进程》（1913—1945），张振江、施茵译，载孔华润主编：《剑桥美国对外关系史（下）》，新华出版社2004年版，第27页。

[112] 章永乐：《威尔逊主义的退潮与门罗主义的再解释——区域霸权与全球霸权的空间观念之争》，载《探索与争鸣》2019年第3期。

在垄断性公司海外利益趋于稳定的同时，联邦反垄断诉讼数量也在持续上升。老罗斯福设立商务部时，在国会下设联邦企业署（Bureau of Corporations）进行反托拉斯监管。塔夫脱时期的最高法院则确认了"合理原则"（rule of reason）。[113] 1914 年，威尔逊时期的美国国会通过《联邦贸易委员会法》和《克莱顿法》，联邦贸易委员会依据《联邦贸易委员会法》设立，取代了联邦企业署。正如谢尔曼所预言，联邦贸易委员会被赋予了大量的联邦权力——"'国会有权规制州际及外国贸易'，不为之禁止敌视这类贸易的合同和组织将是荒诞的"。[114] 在《克莱顿法》制定后，司法部下设反托拉斯司（antitrust division）作为专门的起诉负责部门。这是司法部自 1870 年成立以来的"首次重大重组"，[115] 当时的司法部长米切尔·帕尔默（A. Mitchell Palmer）将司法部划分为不同的专业部门（包括犯罪司）以替代以往的助理司法部长的"外包式"调查。[116] 在刑事执法（包括反托拉斯、欺诈、侵犯版权、强迫劳工）领域，于 1908 年设立的调查局（1935 年更名为联邦调查局）已在 1944 年从成立之初的 34 人扩张至超过 13 000人。[117] 此外，谢尔曼和威尔逊整套反托拉斯立法逻辑被大萧条时期的《斯穆特-霍利关税法》（1930）、《证券交易法》（1934）及《通信法》完全吸收。《斯穆特-霍利关税法》导致了 1916 年

---

[113] Marc Winerman, "The Origins of the FTC: Concentration, Cooperation, Control, and Competition", 71 (1) *Antitrust Law Journal* (2003), pp. 3, 18-19, 32.

[114] 15 U. S. C. 41, § 1, 2.

[115] Gregory J. Werden, "Establishment of the Antitrust Divisionof the U. S. Department of Justice", 92 (3) *St. John's Law Review* (2018), p. 9.

[116] The United States: Department of Justice, Annual Report of the Attorney General of the United States for the Year 1919, athttps://www.justice.gov/criminal/history, 最后访问日期: 2020 年 10 月 22 日。

[117] U. S. Department of Justice: Federal Bureau of Investigation, *The FBI: A Centennial History* (1908-2008), DC: U. S. Government Printing Office, p. 38.

成立的美国关税委员会重组,[118] 著名的"337 条款"指向对进口贸易中不正当行为的调查并排除其进入美国市场。[119]《证券交易法》旨在规制侵害多种美国投资者权益及非法操纵市场的行为，以保障"公平且诚信的交易市场",[120] 其中的州际贸易包括了"任何与外国的贸易"。[121]《通信法》直接指向了对州际及与外国贸易中有线电和无线电通讯的规制。[122] 此外，《证券交易法》和《通信法》仿照联邦贸易委员会分别设立了证券交易委员会[123]和联邦通信委员会。[124] 诸如美国关税委员会（后更名为美国国际贸易委员会）、联邦贸易委员会、证券交易委员会、联邦通信委员会等同时具有调查权、民事起诉权和行政裁判权的独立联邦政府机构的兴起，以及包括司法部在内的行政部门在不同制定法框架下的职能细分，均为第二次世界大战后美国各经济部门实行的长臂管辖提供了制度依据。

四、从反垄断到反腐败：走向全球刑事长臂的美国司法部

"在美国，行政当局好像喜欢躲在幕后仔细观察，让行政命令戴上司法判决的面纱。这样，行政当局由于拥有被人们视为合法的几乎不可抗拒的权力，而使权限更大了。"[125] 如果说第二次英美战争和内战分别使得美国的长臂管辖完成了从海洋到陆地、从州到联邦的两次飞跃，那么两次世界大战则为其从民事向刑事

---

〔118〕 John M. Dobson, *Two Centuries of Tariffs-The Background and Emergence of the United States International Trade Commission*, DC: U. S. Government Printing Office, 1976, p. 101.

〔119〕 19 U. S. C. ch. 4, section 337.

〔120〕 15 U. S. C. § 78a, section 2.

〔121〕 *Id*, section 3 (a) (17).

〔122〕 47 U. S. Code § 151, section 1.

〔123〕 15 U. S. C. § 78a, section 4.

〔124〕 47 U. S. C. § 151, section 4.

〔125〕 托克维尔:《论美国的民主》，董果良译，商务印书馆 1991 年版，第 85 页。

领域的过渡提供了物理层面的前提。这一点尤其反映在美国司法部对个人的全球抓捕及起诉方面。作为一个"准司法"机构，司法部成立时的主要作用是作为执法与司法的沟通桥梁；[126] 但到第二次世界大战后，它已发展为一个包含调查、执法、刑事及民事起诉的全能部门。以下两方面构成了支撑其长臂管辖的两大支柱。

首先是联邦法院给予司法部长臂管辖的判例法支持。在联邦与各州层面的民事长臂管辖（对人诉讼）加速发展的同时，[127] 联邦层面的刑事长臂管辖也在各个执法领域展开。1922 年，最高法院在"美国诉鲍曼案"的裁判中，对之前反托拉斯判决中的客观属地原则做出了进一步发展，将判例法上的刑事长臂管辖由公司拓展到个人。"美国诉鲍曼案"系一起涉嫌共谋诈骗美国海运委员会应急船队公司（United States Shipping Board Emergency Fleet Corporation）的案件，而美国政府是该公司的一名股东。下级法院驳回了对涉及在公海上所犯行为的一项指控的刑事管辖权。但前美国总统、时任最高法院大法官塔夫脱推翻了这一立场，并指出："如果没有明确定义，必要行为地应取决于如罪行描述及其性质的国会立法目的，以及政府根据国内法惩罚罪行的管辖权的地域限

---

[126] Jed Handelsman Shugerman, "The Creation of the Department of Justice: Professionalization without Civil Rights or Civil Service", 66 *Stanford Law Review* (2014), p. 125.

[127] 在 1952 年帕金斯诉本盖特联合矿业公司一案中，本盖特公司由于在第二次世界大战期间被日本占领，不得不暂停采矿业务，将董事长办公室迁至俄亥俄州。法院认为，在此期间，董事长利用他在俄亥俄州的办公室进行持续的商业活动，使俄亥俄州能够恰当地对他的公司行使一般管辖权。本盖特作为一家菲律宾公司因此被列为美国法院的被告，见 Perkins v. Benguet Consolidated Mining Co., 342 U.S. 437 (1952)。此外，美国独有的私人民事送达制度也漂洋过海：从 20 世纪 50 年代起，瑞士、法国、德国、奥地利、拉丁美洲等国家均对这种未经许可在其境内进行的外国送达程序表示抗议，瑞士（1961）、法国（1980）及德意志联邦共和国（1979）甚至向美国发出了外交照会。但是，在美国《对外关系法重述（第三次）》中仍然规定："在国际法下，一国为了协助他国国内进行的诉讼，可以决定在其领域内的送达程序，但诉讼未决国家可以决定该送达的效力。"见何其生：《比较法视野下国际民事诉讼》，高等教育出版社 2015 年版，第 207—212 页。

制。"他阐述了两类不同的犯罪：一是"针对个人或其财产"的犯罪，如"殴打、谋杀、入室盗窃、偷盗、抢劫、纵火、贪污和诈骗"；二是"在逻辑上不依赖于其发生地的政府管辖权的刑事法"。由于这些刑事法使联邦政府都有权保护自己免受妨碍或欺诈，特别是由其自己的公民、官员或代理人犯下的罪行，第二类案件被认为可以适用于域外。虽然此时规制的对象仍然是美国公民，但管辖的领域却延伸至公海及美国之外。该案的意义在于两个方面。其一，与 1886 年克利夫兰总统对"墨西哥诉卡廷案"中对"消极属人原则"的批评相呼应。"卡廷案"中，一名美国公民因在得克萨斯州的报纸上发表了关于一名墨西哥公民的负面新闻，后在墨西哥度假时被墨西哥政府逮捕并以诽谤罪名起诉。克利夫兰认为，"一个主权有权管辖在其领土内发生的罪行，尽管这一罪行可能与美国国外联系，或者在国外开始，但是，任何外国主权国家都无权因发生在美国领土上并违反美国法律的罪行而惩罚美国公民，即使这种罪行是针对这样一个主权国家的臣民"。[128] 其二，在法院肯定依据美国宪法制定的联邦法律的域外效力的同时，西部拓殖时期"宪法随着国旗走"原则在这一时期的管辖扩张中逐渐转变。在美国之外（包括波多黎各等殖民地）的个人（无论其是否加入美国籍）不受到美国宪法的保护，[129] 即不受到正当程序、[130] 获得陪审团[131]以及强制程序条款[132]等的保护。因此，境外个人如被诱骗甚至绑架至美国并被提起诉讼，均不违反美国宪法。

---

〔128〕 Adolph Hepner, *Extraterritorial Criminal Jurisdiction and its Effect on American Citizens*, Washington: Government Printing Office, 1890, p. 7.

〔129〕 *Downes v. Bidwell*, 182 U. S. 244 (1901); *Balzac v. Porto Rico*, 258 U. S. 298 (1922).

〔130〕 *Ker v. Illinois*, 119 U. S. 436 (1886); *Frisbie v. Collins*, 342 U. S. 519 (1952); *United States v. Toscanino*, 500 F. 2d 267 (1974).

〔131〕 *In re Ross*, 140 U. S. 453 (1891); *Balzac v. Porto Rico*, 258 U. S. 298 (1922).

〔132〕 *United States v. John D. Greco*, 298 F. 2d 247 (2d Cir. 1962).

其次是联邦调查局域外调查制度的建立，这一体系是覆盖全球的海外"使馆法律参事"（Legal Attachés）和"使馆法律参事办公室"办事处（Legal Attaché Offices）制度的前身。该制度源于第二次世界大战期间联邦调查局负责西半球情报工作（其他地方则由海军及陆军情报部门负责）时的实践。[133] 由于担心德国特工可能利用美国国内的中立主义情绪以及拉丁美洲、南美洲的反美情绪，罗斯福总统于1940年6月秘密授权联邦调查局在南美洲开展外国情报行动。时任联邦调查局局长的胡佛设立特别情报局（Special Intelligence Service）后，联邦调查局在20世纪40年代先后向拉丁美洲（包括墨西哥、巴西、智利、阿根廷、委内瑞拉、哥伦比亚、尼加拉瓜、秘鲁、古巴等国家）派遣了700名特工。特别情报局的职责表面上是贯彻其建立以来的任务，即"限制共产主义及法西斯主义的传播"，但实际上却有着重要的地缘经济任务：委内瑞拉与哥伦比亚有着丰富的石油储备，秘鲁则提供了战争中紧缺的矿石出口。在厄瓜多尔这个没有任何德国间谍的国家，美国也先后派遣了45名特工。对拉美渗透的核心动因是，在拉美国家民主化与政治开放过程中保证美国企业在出口、进口及投资中的竞争优势地位。对拉丁美洲的控制，可以使拉美持续成为美国廉价的原材料供应地及利润丰厚的工业品市场；而拉美的独立运动与共产主义运动恰恰指向对这一经济依赖的批判。[134]

自1943年轴心国在拉美势力减弱后，特别情报局的功能直接转向收集当地的经济、金融及政治信息。以厄瓜多尔为例，在1943年10月派遣至当地的21名人员中，5名特工及4名文职人员被派到首都基多的使馆海外办事处，4名从事不对外（包括向

---

〔133〕 U. S. Department of Justice: Federal Bureau of Investigation, *The FBI: A Centennial History* (1908-2008), p. 35.

〔134〕 Marc Becker, *The FBI in Latin America: The Ecuador Files*, Durham: Duke University Press, 2017, pp. 19, 4-5.

美国其他外事或情报部门）暴露任何身份的卧底工作，2 名负责通信，1 名负责与当地执法部门联络，1 名负责当地安保，其余特工被派遣至港口瓜亚基尔及昆卡。他们的报告指出，厄瓜多尔对外国资本具有极强的吸引力，这里有着未开发的自然资源，且为南美潜在的最富裕国家之一。特工们深知美国"国家利益"的经济面向，而"厄瓜多尔的地理位置不仅可以确保巴拿马运河的安全，其本身也可以提供农业和矿产资源，南美矿产公司是当地唯一的金矿开采企业"。此外，"美国在当地还有攫取石油、咖啡和香蕉的经济利益"。"美国的长期忽视将使取代这里的德国和意大利公司变得格外困难，但多亏了（小罗斯福）'睦邻政策'以及调查局的努力，这样的行动已经在进行了。"在 7 年的行动中，888 人被认定为轴心国特工，其中 389 人被逮捕，105 人依据当地法律被认定有罪。1945 年 8 月，胡佛在写给时任司法部长汤姆·克拉克的备忘录中提出："应将一个在西半球运行得非常成功的情报体系推广至全球。"尽管联邦调查局在拉美的职能于 1947 年后移交给了新成立的中央情报局，但它的主要情报人员、资产及设备并没有撤离，而是加入了这一全新的全球情报机构以对抗它们的共同敌人苏联。正是因为核心资产的关联关系，联邦调查局很快通过"使馆法律参事"制度重启了司法部项下的海外情报搜集工作。[135] 由于具备科学的人事培训制度[136]及领先的刑事侦查技术水平[137]，当地执法部门自愿地服从指挥，甚至要求得到培训。[138]

---

〔135〕 Marc Becker, *The FBI in Latin America：The Ecuador Files*, Durham：Duke University Press, pp. 21, 43-45, 46, 47-48, 50.

〔136〕 FBI 的培训基地位于弗吉尼亚州匡提科的美国海军陆战队基地，见 Tony G. Poveda, *The FBI：A Comprehensive Reference Guide*, Phoenix：Oryx Press, 1999, p. 254。

〔137〕 即胡佛时期设立的鉴证部门：从 1932 年开始，联邦调查局与各州执法机构及 89 个外国的机构交换指纹数据。同上注，第 221—224 页。

〔138〕 同上注，第 33—35 页。

　　这种自愿服从很快体现在中央情报局与联合果品公司的一次合作干预行动中。1951年危地马拉左翼取得政权，不久后政府便开始启动一项土地改革，并计划征收联合果品公司的部分土地。1954年，联合果品公司成功地说服艾森豪威尔政府在危地马拉发动了一场由美国支持的政变，借口是现任政府将与苏联结盟。这个反叛组织由中情局训练和装备，中情局局长艾伦·杜勒斯（Allen Dulles）是联合果品公司的董事会成员，而其兄弟约翰·杜勒斯则是美国国务卿，曾在该公司工作并持有股份；首席执行官托马斯·卡伯特（Thomas Dudley Cabot）曾在美国国务院工作，其弟约翰·卡伯特（John Moore Cabot）时任国务院负责泛美事务的助理国务卿。[139] 政变于1954年6月获得成功，联合果品公司重新取得了大规模不动产。干涉行动激起了有关美国政府重新支持垄断性公司利益的民怨，司法部反垄断司于1954年7月宣布对联合果品公司提起民事诉讼。艾森豪威尔政府对此的解释是："任何针对联合果品公司的诉讼可能被共产主义者利用，他们会使用我们针对公司的所有指控来捍卫他们的征用。"该案因此被国务院及国家安全委员会干预，后者直接建议"将诉讼推迟一年"。尔后，司法部提起了更为温和的诉讼要求，并于4年后才与联合果品公司达成协议。[140] 无独有偶，在1949年司法部对美国电话电报公司（AT&T）的诉讼中，该公司直接游说国防部长罗伯特·洛维特（Robert A. Lovett）致信司法部，提出这一通信巨头正集中全力为朝鲜战争提供国防力量。调查同样被搁置，直至1956年才达成一

---

　　[139]　Richard H. Immerman, *Empire for Liberty: A History of American Imperialism From Benjamin Franklin to Paul Wolfowitz*, Princeton & Oxford: Princeton University Press, 2010, pp. 178-182；也见迈克尔·曼：《社会权力的来源：全球化》（1945—2011）（上），郭忠华等译，上海人民出版社2015年版，第143页。

　　[140]　Theodore Philip Kovaleff, *Business and Government during the Eisenhower Administration: A Study of the Antitrust Policy of the Antitrust Division of the Justice Department*, US: Ohio University Press, pp. 62-64.

份处罚较轻的和解判决。[141] 但外国公司似乎难以幸免，1954 年至 1955 年，司法部对二十多家瑞士钟表公司和瑞士贸易协会（包括其在美子公司）提起反垄断诉讼。[142] 尽管瑞士政府发言人强烈谴责这一起诉干涉了瑞士精密仪器产业的内部活动，且该案甚至上升到美国和瑞士的外交关系层面，但鉴于诉讼的"高成本与高耗时"，大部分瑞士子公司于 1962 年与司法部达成和解判决（consent decree）。坚持诉讼的大多为瑞士本土公司和组织，但法院依然认为其违反了《谢尔曼法》第一条，并最终于 1965 年达成和解判决。该案引起了美国国务院和国防部的关注，国务院提出"对该案保持高度兴趣，因为美国正在着手进行针对手表类商品关税的调整议程"。[143] 1965 年，美国关税委员会针对瑞士钟表公司展开了"337 调查"。[144]

随着类似案件数量的激增，司法部逐渐形成了一套诉前会议（prefiling conferences）及和解判决机制。诉前会议系指司法部经对特定事件调查后，在起诉前通知潜在被告，告知其起诉的内容和理由并达成和解的制度。这项制度最初运用于 20 世纪 20 年代的刑事诉讼，并于 50 年代初在反垄断司民事诉讼领域重新被启用。而和解判决则是政府和被告在刑事或民事诉讼阶段达成具有判决约束力的和解协议，其不仅可以解决已发生的争议，也可以对未来做出安排并由法院监督实施。尽管司法部具有刑事指控的权

[141] John Pinheiro, "AT&T Divestiture & The Telecommunications Market", 2 (2) *High Technology Law Journal* (1987), pp. 306-307.

[142] United States v. The Watchmakers of Switzerland Information Center, Inc. , Civil Action No. 96-170, *Memorandum of United States in Response to Motion of Rolex Watch U. S. A. , Inc. for Order Terminating Final Judgment*, p. 2.

[143] Theodore Philip Kovaleff, *Business and Government during the Eisenhower Administration: A Study of the Antitrust Policy of the Antitrust Division of the Justice Department*, p. 60.

[144] United States Tariff Commission, *Watches, Watch Movements, and Watch Parts Report to the President on Investigation No. 337-19 under the Provisions of Section 337 of the Tariff Act of 1930, as Amended*, DC: TC Publication, 1966.

力，但自 1935 年 1 月 1 日至 1950 年 1 月 1 日的 298 起反垄断指控中只有 48 件被审理，且尚没有公司员工被判监禁（直至艾森豪威尔第二届任期才有美国公司高管被监禁）。为了保证对被告的持续压力，司法部曾发布备忘录，要求所有的检察官不要接受"不辩护也不接受指控"的答辩（nolo contendere），除非有"民事诉讼仍在进行中"。[145]

这是美国刑事长臂张开的前夜——自 20 世纪 50 年代末至 70 年代初，美国在意识形态与经济利益的驱动下进一步加大对外干涉力度，方式则渐渐从武装干预转向司法介入。肯尼迪宣称，"拉美人民只有在排除共产党政权或不违背美国利益的情况下，才有权利选择自己的政府"。约翰逊在就职演说中宣称，"作为政府民主体系产物的美国海外义务，已经使得国内和国际责任界限不复存在"。20 世纪 60 年代起，美国先后参与了阿根廷（1962）、秘鲁（1962）、危地马拉（1963）和厄瓜多尔（1963）的军事政变，[146] 并将间接统治[147] 和军事干预[148] 的触角伸向东南亚；但到 20 世纪 70 年代，"第三波民主化浪潮"及海外战争的失败使得这一政策不得不发生转向。新自由主义导致全球范围的私有化进一步加深，它要求解放商品市场和国际资本流动、取消对劳动力市场的监管、平衡国家预算，并广泛减少国家对经济的干预。在此背景下，包括英国在内的许多国家的公共企业开始进行私有化。国际组织亦发挥了一定作用，国际货币基金组织、世界银行等开

---

〔145〕 Theodore Philip Kovaleff, *Business and Government during the Eisenhower Administration: A Study of the Antitrust Policy of the Antitrust Division of the Justice Department*, p. 52, 53, 65.

〔146〕 路易斯·班代拉：《美帝国的形成》，舒建平译，人民大学出版社 2013 年版，第 46、111、115 页。

〔147〕 迈克尔·曼：《社会权力的来源：全球化》（1945—2011）（上），郭忠华等译，上海人民出版社 2015 年版，第 131—133 页。

〔148〕 同上注，第 151 页。

始将新自由主义政策运用于南方国家的结构调整。[149] 全球金融体系形成，而战后的证券交易所被掌握纸质金融财富的投资者所主导。经济全球化和通信手段的进步，意味着所有权的转移能够在瞬间无障碍地在全球范围内进行，成为新的对"无主地"的占领方式。[150]

众多全球性公司出现在当时盛大的并购浪潮下。全球性公司高效运作必然无法以民主形式，即由董事会决策，对由金融机构主导的股东负责。而美元与石油的重新挂钩，使得美国依然能够通过印钞获得"铸币税"；石油输出国组织出口石油收入的大部分以美元形式存入了西欧银行。[151] 在金融交易系统方面，1968年，纽约摩根担保信托公司在布鲁塞尔建立了"欧洲清算系统"（Euroclear），成为全球最大的证券交易电子系统；[152] 1970年，纽约清算所协会建立"纽约清算所银行同业支付系统"（The Clearing House Interbank Payments System），成为全球第一家私人设立的银行间支付清算系统。[153] 至20世纪70年代，占美国人口十万分之二的3500人掌握了全国半数的工业资产，[154] 而美国集中了世界90%以上的制造业体量。工业资本的背后是金融资本。以美国电话电报公司1975年提交的十大股东报告为例，除该公司本身外，这十大股东中有9名的实际控制人是投资银行，且它们存在大量交

---

〔149〕 迈克尔·曼：《社会权力的来源：全球化》（1945—2011）（上），郭忠华等译，上海人民出版社 2015 年版，第 168 页。

〔150〕 同上注，第 182 页。

〔151〕 同上注，第 190、162 页。

〔152〕 CPSS, *International Payment Arrangements*, at https://www.bis.org/cpmi/publ/d105_international_arrangements.pdf，最后访问日期：2020 年 10 月 24 日。

〔153〕 顾浩等：《银行计算机系统》，清华大学出版社 2006 年版，第 155 页。

〔154〕 托马斯·戴伊：《谁掌管美国——卡特年代》，梅士、王殿宸译，世界知识出版社 1979 年版，第 24 页。

叉持股现象。[155] 而跨国公司在全球政治经济的地位开始显现：除了拥有合法的专利或商业秘密垄断权外，还控制着国际组织以及金融、货币及贸易机构的构成和运行；[156] 它们能够通过全球市场的内部交易"转移定价"，规避民族国家的税收监管。而这些跨国公司的寡头地位被美国"旋转门"制度放大。前文提到的罗伯特·洛维特的父亲是太平洋铁路协会委员会主席。通过对20世纪50—70年代国防部、国务院、财政部的核心决策人员的背景调查显示，他们中的绝大部分均有企业界兼职身份，即来自实务界的"深思熟虑之人"。即便如基辛格、布热津斯基这些掌权的知识分子，也均是依靠与掌握石油和金融产业的洛克菲勒家族的关系而得到了重用。[157]

同样，作为美国政治游说形式的政治献金亦于1971年合法化（Federal Election Campaign Act of 1971）。[158] 联邦调查局在上述瑞士钟表案中曾提供证据，1939—1940年间，瑞士钟表商曾通过瞒报进口钻石量逃避关税总计高达500万美元，其中相当一部分用于资助罗斯福的竞选。[159] 正如前文大量案例所表明的，这套体制同样通过跨国公司权势集团在美国国外运作。转折发生在水门事件后。对尼克松窃听事件的深度调查表明，企业行贿资金不仅用于帮助尼克松，还用于向外国政党支付可疑款项。1976年5月12日，证券交易委员会向众议院银行、住房和城市事务委员会提交

---

〔155〕 托马斯·戴伊：《谁掌管美国——卡特年代》，梅士、王殿宸译，世界知识出版社1979年版，第57—59页。

〔156〕 路易斯·班代拉：《美帝国的形成》，舒建平译，中国人民大学出版社2013年版，第163页。

〔157〕 托马斯·戴伊：《谁掌管美国——卡特年代》，梅士、王殿宸译，世界知识出版社1979年版，第82—85、88—91页。

〔158〕 James D'Angelo, Brent Ranalli, "The Dark Side of Sunlight—How Transparency Helps Lobbyists and Hurts the Public", *Foreign Affairs* (2019).

〔159〕 Theodore Philip Kovaleff, *Business and Government during the Eisenhower Administration: A Study of the Antitrust Policy of the Antitrust Division of the Justice Department*, p. 61.

了一份《关于公司可疑与非法支付行为的报告》。[160] 报告显示，四百多家公司承认进行了可疑或非法支付，它们向外国政府官员、政界人士和政党支付的资金超过 3 亿美元。这些公司中包括一些美国最大且持股人最多的上市公司；其中超过 117 家属于"财富"500 强。行贿通常涉及的经济部门有：医药、油气生产与服务、食品、航空航天及化学产品。一方面，这些行为与美国公众的道德期望和价值观背道而驰，削弱公众对自由市场体系完整性的信心，并给所有美国公司蒙上了阴影——其曝光损害了美国公司的形象，导致高昂的诉讼费用、大量的订单取消和投资转移。而类似洛克希德的军火商行贿丑闻则影响到美国在盟友中的政治基础：日本政坛因此受到震动，荷兰的伯恩哈特（Bernhardt）亲王被迫辞职；而在意大利，除洛克希德外，埃克森、美孚石油公司和其他公司向意大利政府官员支付款项，削弱了公众对意大利政府的支持，损害了美国对整个北约的外交政策。另一方面，正如前商务部长里查德森指出的，美国公司"支付款项不是为了'胜过'外国竞争对手，而是为了获得相对于其他美国制造商的优势"。

如果海外贿赂本不必要，那么就应对其加以立法限制。以修改 1934 年《证券交易法》（Securities Exchange Act）为基础的《促进国内和外国投资信息披露法》（Domestic And Foreign Investment Improved Disclosure Acts）及《公司非法支付法》（Unlawful Corporate Payments Act）先后被提交国会审议。就该法的处罚对象而言，州际和对外贸易委员会比较了公司的合规成本，认为与其就披露违法规定刑事责任，不如就贿赂本身规定刑事责任，因为前者将导致公司大量新增的披露义务。[161] 而该法的突破点首先在于：将美国公司

---

[160] US House of Representatives（Report）No. 95-640（1977）.

[161] US House of Representatives（Report）No. 95-640（1977）.

的外国子公司及其雇佣的个人纳入法案适用范围。虽然将会带来管辖、执行和外交方面的困难，但若要有效遏制对外国的贿赂行为，就有必要将美国司法管辖权扩大到外国子公司。这就意味着依据《证券交易法》，外国子公司雇佣的外国人如使用美国邮件系统进行非法支付，或该支付与美国的州际贸易相关，则其将落入该法的适用范围。[162] 虽然 1945 年"阿尔科案"中，联邦法院已将司法管辖权拓展至美国公司在海外的子公司，[163] 且在 1973 年美国诉埃多斯一案[164] 中，法院确认了"在国际法体系中国会可选择为实现立法所寻求的目的所必需的任何公认的国家管辖原则"，但将美国国内法的适用范围拓展至海外子公司雇佣的外国人，则是该法的创举。

而这一突破的原因则在于美国全球执法能力的增强。一方面，联邦证券交易委员会对投资者信息披露的贿赂问题具有调查权限，且已经具备相关的调查经验。然而证券交易委员会就贿赂本身并没有处罚权——"如果证券交易委员会搜集到足够多的证据并认为可以提起刑事诉讼，那么就应移交司法部"。参众两院报告均认为，证券交易委员会和司法部之间要展开密切合作，以确保刑事起诉所需的证据不会过时。自 20 世纪 60 年代起，证券交易委员会的民事长臂管辖案件逐渐增多，[165] 而与司法部的合作也将扩大证券交易委员会的权限。就当时的部门信誉而言，证券交易委员会似乎高于司法部；然而时任州际和对外贸易委员会主任哈雷·斯塔格斯（Harley Orrin Staggers）指出："贿赂公职人员是隐蔽的，通常涉及双方当事人的同意，他们会不遗余力地掩盖

---

[162]　US Senate (Report) No. 95-114 (1977).

[163]　*United States v. Alcoa*, 148 F. 2d 416 (2d Cir. 1945).

[164]　*United States of America*, *Appellee*, v. Alfred Erdos, Appellant, 474 F. 2d 157 (4th Cir. 1973).

[165]　Note, "Extraterritorial Application of the Securities Exchange Act of 1934", 69 (1) *Columbia Law Review* (1969), pp. 94-111.

交易。当所涉官员是外国政府的代表，而且大多数关键行为发生在国外时，侦查、调查和起诉的问题必然会复杂化。考虑到未来任何禁止贿赂外国官员法律的执行问题，我们认为有必要迅速调动证券交易委员会与联邦调查局最大限度的调查能力。"在称赞证券交易委员会做出的贡献后，哈雷依然认为，应充分结合联邦调查局对"腐败的调查以及境外取证能力"，"通过赋予联邦调查局对此类犯罪的管辖权，我们将能够利用这两个机构的专业知识，确保对违反拟议法律的行为进行有力、迅速的刑事起诉"。[166]

《反海外腐败法》的立场激怒了一些商界领袖，由于税收和成本差异，在国内利润受到威胁的情况下，外国业务的利润极为丰厚，限制美国公司的行贿终将不利于竞争，因此他们认为，福特政府提出的由联合国成员国签署多边协议才是一个更好的选择。包括时任国务卿亨利·基辛格和爱略特·理查德森（Elliot Richardson）在内的美国政府高官不同意这种观点。他们认为，关于国际条约的建议不切实际，永远不会得到国际社会所有成员的批准。联邦参议员普洛斯米利提出："这证实了极端民族主义者散布的最坏的怀疑，即美国在他们国家经营的企业会对他们的政治体制产生腐败的影响"，"贿赂行为也破坏了美国促进发展中国家实行民主问责的政府和专业化的公务员制度的外交政策目标"。[167]

这部《反海外腐败法》最终顺利通过。与87年前的《谢尔曼法》甚至200年前的《独立宣言》一致，它们的起草者均将其提升到了意识形态竞争的高度，并体现类似于杰弗逊"自由帝

---

〔166〕 US House of Representatives（Report）No. 95-640（1977）.

〔167〕 Wesley A. Cragg and William Woof, "The US Foreign Corrupt Practices Act and its implications for the Control of Corruption in Political Life", in ISCTE Conference, *Corruption control in Political Life and the Quality of Democracy*, 2018, p. 9.

国"的普遍期待——反对议会、资本与腐败带来的"专制";相仿之处还在于,起草者们均是在国家竞争的年代,率先在共同体内提出旨在成为"全人类共同财富"的立法或宣言。但不同的是,此时的美国已经不再需要唤醒甚至塑造联邦权力——它正在张开双臂,用国内法管理整个世界。《反海外腐败法》只是20世纪70年代美国有关长臂管辖法律的一个代表,[168] 在其立法过程中,联邦调查局首次因域外取证能力进入联邦立法的视野。正是在联邦情报局逐渐发展出的全球执法能力的过程中,司法部公诉部门及联邦政府相关部门不断使用"客观属地原则"作为支持对境外行为与主体起诉的主要依据。[169] 而在这一原则的发展过程中,其受法律保护的利益也扩展至资本市场、国际航运、特定商贸利益甚至商业秘密,因此远大于国际法中通行的"保护性管辖"原则。[170] 至于联邦调查局将如何展开全球抓捕,司法部将如何开展诉前谈判,这一时期应运而生的长臂管辖制度将如何运作,则是另一段故事了。

五、结论

一个经济世界总要有一个中心;当大地被资本占取殆尽,世界经济也将形成一个中心。这一中心构成了资本主义世界的最后担保。[171] 法国历史学家费尔南·布罗代尔在1976年的演讲中提到,作为各种手法、程序、习惯、竞争性能的总和,资本主义

---

〔168〕 Gary B Born, "A Reappraisal of the Extraterritorial Reach of U. S. Law", 24 (1) *Law and Policy in International Business* (1992), p. 24.

〔169〕 Coffin, J. T. "The Extraterritorial Application of the Economic Espionage Act of 1996", 23 *Hastings International & Comparative Law Review* (2000), p. 527.

〔170〕 Ellen S Podgor, "Extraterritorial Criminal Jurisdiction: Replacing 'Objective Territoriality' with 'Defensive Territoriality'", *Studies in Law, Politics and Society*, 2015, p. 126.

〔171〕 Wolfgang Streeck, "How Will Capitalism End?", 5-6 *New Left Review* (2014), p. 62.

"依靠法理和事实上的垄断""继续绕开市场"。[172] 在其"天鹅绝唱"中，美国历史学家伊曼纽尔·华勒斯坦认为，他使人们承认"一切垄断皆具有政治性"。而问题在于，如果历史证明国家只是资本主义制度运作的一个组成因素，那么其即时行动使何者受益？[173] 无独有偶，作为美国社会学家赖特·米尔斯掌权阶层研究的延续，美国著名公共政策学学者托马斯·戴伊于 1976 年起出版"谁掌管美国"系列图书。在对各社会机构数千名掌权精英的权力取得、运用及社会关系进行研究后，他得出结论认为，一切社会"优秀人物掌权的必然性"，"不论其是否假借'人民'的名义"。[174]

本文关于长臂管辖的研究或许能为上述宏大结论提供一个细小佐证，但也揭示了美国的特殊性。它以其数个世纪形成的联邦与州的复合政治结构适应了资本主义的扩张。在州的垄断被内战后的联邦政府打破后，垄断性公司与联邦政府的联姻指向了新的国际与跨国权力塑造。联邦层面的长臂管辖恰恰关涉资本主义的高利润层——跨国公司间的竞争。这是资本主义竞争最惨烈的层面，权势集团必须抓住每一次技术革新带来的新的垄断。但这并不意味着过往的法律资源已经失效。广泛运用于西部拓殖时期并被斯蒂芬限制的对物管辖，在当下特定法律主体较难识别的网络法案件中复活——根据 1999 年《反域名抢注消费保护法》（Anti-cybersquatting Consumer Protection Act）[175]，如法院无法确定位于美国境外的侵权人身份，那么域名本身可成为被告，因为域名最终的注

---

[172]　费尔南·布罗代尔：《资本主义的动力》，杨起译，生活·读书·新知三联书店 1997 年版，第 54—80 页。

[173]　费尔南·布罗代尔：《资本主义的动力》，杨起译，生活·读书·新知三联书店 1997 年版，第 85 页。

[174]　托马斯·戴伊：《谁掌管美国——里根年代》，张维等译，世界知识出版社 1985 年版，第 1—5 页。

[175]　15 U. S. C. § 1125 (d).

册管理机构（registry，相对于注册商"registrar"）位于弗吉尼亚，构成了长臂管辖最低联系原则所要求的"出现"（present）。[176]

　　这一切触发了百年前霍姆斯关于"管辖的基础是物理权力"的理解。一方面，美国经济不成比例的规模以及国际金融体系的中心地位，构成了经济主体对其长臂管辖服从的部分原因。[177]另一方面，它也提供了对其经济规模所控制的物质生活的规定性，一种由权势集团主导的、将人类共同价值诉求与制度设计及实践结合的技艺。此种技艺需要不断面向新的环境调动和修改过去的经验，并使扩张和规制的诉求获得法律的确认。正如雅克·德里达（Jacques Derrida）在《独立宣言》发表200周年庆典时所指出的那样，"问题没有得到解决。一个国家是如何被建立或成立的，或者说一个国家是如何自我建立或成立的？……是谁在授权签字书上签字的？"[178]依靠在先的价值解释各个阶段长臂管辖的规范性逻辑，亦不是本文的任务，但这至少使得"先知和煽动家"[179]没有了批评的对象，也使得讨论只聚集在事实和因果之间。

---

〔176〕　John A Greer, "If the Shoe Fits: Reconciling the International Shoe Minimum Contacts Test with the Anti-cybersquatting Consumer Protection Act", 61 (6) *Vanderbilt Law Review* 2008, pp. 1861-1902.

〔177〕　Rebecca L. Perlman & Alan O. Sykes, "The Political Economy of the Foreign Corrupt Practices Act: An Exploratory Analysis", 2 *Journal of Legal Analysis* (2017), p. 178.

〔178〕　大卫·阿米蒂奇：《独立宣言——一种全球史》，孙岳译，商务印书馆2014年版，第50页。

〔179〕　马克思·韦伯：《学术与政治》，冯克利译，生活·读书·新知三联书店1998年版，第37页。

超越法律和事实上的边界：追溯美国作为法律帝国的边界

弗雷娅·伊拉尼著* 李　月译

摘要： 自 1945 年以来，美国法官扩展了许多美国国内法律的适用范围（包括证券和反垄断法）以管理其国外的经济交易。然而，他们未能将美国劳动和就业法的适用延伸到美国领土以外的地区，以管理雇主与雇员之间的关系。本文以国际关系领域的管辖权研究为中心，通过对联邦法院判决的分析并以管辖权主张中所涉及的国家为例进行研究。笔者认为，这种方法使我们能够在"正常"的日常事务过程中捕捉到美国法律适用的地理范围（法律帝国的边界）。自 20 世纪中叶以来，美国政府的法律权威和法律关系已经以"国民经济"这一概念为中心组织起来（而不是仅仅简单地围绕着如"领土"或"公民身份"的概念）。这意味着世界上的任何人或者企业是否受到美国法律的管辖或者保护，取决于其与美国国民经济的关系。

---

* 弗雷娅·伊拉尼（Freya Irani），美国瓦萨学院政治学系客座助理教授。

关键词： 批判理论　帝国全球治理　政治经济　主权领土

自 1945 年以来，美国法院经常使用美国法律来裁决在世界任何地方发生的某些类型的民事纠纷。美国司法部也会对在美国国外实施某些行为的个人和公司（包括非美国公民和公司）提起刑事诉讼。[1] 美国法院有合理的理由来扩展美国国内法的"域外管辖权"，例如需要保护在美国外的美国公民免遭"恐怖主义"行为之害，或以其他方式保护美国重大"国家利益"。

国际关系学者越来越关注这些实践。然而，传统的现实主义者和自由主义者以及更新近的建构主义者一般关注以安全和人权为背景的美国国内法的域外管辖（Liste，2014，2016；Lohmann，2016；Shambaugh，1999）。除了一些典型案例（Putnam，2009，2016；Slaughter，1995；Slaughter and Zaring，1997），国际关系学者对美国经济法的域外管辖（如反托拉斯法和证券法）并不那么关注，因为这些通常是为了管理发生在美国国外的交易。法律域外管辖扩展的一个重要特点是日益常规化。例如，美国"反恐融资"法律的域外适用往往是"特殊"情况所必需，而与此不同，美国经济法律的扩展之所以重要，正是因为这些法律适用于日常商业活动并对其产生影响。因此，研究经济法律可以使我们捕捉到一种重要的模式，通过这种模式，美国政府可以组织和规范全球经济活动。它进一步使我们能够在"正常"的日常事务过程中捕捉到美国法律帝国的边界。

自第二次世界大战以来，美国经济法的域外扩张常常是按照"效果说"进行的。根据美国法院的说明，政府可以适用自己的

---

[1] 到 1945 年，美国法律的"域外管辖权"扩展已经是一个长期实践：美国与许多欧洲国家及帝国一样，其国内法的效力延伸到了欧洲之外发生的行为，例如，在 19 世纪和 20 世纪初的中国和日本（Ruskola，2008；Kayaoğlu，2010）。第二次世界大战后的变化是美国法律在欧洲的应用，以及这种法律应用的技术和理由。

法律来处理在其领土边界之外发生的行为，是由于这些行为在边界之内具有特定程度的效果。1945 年以前，包括常设国际法庭（PCIJ）在内的法院曾使用该原则支持各国政府对在国外发生但在其领土内具有实际影响的行为进行管辖 [s. s. Lotus（*France v. Turkey*），PCIJ，1927]。一个典型例子是，对于穿越国界的子弹，子弹落地地点拥有该行为的管辖权。1945 年，美国一家联邦上诉法院首次裁定，域外行为在美国境内产生的经济影响足以触发美国法律的适用。具体而言，在美国诉美国铝业公司（Alcoa）一案中，第二巡回上诉法院（1945）将 1890 年的《谢尔曼法》适用于一家加拿大公司在瑞士发生的不正当竞争活动。法院根据这一活动对美国进口铝的数量和价格的影响作出判决。在随后的几十年里，美国法院在各种不同的案例中援引了效果原则的"经济"版本，例如将美国的证券法和商标法适用于国外发生的行为（*Schoenbaum v. Firstbrook*，Second Circuit，1968；*Steele v. Bulova Watch Co.*，US Supreme Court，1952）。然而，某些情况下美国没有适用或不愿意适用该原则，特别是拒绝适用美国就业和劳动法来管理在国外发生的行为 [*Foley Bros. v. Filardo*，US Supreme Court，1949（Foley）；*Equal Employment Opportunity Commission v. Arabian American Oil Co.*，US Supreme Court，1991（Aramco）]。

在本文中，笔者通过对美国法律域外适用效力的考察提出了两个观点。首先，笔者对美国管辖权边界进行了描述，管辖权边界指的是美国法律适用的领域与人员范围，这一界线处于变化之中。长期以来，这些法定边界与美国政府宣称拥有的领土边界之间并不一致。本文不是对这一变化的简单展示，而是勾勒出精确的边界（尽管是不断变化的）。通过仔细阅读美国法院在反垄断和雇佣劳工方面的判决，笔者发现在第二次世界大战后（以下简称"战后"），除了领土概念之外，美国的管辖权边界已经围绕着被称为"国民经济"的概念来组织，这一概念部分由法律构成。这意味着与国民经济的关系决定美国法律是否适用于一个特定的案件，因此也决定了美国法律的适用范围。

其次，笔者的描述性叙述对国际关系学中的管辖权主张作出了更广泛的论证，并对这些提出管辖权的国家进行了探讨。笔者特别展示了这种方法在处理（Reid-Henry, 2010: 752）甚至是超越（Glassman, 1999: 669）领土陷阱问题上的潜力。[2] 通过预测和追踪管辖权主张，我们能够更好地从经验的角度来把握各国法律边界不断变化的地理坐标。此外，通过突出和追踪管辖权主张，我们能够重新定义这种法律界限。这一边界不是静态的、单一的，而是变化的和多重的。有些边界"在图景中清晰可见"，另一些边界则"隐藏在眼前"（Cowen, 2009: 70），尽管它们的影响力并不小。且至关重要的是，它们的"正式"或"合法"程度丝毫不逊色。

因此，在某种意义上，笔者的论点是一个关于美国域外管辖的非常具体、经验主义的论点。这并不是说战后其他国家的域外管辖权也在扩张；相反，正如在下一节中解释的，笔者认为直到最近战后的"经济"域外管辖主要是美国的做法，这是由美国经济的卓越性所促成的。然而，笔者的论点也更广泛，因为它支持用一种特别的方法来处理国家边界，这种方法是在日常生活中，

---

　　〔2〕　自从 John Agnew（1994a, b）在关于"领土陷阱"的著作中描述了国际关系学者的地域假设以来，国际关系学者和其他人投入了大量的时间和精力来反驳国家是"社会经济和政治文化关系的自我封闭的地理容器"的观点（Brenner, 1999: 40）。不同的政治理论观点和具有不同经验的学者参与了讨论，并取得了不同程度的成功。例如，全球化理论家已经强调了假定之中不可打破的国家边界实际上是不断变化的。另一些人则避免了全球化理论家带来的先入为主的偏见，常常利用较长的帝国主义历史，包括"一个由美国主导的国际化国家"（Barkawi and Laffey, 2002: 124）、"西方/全球状态"（Shaw, 2003），或者一个"帝国性的全球国家"（Chimni, 2004）——而不是国家与领土。这些努力至关重要。尽管如此，正如许多人指出的那样，领土陷阱在现有研究中远远没有被解决（Agnew, 2010: 780, Reid-Henry, 2010: 752, Shah, 2012: 58）。因此，在新一期的《地缘政治》中（此时距他发表关于领土陷阱的起始文章已有15年），阿格纽写道："（在国际关系中）对典型国家及其领土的痴迷在很大程度上仍然没有改变。"（Agnew, 2010: 780）关于"大多数全球化理论家试图克服领土陷阱的努力已经失败"的争论可参见 Shah, 2012: 58。

以及在似乎是平淡无奇的管辖权主张中发现不断变化的边界。笔者认为，通过追踪这些管辖权主张，我们可以更好地掌握当今世界法律权威组织和授予的多种方式——有时围绕领土概念，有时围绕国民经济概念，有时则以其他方式。

强调当代世界法律权威的多种组织方式时，本文观点并不意味着领土的概念不再重要。恰恰相反，笔者所关心的是假定具有管辖权的法律主体在领土边界内具有最高权威，但这一权威又受到领土边界的限制，那么这一假定将在政治上产生何种效果。例如，在殖民国家声称的领土内，殖民者的最高和公平的管辖权的假设掩盖了其与本土权力和法律之间的对立（Pasternak，2017）。同样，这种假设也掩饰和促成了正在进行的暴力过程。通过这种过程，管辖权得到了巩固，但是也不断地遭到原住民的抵制（Pasternak，2017）。与此同时，正如这篇文章所显示的那样，美国政府管辖范围的地域局限性假设掩盖了美国法律在"海外"的常规适用范围，从而使之成为可能。因此，这篇文章的核心目的在于反驳这些关于地域排他性和管辖权有限性的假设，从而使对其他当代法律地理学的研究和追踪成为可能，特别是对帝国法律地理学的研究。

在下文"中心管辖权"部分中，笔者借鉴了国际关系及法学中关于管辖权和领土的研究（Dorsett，2002；Dorsett & McVeigh，2012；Elden，2013；Kaushal，2015；McVeigh，2007；Pahuja，2013；Ryert，2016；Valverde，2009），详细阐述了对管辖权的态度，并描述了它与传统概念的不一致之处。在"基于效果的域外管辖权的出现"和"描述美国经济"这两节中，笔者指出，自1945年以来，美国的司法管辖边界已经围绕着一个被称为"国民经济"的结构来组织，并对此进行了两个层次的论证。在"基于效果的域外管辖权的出现"部分中，笔者对比了相隔36年的两个案例，论证了这一结构的重要性。这一结构只在后一个案例中发挥作用，并使美国法律的域外适用成为可能。在"描述美国经济"部分中，笔者详细阐述了美国法官如何通过他们的判决来确定国民经济所包括的人或行为，并不断构建国民经济。笔者认为，这些法官划定美国域外管辖权的边界时将美国企业包括在内，但是未包括在海外就业的美国工人。最后一部分是结论。

一、中心管辖权

国际关系学者和国际律师主要从领土主权的角度研究管辖权，即立法或者阐明法律的权力。领土主权通常被视为优先于管辖权，其体现在两个方面。其一，领土主权是行使管辖权的依据。其二，领土（已经形成的领土）被视为确定了管辖权的空间范围：一个国家的管辖权边界通常被视为受其现有领土边界的限制。这种方法对于研究管辖权是关键性的，正如桑迪亚·帕胡雅（Sundhya Pahuja, 2013: 70）所写，它将管辖权视为"一个技术性问题，涉及一个特定的主权国家，或根据……法律组成的任何司法或准司法机构，能否对某个地区、争端、人或问题行使法律权威"。

一些重要的法律学者最近关于管辖权的著作（Dorsett and McVeigh, 2012; Kaushal, 2015; Pahuja, 2013）质疑了这种领土主权优先于管辖权的观点。这些著作强调了管辖权的"创始"性质，即管辖权的行使方式而不是业已建立的政治团体的实施方式，成为政治团体的组建和重建的重要场所（这一过程常常包括暴力事件、流离失所，以及驱逐）（Kaushal, 2015: 781-782）。[3] 笔者借鉴了法律权威的这一颠覆性描述，但把实践作为新的重点。在笔者看

---

〔3〕 Kaushal（2015: 781-782）确定了管辖权通过两种初创行为构成和重构共同体。对于 Kaushal 来说，"初创行为的首要表现"是管辖权涉及法律形而上学的一面：法律作为法律而存在。通过这个行为，集体得以存在，然后法律就诞生了。管辖权初创行为的进一步表现是个人、地方或事件对法律和政治秩序的依附。

来，法律主张不仅形成、界定和构建"国家"，它们就是国家。国家在管辖权主张中实体化，它是"从（多种）管辖权主张中产生的不断变化的快照，是管辖权主张的范式，而不是一个考虑是否主张管辖权的实体"（Malley et al., 1990: 1296）。管辖权的改变不仅仅改变了"国家"的作用，它们进一步改变了国家是什么，国家包括什么，以及最重要的是国家位于何处。

如果将国家理解为由其管辖权主张的构成和实体化，就会带来对国家地理及其边界的理解的转变。特别是，它使我们能够更好地捕捉一些国家的帝国空间特征及其边界。国家不再是在固定的空间范围内统一行使法律权力的实体，而是通过特定的司法主张，在特定时刻形成了多重边界。领土边界只是许多国家权力合法化边界中的一个，领土只是组织和限制国家法律的一种方式。这提供了一种思考其他（非领土或领土因素较少的）国家权力的合法化边界、组织和限制国家法律的方式，这一方式没有被威斯特伐利亚体系或被非殖民化和所谓的国家形式的普遍化取代，它在当今是确实存在的。

在国际关系研究领域，这些其他组织和限制管辖权的方式主要集中产生于对领土的历史学术研究之中（Elden, 2013; Ruggie, 1993）。这种学术研究通常描述了法律权威组织的转变，不同的定义产生于 14 世纪到威斯特伐利亚和约期间：这个时期之前，多个法律权威同时共存于特定的空间；在此期间，各国政府首次开始对一定边界内的区域及其"所包含的"人民主张专属权力。从这一研究中，笔者认识到了围绕着领土进行的管辖权组织的历史状况和具体情况，这提供了这样一种可能：既可以考虑组织管辖权的多种方式，也可以研究它们的技术和微观政治，这也是下文将要论述的内容。但是，不同于这一研究，笔者的重点是管辖权的多种组织方式同时发生亦存在于当下，而不是说这些组织方式是连续的,抑或它们主要具有历史价值。[4]

为了找到当今同时存在的多种管辖权组织模式,笔者采用了管辖权合理性的概念,或管辖思维和行动模式概念(Dorsett & McVeigh, 2012:32)。就像政治合理性一样,不同的管辖合理性可以被理解为不同的"政府的手段与正当目的之间的概念"和不同的法律(MillerandRose, 1990:5)。这些合理性可以通过管辖权"中心"所围绕的特定"概念或类别"加以区分(例如,"领土"或"国民经济")(Dorsett & McVeigh, 2012:48)。不同的管辖权合理性"适用"法律的方式是不同的:它们与不同类型的法律主体、空间和机构有关(Dorsett & McVeigh, 2012:42, 48)。例如,"领土"(作为一种管辖思维和行动方式)与"主权主体(或公民)"有关(Dorsett & McVeigh, 2012:41),"国民经济"与其他类型的主体与关系联系在一起(例如,"美国"与外国公司之间的连接是外国公司影响美国国内物价)。如笔者在下文所述,当主权与公民之间的关系对美国经济并不重要时,从国民经济的角度思考法律效力可以消除这种关系。

在接下来的部分中,笔者将探讨管辖权合理性、管辖权思维模式,以及美国法官决定是否将美国反托拉斯法和劳动法扩展到"国外"行为的根本原因。虽然领土作为法律权威的组织原则仍然很重要,但战后出现了一种新的思考和谈论法律权威的方式,

---

〔4〕 例如,尽管他详细描述了领土制度的出现及其细节,但是这一制度在20世纪末发生了变化,Ruggie(1993:151)描绘了一幅非常理想化的过渡时期的画面,也就是他所谓的"现代"领土制度。他写道:"现代领土制度的显著特征,是将其主体集合性区分为领土界定、固定和相互排斥的合法统治飞地"(Ruggie, 1993:151)。笔者对现代性的理解与此不同,认为这是一个几乎完全以主权领土为特征的时期,而不是指美国政府长期以来在海外进行的各种活动。不同于诸多国际关系文献,这篇文章将重点放在20世纪中期——这不是一个通常被认为很重要的时期:国际关系学者通常要么将领土的持续支配作为管辖权的组织原则,要么认为冷战后领土就衰落了(如全球化学者)。相反,本文指出了在第二次世界大战后立即发生的领土的含义和意义的变化。因此,它证明了,即使在一个通常被认为是领土主权概念的时期,美国的法律权威也是基于领土和非领土方式建立起来的。

这种方式以国民经济为中心。在这一时期，法官在考虑是否将美国法律扩展到海外时，越来越多地从个人、法人和活动与"美国商业"或"美国经济"的连接这一角度出发，而不仅仅考虑他们的所在地、注册地或出生地。正是这些正在发挥作用并将持续发挥作用的连接，决定了美国法律延伸的边界。

虽然法官认为各种人、企业和活动与"美国经济"之间的连接在被作为考量根据前就存在，但事实并非如此。法官没有意识到的是：他们创造了这些关系。如下文所述，法官利用一般经济"法律"，将限制特定商品生产的域外协议与美国境内该商品的价格联系起来。在这一过程中，他们认为这些协议的缔约方影响了美国经济，因此受到美国法律的管辖。当然，在将特定的人或活动定义为"美国经济的一部分"或"影响"美国经济时，法官界定了美国经济本身。在某种程度上，正是通过特定的法律决定，国民经济才被赋予了形式和界限，并一次又一次地被修改。国民经济存在于其作为司法依据的各种决定中，并通过这些决定建立起来。[5]

笔者将在随后的部分中讨论这个构建的过程。在这一论证中，笔者重点关注法官的说理以及判决书。值得一提的是，这些决定具有实质性影响，部分原因是其得到了执行。在国际背景下，强制执行是一个复杂的法律问题：法律学者普遍认为，虽然各国有时可以宣布其法律适用于世界任何地方发生的特定种类的行为（一种被称为"立法管辖权"的管辖形式），但它们很少在未经许可的情况下在另一个国家的领土上依法"强制执行"这些法律或判决（一种被称为"执行管辖权"的管辖形式）（Lowe，2003：338）。尽管如此，这一一般规则模糊了美国政府为执行美国

---

〔5〕 "国家领土经济"这一概念并非唯一。Pahuja（2009：27）对"国际法的所有基本概念"提出了类似的论点，他说："民族国家、国际和法律本身似乎都是国际法的'根据'，但它们都是部分由法律以及它们所投射的对立面而构成的事物。"

法院的判决而频繁使用的"间接领土手段"（例如，扣押位于美国境内的资产，禁止前往美国）（Ryngert, 2008: 24-25）。

至关重要的是，不同国家可用的强制执行的"间接领土手段"并不相同。具体而言，这取决于各国的物质能力和经济地位。从理论上讲，任何政府都可以运用经济效果理论将其国内法适用于发生在国外的行为。然而，在实践中，在一个国家的领土边界内的"资产存在"才使"这些扩张性的管辖权成为现实"，因为正是针对这些资产的法律判决才最容易执行（Raustiala, 2009: 113）。因此，美国在全球经济活动中的核心地位对于美国法院有效行使域外管辖权绝对至关重要。这一点被美国政府官员所掩饰，他们为美国法律的域外延伸辩护，建议其他国家也可以同样地扩展他们的法律以管理发生在国外的行为（Bell, 1978）。但是，要理解本文，特别是要理解美国法律域外适用的独特广泛范围，以及美国能够相对容易地将其法律扩展到管辖世界任何地方发生的行为，这一点至关重要。[6]

---

〔6〕 在战后大部分时间里，美国独断地将其法律扩张以管辖域外行为。特别是在20世纪50年代，这些扩展遭到了欧洲各国政府以及加拿大、澳大利亚政府的强烈抗议，也遇到了"阻断措施"——试图通过国内立法阻止美国法律的域外应用（Lowe, 1983）。然而，近几十年来，欧盟机构越来越多地适用或威胁适用欧盟法律以处理主要在欧盟以外发生的行为。除了金融服务领域（特别是欧盟衍生品监管），欧盟法律所延伸的理论连接点并不是通常所述的效果原则。包括欧洲法院在内的欧盟机构普遍认为，欧盟法律的域外延伸是合理的，他们认为，似乎域外行为经常在欧盟内部"实施"（Jeffrey, 1991）。例如，*A. Ahlstorm Oy and Others v. E. C. Commission*（European Court of Justice, 1988）。然而，在使欧盟机构"获得对（主要）发生在国外的活动的管辖"方面（*Harvard Law Review*, 2013: 88），基于"实施"的欧盟域外法律适用可能具有与基于"效果"的美国域外法律适用非常相似。欧盟域外法律适用实践的转变，在（更为现实）的文献中，通常被归因于"欧盟作为国际经济参与者的牵引力"（*Harvard Law Review*, 2011: 1255）。叙事如下：创建一个单一市场，"将美国和欧盟监管机构之间的竞争环境拉平。欧洲个别国家曾经担心，如果它们接受美国的执法权，它们就会被压垮，而欧盟则没有这种担心。基于欧盟主要市场，欧盟对规范具有对欧盟效果的外国行为的兴趣，就像美国对规范具有对美国市场效果的外国行为的兴趣一样强烈"（*Harvard Law Review*, 2011: 1256）。

二、基于效果的域外管辖权的出现

接下来两部分的主要内容是：在战后，美国政府的法律权威围绕着国民经济的概念组织起来。在 1945 年美国铝业公司的案例中，它促成了基于经济效果的域外法律适用的出现。在下一部分中，笔者将论述美国法官在过去几十年中是如何构建国民经济的——具体来说，是如何将美国消费者和进口商包括在内，但将海外的美国工人排除在外的。

1945 年以前，美国和许多欧洲国家经常对发生在"非欧洲"国家的某些行为适用其法律，例如在中国和日本。然而，除一些例外情况，在之前的国际关系中，国际法原则和礼让原则被理解为将国家的法律权威限制在被视为在其领土边界内发生的行为。在美国法律中，这种理解的典型声明可以在"美国香蕉公司诉联合水果公司（American Banana）案"中找到。这是 1909 年美国最高法院的判决，这一判决被描述为美国法律域外适用的极端情况，掩盖了美国法律在欧洲以外地区适用的常规性（Slaughter & Zaring，1997：3）。

"美国香蕉公司案"是美国香蕉公司对联合水果公司提起的一项损害赔偿诉讼，原因是联合水果公司违反了 1890 年《谢尔曼法》（15u. s. c. a. 1-2），该法禁止某些限制贸易的合同或联合，以及对贸易和商业的垄断或企图垄断。原告美国香蕉公司声称，被告联合水果公司之所以违反了该法，主要是因为该公司在历史上曾被不同当事方认为在哥伦比亚、巴拿马和哥斯达黎加等国进行了不正当竞争行为。美国香蕉公司指控联合水果公司签订数量和价格限定协议，并指使哥斯达黎加政府没收计划运往美国香蕉公司的货物和材料（American Banana, US Supreme Court, 1909：354）。

霍姆斯大法官驳回了美国香蕉公司的起诉，认为由于《谢尔曼法》不适用于哥伦比亚、巴拿马及哥斯达黎加的领土，原告没有提起诉讼的法律依据。法院认为其裁决是由"一般和几乎普遍的规则"决定的，即"行为合法或非法的性质必须完全由行为发生的国家的法律决定"（American Banana, US Supreme Court, 1909：356）。鉴于这一规则，法院指出："如果另一管辖权碰巧可以管辖行为人，按照其观念而不是按照行为人行为地的观念来对待他，这样不仅是不公正的，而且是对另一主权国家权威的干涉，违反了国际礼让原则，有关另一国可能对此表示愤慨（American Banana, US Supreme Court, 1909：356）。"

在"美国香蕉公司案"之后的 30 年里，霍姆斯大法官的观念在美国与欧洲国家的关系中占据了主导地位。他宣称："合法或非法行为的性质必须完全由行为所在国的法律来决定。"然而，在 1945 年美国铝业公司案件中，由于最高法院无法召集到法定人数，第二巡回上诉法院充当终审上诉法院，改变了这一做法。具体来说，汉德法官认为，美国司法部可以以《谢尔曼法》为依据，起诉加拿大铝业有限公司（Aluminum Limited）在瑞士的行为（特别是其加入旨在限制铝生产的卡特尔协议）。汉德法官在说明自己的决定时指出，可以推定该协议对美国进口铝的数量和国内铝的价格有影响。汉德法官认为，这些影响发挥了一般规则的作用，即"任何国家都可以对在其国境之外的行为施加责任，即使是对不在其领土范围内的人，但是这种行为在其国境内的后果受到该国的谴责"（Alcoa, Second Circuit, 1945：443）。[7]

---

〔7〕 汉德法官将这一主张称为"协商一致的法律"（美国铝业公司，第二巡回法院，1945：433）。然而它根本不是协商一致的。首先，这一主张直接与"美国香蕉案"判决相矛盾。其次，汉德法官所引用的案例中没有一个认为在美国领土内的经济影响是立法管辖的充分理由。相反，正如 Kramer（1991：192）所指出的，"他们只是认识到，当所涉及的行为只有部分发生在其境内时，领土就足以允许一个国家进行监管"。

我们应该如何解读"美国铝业公司案"与早期的"美国香蕉公司案"？当人们仔细阅读这两份判决时很快就会发现，每一份判决中存在着非常不同的合理性标准，以及对联邦政府和联邦法律的适当手段和目的非常不同的概念化方案；这些合理性标准使不同的行动方案在每种情况下都是合法和可取的。

对于早期作出"美国香蕉公司案"判决的霍姆斯大法官来说，联邦政府的任务是控制和管理一个具有明确边界的物理空间。这种对联邦政府正当目的的理解体现在霍姆斯大法官对行为发生地点的关注上。他对这种行为按照发生地点在地图上特定线条内部还是外部进行分类，这一分类决定了是否适用美国法律（American Banana, US Supreme Court, 1909：355）。霍姆斯大法官写道："首先，造成损害的行为似乎是在美国的管辖范围之外，在其他国家的管辖范围之内。令人惊讶的是，有人认为他们受国会立法管辖（American Banana, US Supreme Court, 1909：355）。"如上所述，在列举了某些有限的例外情况后，霍姆斯继续说："一般和几乎普遍的规则是，行为是否合法必须完全由行为所在国的法律来确定（American Banana, US Supreme Court, 1909：356）。"

霍姆斯大法官对联邦政府正当目的的理解（即对特定边界内的物理空间控制与管理），还体现在他对于哪些因素不应纳入考量范围的思考；除了地理位置之外，他对其他因素缺乏关注。例如，在"美国香蕉公司案"中他没有讨论"在美国"或"对美国"的争端所涉及的经济问题，没有讨论被告在国外的不正当竞争活动对美国香蕉价格或其他在美国注册的海外公司可能产生的影响。即使美国香蕉公司本身是一家在美国注册的公司，但也只有在霍姆斯大法官总结原告的主张时才会提到它受到的损害（也就是说，在他讨论法律问题时没有提到）（American Banana, US Supreme Court, 1909：355）。这种影响尚未被视为与法律效力问题有关，或者至少不能用来讨论法律效力问题。

相比之下，35 年后，经济影响是汉德法官在作出美国铝业公司案件判决时考虑的核心因素：汉德法官认为，在美国境内存在这种影响的情况下，适用联邦法律有据可循。然而，他没有指出任何位于美国境内的个人或团体可能受到铝业有限公司限制铝生产协议的影响。相反，他笼统地谈到了卡特尔对铝进口和价格的影响，将这些影响定性为"在（美国）边界内对国家作为一个实体可能产生的影响"（Alcoa, Second Circuit, 1945：443-444）。将美国作为一个实体"理解"特定经济后果，意味着一个具有单一国家经济利益的单一国家经济单位的概念：减少进口和提高价格不利于美国本身，而不是不利于特定的人或阶层，也不是不利于美国各州。

尽管他从未使用过这个术语，但在汉德法官的判决中，所谓的"国民经济"已经占据了中心地位。这个经济体由进口、出口和价格等要素组成，不需要与任何标准意义上的个人、阶层或州相联系，但可以简单地与美国联系在一起。这些要素是相互联系的：汉德法官认为可以设定一个假设，即美国减少进口将导致整个美国境内价格一致上涨（Alcoa, Second Circuit, 1945：444-445）。这些要素都被描述为位于美国境内，因为对这些要素的影响被描述为美国"在（美国）边界内"所承受的后果（Alcoa, Second Circuit, 1945：443-444）。然而，这些要素也容易受到经济活动的影响，如在国外达成的限制生产的协议。汉德法官宣称："在其他条件不变的情况下，不利于生产的影响因素可假定在所有市场上都发挥了一样的作用（Alcoa, Second Circuit, 1945：444-445）。"

从汉德法官对"美国铝业公司案"影响的讨论中，我们可以看到一种与"美国香蕉公司案"不同的管辖合理性标准。在"美国香蕉公司案"的判决中，联邦政府管理的是一个有明确边界的物理空间，因此，美国法律的适用范围仅仅包括在政府管理的、在这个边界之内的物理空间内发生的行为。相比之下，在"美国铝业公司案"的判决中，联邦政府不仅仅是管理一个有边界的物理空间（尽管它确实如此）。更确切地说，是因为这个物理空间的边界与一个国家的经济紧密相连，管理这个空间也意味着管理这个国家的经济（包括其组成部分，如进口、出口和价格）。由于经济影响可以轻易地跨越国界，因此经济管理的一个必要手段是美国法律的域外延伸。

国民经济在汉德法官 1945 年判决中的中心地位以及在霍姆斯大法官 1909 年判决中的缺失并不令人感到意外：因为霍姆斯大法官作出决定时没有想象过存在这样的结构。正如蒂莫西·米切尔（Timothy Mitchell, 2005a; 2005b）和雨果·拉迪斯（Hugo Radice, 1984）所指出的，直到 20 世纪 20 年代和 30 年代，新的会计、计量和计算实践才在美国"形成了……经济学，以作为专业知识和政治实践的新对象"（Mitchell, 2005b: 126）。[8] 经济学学科是这一过程中一个特别重要的部分，在这一领域，创新性实践（如国民收入核算的实践）和著作（如凯恩斯的《就业、利息和货币通论》）使经济第一次被想象为"一个特定地理空间内生产、分配和消费关系的独立结构或总和"（Mitchell, 2008, 1116; Radice, 1984:

---

[8] 米切尔（Mitchell 2009: 416-417）写道：直到 20 世纪上半叶，"经济才成为西方民主政治的中心目标（与西方以外的'发展'趋势并行）：这个目标的管理是政府的中心任务，需要专业知识的部署"。在这里，米切尔不同意那些关于经济作为政府目标的文章，这些文章借鉴了福柯将这种经济目标追溯到 18 世纪和 19 世纪的观点。米切尔不同意这种观点，他指出："在 18 世纪末或 19 世纪，经济成为知识分子和政府实践的一个独特对象的共识忽视了一个令人惊讶的事实——那个时期的政治经济学家都没有提到一个被称为'经济'的对象（Mitchell, 2005b: 127）。"

121）。[9] 学术以外的进展，包括法律领域的进展，也在促成国民经济这一设想上发挥了作用。例如，在 20 世纪上半叶的国内"商业条款"裁决中，联邦法官开始将他们以前视为单独的交易和加工（如生产、分销和销售）联系起来并加以汇总。[10] 这些判决为最高法院在 1942 年明确提及国民经济铺平了道路。后来的一系列新政案件中，最高法院将保护和促进的责任交给了联邦政府（而不是州政府）(*Wickard v. Filburn*, US Supreme Court, 1942a：125−126；*A. B. Kirschbaum Co. v. Walling*, US Supreme Court, 1942b：520−521)。

　　霍姆斯大法官不太可能认为联邦政府有权将美国法律延伸至海外以管理美国经济，因为他根本不太可能会考虑到存在着这样一种经济。正如米勒和罗斯（1990：6）所写："在寻求管理经济这样的领域之前，首先必须将一系列过程和关系概念化为经济，这一概念是可以修正的。"然而，到"美国铝业公司案"所处的时期，"国民经济语言作为一个领域诞生了，它具有自己的特点、法律和程序，这些可以被阐释并有专门的研究"，这使得国民经济成为"可以通过治理和管理'经济'来寻求评估和增加国家权力方案的一个要素"（Millerand & Rose, 1990：6）。[11] 正因为如此，在"美国铝业公司案"中，汉德法官能够将国民经济作为美国法律延伸的理由。

---

　　[9] Radice（1984：121）写道："一般理论的组成要素是经济总量——包括产出、就业、投资、消费等，或综合平均值——包括利息率、实际工资、货币工资水平。在任何一种情况下，这些都是在给定的地理、政治空间中，即国民经济中定义和衡量的。此外，明确的总量，即：进口、出口、资本流动，以及平均值即平均汇率、贸易条件，得到界定和衡量，以反映各国经济之间的所有经济交易。"

　　[10] 可比较一个早期的案例 *Coe v. Errol*（US Supreme Court, 1886）与一个晚期的案例 *Stafford v. Wallace*（US Supreme Court, 1922）。

　　[11] 米勒和罗斯在这里提出了一个一般性的观点，即"国民经济"这一话语对于促进旨在管理经济的项目的重要性。

三、描述美国经济

在前一部分中，笔者确定了一种以国民经济为中心的管辖合理性标准，并证明了它在使美国法律能够向域外延伸方面的重要性。在本节中，笔者将从识别以国民经济为中心的管辖权合理性，转向论证美国联邦政府的法律权威一定程度上系按照国民经济来组织的。个人、实体和行为受域外法律的适用往往体现在他们与国民经济的关系上（而不是他们的国籍或地点），正是这些推定的关系证明了他们服从于特定的美国法律。这些关系并不是不言而喻的，也不是预先存在的，尽管法官、律师和域外管辖权的理性主义学者经常这样描述它们（Putnam，2009）。[12] 通过这种方式，法官在决定将谁纳入美国法律的管辖范围之内时即划定了边界。

为了明晰论点，回到阿莎·考沙尔（Asha Kaushal，2015）关于管辖权"初创"功能的讨论是有益的。一个扼要的表述是（Kaushal，2015：782）：将"管辖权初创功能的更深层次价值"描述为"个人、地点或事件对法律和政治秩序的依附"。这并不是简单地将个人、地点或事件附加到一个不变的秩序上；相反，附加的行为改变了秩序本身，改变了它包含的内容，改变了它的开始

---

〔12〕 律师和法官经常将这些（据称已经存在的）关系作为美国域外管辖的法律或规范性理由；而理性主义学者认为这些关系是域外管辖的解释，Tonya Putnam（2009：463-474，2016）的研究就是一个典型例证。普特南对美国法官自 1945 年以来对法律域外管辖延伸的差异性提供了一个国际关系角度的分析。她认为法官扩展美国法律域外管辖的行为存在两种可能：（1）当这种行为在美国境内或者对美国公民在国外的财产产生一种实际的或预期的"影响"；（2）为了"保障""基本权利"时必须进行域外管辖。笔者的研究与普特南的研究有根本不同。对于普特南来说，法官关于域外管辖权的决定一定程度上取决于在特定案件中的争议行为是否涉及已经存在的国内领域。对笔者来说，没有这样的领域存在。相反，法官关于域外管辖权的决定是产生"国内"、"国际"和"域外管辖"概念的重要根据。

和结束。下面，笔者将展示法官们是如何通过他们的判决将特定的某些人与美国联系在一起：从而进一步确定了这些联系和分离产生的政治和法律秩序的变化坐标。通过比较两部法律——反托拉斯法和雇佣法或劳动法来说明这一点。一些学者指出了差异：美国法官经常扩大反托拉斯法的适用范围以管辖域外行为，但通常拒绝对美国雇佣法或劳动法采取同样的做法（Putnam, 2009: 460; Turley, 1990: 601-60）。下文将展示这种差异是如何形成于法官对特定的人和对美国的行为的不同阐述。[13]

在援引效果原则的判决中，法官以两种方式将人和行为与美国经济联系起来。首先，法官将某些类型的行为者、活动、指标和商品本身描述为美国经济的一部分。他们的做法非常隐蔽，不为自己有关成员资格的决定辩护，而只是将这种成员资格视为事实。其次，法官将美国经济以外的人和行为描述为影响了他们认为已经构成美国经济"一部分"的人、活动、指标和商品。同样，他们对于这种做法通常没有过多的解释，往往只是简单地将某些类型的活动定性为其他活动的原因或结果。然而，法官偶尔也会引用一些关于经济趋势和规则的基本和常见的概念来支持他们的推理，例如反复提到供求的"法则"（Alcoa, Second Circuit, 1945: 44-45）。尽管这些因果关系"可能在经验上有效，也可能无效"（Weldes, 1999: 13），但这些因果关系很重要，它们致力于将所谓的因果关系涉及的行为人或海外活动与美国经济的组成部分联系起来，从而触发国会保护该经济免受来自外部的伤害的权力。因此，这些关系作为"保证条件"（Weldes, 1999: 13），使美

---

[13] 在这里，笔者借鉴了 Jutta Weldes（1996: 85）关于"接合"的理论，该理论建立在 Stuart Hall（1985, 1996）的学术基础上。对于韦尔德斯和霍尔来说，表达涉及将开始互相暗示的语言元素放在一起：含义链中的每个元素都从其所附加的元素中获得意义。韦尔德斯指出："在成功地反复表达之后，这些语言元素似乎看起来像是内在或必然联系在一起的，它们产生的含义似乎是自然的……"然而，这些语言元素有时也可以从其含义链中分离或"解纽"并重新表达。

国法律延伸其海外。

接下来，我们对这些问题分别进行描述。首先，法官们在反垄断和劳动环境中选择了完全不同类型的人作为美国经济的一部分，也就是说，在这两种不同的环境中，他们代表了美国经济构成的差异性。在反垄断案件中，法官将美国消费者视为美国经济的一部分，因此他们的损失或者收益可以被视为国家的损失或者收益。如上文所述，汉德法官在"美国铝业公司案"中将美国消费者支付的较高铝价描述为"边界内的后果"（Alcoa, Second Circuit, 1945: 443）。此外，法官还将在海外寻找商品的美国进口商也视为美国经济的一部分，因此，干涉他们的业务就等于干涉美国经济本身。举例来说，在西方石油公司诉 Buttes 天然气公司（Central District of California, 1971: 102-103）一案中，美国地方法院指出，一家美国公司通过在波斯湾的行为干涉另一家美国公司"开采和进口石油到美国的业务"，将影响美国的商业活动，这将从理论上证明美国法律的延伸是合理的。[14]

相比之下，在雇佣或劳动案件中，法官对美国经济构成的定义更为严苛。美国工人未能被视为美国经济的一部分。例如，在"美国铝业公司案" 4 年之后，在"Foley（1949: 284）案"中，最高法院拒绝对美国公司 Foley Bros 适用联邦加班费法律——该公司为美国政府在伊朗和伊拉克的建筑项目提供服务，尽管有关雇员 Filardo 是美国公民，但最高法院拒绝这样做。半个世纪后，美国仍然拒绝将海外的美国工人作为美国经济的一部分。例如，

---

[14]"西方石油公司案"中，法院最终驳回了一系列诉讼请求。然而，在此之前，它就澄清，即使被告的行为没有导致美国国内石油进口量减少或油价上涨，也可能在美国国内产生影响。考虑到诉讼双方都是美国公司，希望进口石油，不太可能出现数量减少或价格上涨的情况。无论如何，法院并不关心所称对原告业务的干预所造成的市场后果。相反，它明确指出，对美国公司海外进口业务的干扰相当于对美国商业的干扰，"无论商品的最终处置如何"（Central District of California, 1971: 103, n. 15）。这样，进口商的利益就与美国的商业联系在一起，因此这种利润的损害被描述为授权扩张美国法律适用的充分理由。

在 1991 年的"沙特阿拉伯国家石油公司（Aramco）案"中（US Supreme Court, 1991: 247-248），最高法院拒绝将《民权法》第七条（禁止基于种族、宗教和民族血统等原因的就业歧视）适用于美国公司在沙特阿拉伯的行为，尽管涉案雇员阿里·布尔塞兰（Ali Bourselan）是美国公民，而且雇佣关系在美国建立。这两个案例中，都没有迹象表明美国公民的工资损失——就像美国进口商的利润损失那样——可能会给美国经济带来损失（尽管美国公民在全球范围内的收入都要交税）。最高法院没有提及或使用经济效果原则来扩展在上述两个案件中的法律适用，而是将美国公民的工资损失描述为本地化和私人化的、仅仅个人的损失。

法官们不仅代表着反垄断和雇佣/劳动两个方面对于美国经济构成的较大差异，他们还代表了经济活动、市场或跨国界指标在这两个方面的差异。在反托拉斯法中，法官强调不正当竞争活动的跨国界后果，将一个国家的活动与其他国家的经济指标联系起来。例如，在"美国铝业公司案"中，第二巡回法院（1945: 444-445）将在瑞士签署的限制生产的合同与美国的铝价联系起来：它援引了一项经济供求的"法律"，即"在其他条件不变的情况下，不利于生产的因素可假定在所有市场上均匀分配其效力"。相比之下，在劳动和雇佣方面，美国法官通常将不同国家的就业活动和劳动力市场视为不相关和不同的。例如，在上述 Foley 和 Aramco 案的裁决中，最高法院从未明确考虑过美国境外的工资、工时或歧视性就业等做法对美国境内的工人产生任何影响的可能性，尽管行为主体是那些在海外雇佣美国公民的美国公司。

美国法院在反垄断和劳工方面所描述的经济世界是非常不同的。关于反托拉斯法，法院描绘了一个经济活动不受国界限制的世界。在"美国铝业公司案"中，最高法院甚至完全忽视了这些边界，从未提及美国关税可能会如何影响供需"规则"。相比之下，在雇佣/劳动方面，如在 Foley 案和 Aramco 案中，法院未能或拒绝将海外工作条件与美国联系起来。但是有许多这样的经济联系本可以被援用。例如，法院可以推定，美国雇主的歧视性雇佣做法（Aramco 案中的争议做法）可能导致美国境内失业率上升，因为被解雇的雇员将回国。法院也可以利用一种经常被提及的"逐底竞争"（race to the bottom）规则推测，随着美国公司迁移到最有利于雇主的国家，或者存在着国外薄弱的就业法律保障，可能会导致美国国内产生失业，抑或降低美国国内的劳工保护标准。在 Foley 案和 Aramco 案中，任何一种假设都表明这些争议在美国境内存在着足够的影响，足以证明美国法律域外适用的合理性。虽然这种联系的可靠度肯定不比"美国铝业公司案"等反垄断案件中援引的联系更低，但是，美国法院不承认任何这样的联系，而是倾向于将不同国家的劳动力市场视为独立且不相关的。

对比域外管辖权在反托拉斯和雇佣/劳动法方面的判决，我们可以看到，美国法官如何将一些人纳入美国法律的范围，并将其他人排除在这一范围之外。按照国家管辖权主张的构成和实例来看，这些管辖权主张与执行相结合就可以理解为国家在特定地点和特定时间得以形成（很有可能继续变化）。这些判决可以被理解为边界制定的实例，因为法官在特定案件中界定了内部和外部。如上所述，由此产生的边界与通常被理解为地图上标示的美国领土边界并不完全一致。相反，它表明边界是围绕着国民经济的概念组织起来的，将美国政府认为重要的纳入其中，而将不重要的放到另外一个经济体之中。[15]

（问题的）关键是，当它收缩的时候，美国并不是简单地回到固定的领土边界之内。提出这样一个固定的最低限度的边界意味着，虽然美国的管辖权主张有时超过了通常用来标记美国领土边界的界限，但存在一个核心区域，在这个区域内，美国法律总是平等地适用。但如果我们研究的国家是在其主张的管辖权范围之内得以实体化，那么这一空间并不存在。例如，即使在美国声称的领土范围内，美国政府的管辖权也经常被原住民以当地的法律权威为由而拒绝（Estes, 2017）。此外，还有一些美国联邦法院的案例显示，即使在美国领土范围内，是否受到管辖有时也取决于一个行为人或活动是否与国民经济有关。[16]

---

〔15〕 这里需要进行简短的说明。人们常常断言，在过去的 10 年或 20 年里，最高法院的域外管辖权发生了逆转，表现在 F. Hoffman La-Roche Ltd. V. Empagran, S. A.（US Supreme Court, 2004）（"Empagran"）, Morrison et al. v. National Australia Bank（US Supreme Court, 2010）（"Morrison"）and Kiobel v. Royal Dutch Petroleum（US Supreme Court, 2013）（"Kiobel"）案中，最高法院拒绝进行域外管辖。由于篇幅限制，无法对这些判决进行详细分析。然而，值得一提的是，在美国域外管辖权发生任何逆转或倒退的情况下，也绝不会破坏这里的论点。这是因为，这里所讲的并不是美国法律域外管辖的持续扩张，而是美国法律有选择地延伸以管理行为，这被我们的法官们描述为"美国经济"。事实上，通常被视为美国法律域外管辖收缩的案件中，没有一个涉及有关法官认为与美国经济有牵连的域外行为，因此，不适用美国法律并不奇怪。例如，Kiobel 案涉及几名尼日利亚国民对壳牌公司提起的诉讼，指控壳牌公司在尼日利亚参与虐待、拘留或杀害自己或其亲属的行为。最高法院在裁决中根本没有考虑壳牌公司行为的经济影响，只是顺便提到了起诉人关于壳牌公司参与抢劫和破坏财产的指控。法院对此案的处理主要是涉及对原告的私人伤害，而不是可能更广泛地牵连到美国（或就此而言，尼日利亚）经济的案件。相反，在 Empagran 和 Morrison 案中，法院将争议行为（分别是违反反垄断法的价格操纵和证券欺诈）定性为"经济"和具有经济效果。然而，在这两起案件中，法院均未将指控的行为视为对美国或美国经济产生有害影响。事实上，在 Empagran 案中，最高法院拒绝适用美国法律的基础是，法院认为本案所涉经济影响完全是域外的，且与被告在美国境内的行为可能产生的经济影响毫无关联。因此，这些例子恰好证明了美国的管辖权越来越多地围绕着国民经济的概念来组织。美国最高法院最近的域外管辖案例提供了更多的例证，表明与这个国家经济的关系有助于确定世界上任何地方发生的行为是否受美国法律管辖。

〔16〕 例如，在 Benz v. Compania Naviera Hidalgo, S. A.（US Supreme Court, 1957）一案中，最高法院认为 1947 年《劳动关系管理法》不适用于美国海事工会在波特兰的行为。

四、结论

在本文中，笔者认为，法律权威以及更广泛的政府权威并不自动产生于对领土的控制，也不受领土边界的限制。法律权威不仅仅是领土主权的一个方面——它不仅仅是领土主权的财产或特权；相反，领土本身只是一种组织法律关系和法律效力的原则（尽管它是一个非常重要的原则）。其他的方式不仅是可能的、潜在的或者可以想象的，而且是现实存在的——不仅仅在历史上曾经存在。本文论证了美国的法律关系和法律权威不仅以领土为中心，而且是以国民经济为中心建构的。但在现存的组织原则中，"国家"或国籍仍然是最突出的。"人权"（Teitel, 2011）和"文明"是另外两个例子：它们长期以来在"非欧洲"地区中的欧洲法律权威构建上发挥着重要作用（Anghie, 2005）。在美国关于管辖权和冲突的国内法中，"效率"和"合理性"似乎也发挥了作用，这从法官考虑特定管辖权主张的"合理性"以确定美国法律的适当范围的案例中可以看出 [*Timberlane Lumber Co. v. Bank of America*（Ninth Circuit, 1976），*Mannington Mills, Inc. v. Congoleum Corp*（Third Circuit, 1979）]。

因此，本文对在国际关系研究中占据中心地位的领域提出了挑战。上文证明，领土并不是一个自动产生法律权威的初始概念，它本身是法律的产物。此外，笔者已经表明，领土不是唯一可能或实际的政府权力组织原则，许多其他组织原则可以而且确实存在。这两个论点都很重要，可以让我们以不同的方式思考美国，把美国从一个政府有时超越其边界的固定且稳定的领土实体变成一个有着许多不同类型的、不断变化边界的实体——其有时以领土为边界，有时以经济为边界，有时以国籍为边界，有时以种族和文明为边界。

强调边界的变化和多样性，并不意味着具体的管辖权主张和安排不具有长期性，或者说它们所产生的世界没有固定性。管辖权主张和安排可以（而且确实）建造围墙和栅栏，授权永久监禁甚至执行这一刑罚，分配"公共"和"私人"权力（Cutler, 1997），并使几个世纪的剥削成为可能（Pasternak, 2017）。但是，随着这种管辖权主张的改变（通过建立新的组织和效果原则，或通过在特定情况下或案例中重建和修改现有原则），"国家"本身也在改变，那么我们应该如何看待"国家"？

最后，值得注意的是，本文所讨论的美国边界（基于领土、国民经济、民族、文明等）都是正式的和合法的边界，但这并不意味着它们是固定的或稳定的。如果主要从跨越国界的阶层利益、跨越国界的警察或军事官员之间的私人联系、美国使用的"地方中间人"等方面考虑域外法律的适用，这一点可能被忽略。这种角度有时会给人这样的印象：虽然在法律上，美国政府只对领土拥有权力，但实际上，政府经常（而且微妙地）在国外采取行动。这篇文章对这个观点提出了质疑，域外管辖权不是以某种方式反对或超越法律，而是由法律赋予的。即使纯粹从法律角度来看，美国政府权力的许多边界都在美国声称的领土范围之外。因此，作为法律实体的美国与地理范围上的美国并不相同。

互联网管辖权的分析路径：
基于港口和公海模型

威廉·吉梅内斯　阿诺·罗德著*　徐梦瑶译

摘要： 互联网内在的跨境性质已对法律制度提出了二十余年的挑战。我们在本文中引入了一个模型，在该模型下，互联网被看作公海、始发港、目的港，或是它们的组合。从国际法的视角，该模型将被用于重述美国和欧盟（尤其是德国和荷兰）与互联网管辖权有关的判例。该模型有助于阐明当事方和法官采取的立场，并提出合理的替代性解读。在一些案件中（如"雅虎案"）或是与商标权有关的"业主直供假日租赁案"中，适用公海模型具有合理性。在这些案件中，只要一个在任一国家注册的商标出现在他的计算机屏幕上，即能够产生影响。在 H&M 诉 G-Star 一案中，荷兰最高法院甚至仅基于某一侵权产品将在未来某个时刻出现在互联网上，便认定尚不存在侵权产品的法院地拥有管辖权。在本文中，我们并非想要

---

*　威廉·吉梅内斯（William Gvillermo Jiménez）和阿诺·罗德（Arno R. Lodder）均来自阿姆斯特丹自由大学跨国法研究所。

基于这个模型来选出分析管辖权的最优解，而仅是为了帮助人们清晰地理解这些分析路径。

关键词： 互联网　管辖权　网络法　电子商务

导言

全球化带来的经济、政治、文化、环境、科学和技术变化对法律制度提出了挑战。传统的法律边界，如空间或领土边界（不只是领土条例）、时间边界（某法律在过去能否适用）和概念边界（如主权危机）均出现了问题。国家也倍感压力，其主权因全球治理体系而受到阻碍。这些全球治理体系包括超国家组织——联合国，国家组织——欧盟、北约、经合组织等，以及制定和适用他们各自法律（国际贸易术语解释通则、商事法、国际仲裁等）的非国家组织。尤其在商法领域，包括如国际商会（ICC）或国际统一私法协会（UNIDROIT）。互联网既受益于此，也促进了全球化的发展。

自网络活动兴起的那一刻起，法律学者即对如何确定互联网管辖权产生了浓厚的兴趣。在早期的学术著作中，他们试图找出一系列有关互联网的法律争议，例如昆图（Quinto, 2003）将法律争议分为七大主题：（1）知识产权，（2）隐私权，（3）第一修正案和言论自由，（4）公共和私人空间及权利，（5）互联网的国外监管，（6）管辖权和国际社区，（7）服务提供者的应用设备。前三个主题通常被认为是互联网治理和监管的核心，但这其中显然缺少了在20世纪初还没有那么重要，而现今正引起越来越多关注的网络安全、犯罪和战争等主题。不可否认的是，互联网管辖权是所有互联网法律的基础，或者如里德（Reed, 2004）所说，跨境法律和管辖权是法律和网络空间中最重要的几个问题。例如，将著名的"Zippo案"和"效果标准"原则结合，格莱斯顿（Gladstone，2003）发现了与互联网管辖权相关的问题，并提出了可接受度更高的解决方案。

近期的各类研究仍在讨论互联网管辖权问题，而研究发现，互联网监管问题的主要原因在于当前的法律、法规都是基于"活动受地理限制"的前提制定的。在这种前提下，地点成为决定管辖权的标准。在科尔士（Kohls，2010，3）有关彩蛋和管辖权的比喻中，她得出以下结论：

> 终于，各国目前正努力地将这些复杂的因素纳入各自原本基于地点的分配原则中，因想纳入的因素太多以至于有人呼吁放弃基于领土的监管制度。

其他作者（Wang，2008；de Lucca，2012）强调，通过国际峰会以寻求解决电子商务立法和管辖权问题的方式十分重要，因为地方债有可能对全球商业产生潜在的不利影响。为了建立政策体系和指导方针以改善互联网治理，学术界、各国政府和信息通信技术公司（ICT）已经设立了各类论坛和研讨会。上述发展都可以体现出管辖权对于互联网法律的适用，起着至关重要的作用（Lodder，2013，266）：

> 法律只有在管辖权确定后才得以适用。你必须将互联网上发生的事件与特定的国家——或者更准确地说，与特定的行为人（个人、政府）及/或计算机联系起来，而管辖权正是用来确定该联系的。

全球化趋于跨越某一特定区域的管辖，但想要公民在网上活动却不与某一特定国家有实际联系，还需一些时日，譬如爱沙尼亚政府于 2014 年 10 月提议：

> 爱沙尼亚邀请人们登记为电子居民——这是迈向一个个人线上身份与线下身份同等重要的世界的一步。

但为了适用法律，还是很有必要了解网络空间和网络是如何与特定个人（通常是非当地居民）的行为联系在一起的，以及它们对特定个人或区域的影响。互联网的管辖权可以被扩展到任何人、任何地方，而"无人地带"这一国际法术语也应该被更具有现实意义的"人人地带"（everyman's land）所替代（Svantesson，2007）。

有关互联网的管辖权存在着两种不同的分析路径。一种分析路径坚持认为，传统的属人管辖原则可以直接适用于虚拟交易（De Lucca，2012，11）："将'现实'世界的规则直接移植到'虚拟'世界已经足以避免法律上的失范。"

相反，另一种分析途径认为，随着网络空间活动的兴起，一类新型法律规则将应运而生（VelasSquez，2005；Kohl，2010）。这类观点的核心主张是，基于地点的传统管辖原则无法移植到跨国的互联网中去。

以上各类学术作品已反映了有关互联网管辖权的争议：我们是需要专门的线上规则，还是传统的线下规则已经足够有效和具体了呢？还是说，我们有时根本不需要法律呢？

本文提出了一个包含这两种分析路径的模型，该模型有助于阐明有关互联网管辖权的核心观点。我们讨论了英美法系和大陆法系国家确定互联网管辖权的分析路径，并认为二者的不同之处在于：在英美法系国家，除了传统的属人管辖原则，还需要专门规定新的原则和规则；而大陆法系国家则不需要。

本文的行文框架如下：首先，在第一部分将介绍我们以港口和公海作为分析路径或比喻的模型；其次，我们将从国际法、普通法系（美国）和大陆法系（欧洲，尤其是德国和荷兰这两个国家）这三个角度，对一般管辖权和互联网管辖权进行简要讨论。

为了更好地理解有关互联网管辖权的观点，以下所有案例都将基于港口与公海的模型展开讨论。

一、港口与公海模型

互联网与管辖权项目观察组的案例显示，涉及网页服务条款的纠纷时有发生，因为这些网页在服务条款中并未向用户提供明确的说明或保证。2013 年 4 月，加拿大一法院驳回了 eBay 的一项条款，因为该服务条款（在每起诉讼中）仅赋予加利福尼亚州法院和加拿大法院以管辖权；2013 年 11 月，荷兰数据保护局（DPA）判定谷歌的隐私权政策违反了隐私权法；2014 年 2 月，柏林高等法院判令脸书变更其服务条款，并遵守《德国数据保护法》；2014 年 3 月，谷歌和脸书因在服务条款中缺少明确的说明而被法国用户集体告上法庭。令人遗憾的是，上述案件中并没有法院适用管辖权规则的内容，但至少有一点是明确的：互联网管辖权仍然是一个频繁出现的话题。

互联网管辖权的确定因其自身特点而受到挑战，例如：

· 未知的，或近乎无限的信息接收者；

· 复制与再传播；

· 匿名。

第一个特点，有时被认为是在互联网空间适用法律却毫无意义的原因。互联网传播的影响可以是全球性的，并不局限于特定区域。与此相关的是：尽管人们总通过一个特定的地点访问互联网，但这个地点是任意的。

第二个特点，是易于复制，无论是通过复制还是仅仅参照，都使得互联网执法变得更加复杂。即便可以追溯到信息源，也可能已经存在许多其他已链接到或承载相同信息的网站，而最终管辖权又存在若干个范围。

最后一个我们想说明的复杂特征是匿名，或者说是对某互联网用户详细联系方式的缺失。若想要将一项特定行为与某一确定的管辖权联系起来，我们就需要知道谁是行动的幕后黑手。

此外，正如欧洲联盟委员会（European Commission）2014 年准确指出的那样：

> 在处理国际化的互联网与国家管辖权的紧张关系时，还应考虑到，因为案件的多样性，由一个单一的机制处理冲突是不适合的。

本文的讨论，就是基于互联网传播固有的复杂性和法律问题的多元化展开的。但本文的重点并不在于阐述这些问题，而在于帮助人们在不同情境下也能理解清楚，什么是对确定管辖权真正重要的。我们将运用以下三个概念：

· 港口 A——（间接）原产地
· 港口 B——（间接）目的地
· 公海

端到端是互联网传播的特点，所有的传播都是从所谓的端点开始并在另一端点结束的，这本身与传统电讯没有太大区别。譬如在电话对话中，呼叫方和被呼叫方也都处于通信线路的两端。但端到端原则确实表明，特定的应用程序功能应该定位在端点，而不是某个中介提供商。与电话通讯系统不同，互联网传播中的大部分代码都由用户的特定设备运行或受该设备控制。可以说，互联网用户的大部分活动实际上发生在他们自己的设备上。互联网接入设备的实际位置（端点之一）是确定管辖权的主要且明智的方式之一，因为任一互联网的传播都需要从某一实际位置接入。那么现在的问题是：这一接入点位于线路的哪一端？

我们将这两端假想为 A 港口和 B 港口，港口中的船只代表互联网接入设备所在的位置。如果传播始于且终于同一国家，那么原则上，A 港口和 B 港口是对等的——尽管就当地管辖权而言，A 和 B 可能位于同一国家的不同地方。这种适用港口模型的方法，看起来似乎并没有给确定设备的实际接入点提供更多帮助，而此时就需要引入公海的概念了。公海，这一基于国际公法的概念，表明海洋的某些部分不属于任何国家的主权。

在始发港 A 和目的港 B 之间，互联网的每一次传播都经过了一系列可被定位在世界各个角落的服务器。从法律的角度来看，这些传递信息的服务器位置是最不相干的，所以对这些所谓的公海难以建立管辖权。因此有人说，正如原则上没有任何一个国家对公海享有管辖权一样，也没有一个国家对互联网上发生的事情拥有管辖权，这类观点有时被称为"网络自由主义"。但是，即使是在公海上的船舶，也可以确立对其管辖权，譬如根据船舶的船旗、乘客的国籍等。因此，互联网传播也可能对其确立管辖权，即使将传播线路的两端比作港口的分析路径无法确立。Menthe（1998，94）即如此认为，他将互联网视为第四个国际空间（仅次于南极洲、外层空间和公海），并指出了互联网管辖权的核心：

法院必须自行判断在多大程度上将网络空间与个人联系起

来，并通过该人的国籍确立管辖权以判断适用法律，这是合理的。

二、一般的、线下管辖权的基本原则

(一) 国际法

管辖权指的是一国根据国际法对不局限于国内的行为进行规范的权力 (Kuner, 2010)。一国可动用立法权、司法权和行政权以行使管辖权。根据这一概念，管辖权可涉及三个方面：

第一，国家的管制权 (制定和执行法律)；

第二，基于国家实际领土的强制执行权；

第三，跨国争端的裁决权 (Kohl, 2010)。

界定跨国管辖权的通常标准是所在地 (行为、当事方、财产、合同、侵权行为等)，但国际公法和国际私法之间存在差异，特定法律领域之间也存在差异。国际公法中，管辖权通过"属地原则"确定；国际私法中，管辖权是通过例如被告住所地、行为所在地 (如侵权，合同的订立、履行)、专利或商标注册地以及服务器所在地确定的 (Svantesson, 2007；Kohl, 2010)，而法院则是经常关注"在何处"。但在国际私法中，上述标准存在例外：当事各方可以在合同中约定管辖法院，虽然同时也存在一些法律限制 (法院选择条款)。

(二) 美国

一些作者 (Velasquez, 2005；Wang, 2008) 将美国管辖权分为两类，即一般管辖权和特别管辖权，而美国学术文献和法律争议往往涉及的都是"属人管辖权"，而不是一般或特别管辖权。"属人管辖权"源于罗马法对人管辖权 (基于人) 和对物管辖权 (基于物）的两类管辖权中的一种，并由美国《宪法》的正当程序条款和《联邦民事诉讼规则》（FRCP）第4条确定。

一些法院颁布了"长臂管辖法"，以取得对任何不在该州的人的管辖权，只要其（Stuart，2009）：

（1）在该州境内进行了交易；

（2）在该州境内实施了侵权行为；

（3）在该州境外实施侵权行为，但在该州境内产生损害；

（4）拥有、使用或占有该州境内的不动产。

但是，当法院认为它们行使管辖权不方便、不公正或无效时，它们也可以通过适用不方便法院原则来拒绝行使其管辖权。

属人管辖权，依据被告人行为地、法院及诉讼所在地之间的联系。当被告不是法院所在地的居民时，如下所列即与属人管辖权有关的最重要因素：

被告：若根据"长臂管辖法"、"最低限度联系标准"和"有意接受标准"，被告无须实际出现在法院所在地。

原告：原告必须证明被告存在"最低限度联系"，或为获得该国法律的利益和保护而有目的地在该国开展活动。

法院：法院必须核实是否向被告送达了通知，并需确保其裁量权的行使是符合公平和实质正义的（Gladstone，2003；Kohl，2010）。

（三）欧洲

在欧洲大陆国家，管辖权由法律、法规特别规定。与美国和澳大利亚（普通法国家）不同，欧洲的管辖权既不基于正当程序，也不基于最低限度联系规则：

……法院不应当以不方便法院原则，拒绝对住所地在欧盟的被告行使管辖权。（Velásqvez，2005，270）

每个国家都有国内法规定管辖权。它常常载于各种民法、刑法、劳动法和行政诉讼法中，一些民法典甚至规定了有关隐私权和人格权争议的管辖权。例如，在德国，拥有管辖权意味着法院有权：（1）审理和裁决案件；（2）适用准据法；以及（3）决定法院是否愿意执行判决。此外，德国《民事诉讼法》规定了三类管辖权：一般管辖权（被告住所）、特别管辖权（具体案件）和专属管辖权（当事方协议）（Jaeger-Fine etal，2013）。在荷兰，《民事诉讼法》第1—14条规定了管辖权。

欧盟法也有规范管辖权的具体规则，这些规则来源于欧盟条约所载国际法以及欧洲法院（ECJ）根据这些法律制定的规则，由欧洲理事会（European Council）或欧洲议会（European Pairliament）颁布。鉴于欧盟是基于经济基础而建立的，且其大部分规定涉及民事和商业事项，以下为欧洲最重要的一些规则。

第44/2001号条例，欧洲理事会关于民商事案件管辖权和判决承认与执行（布鲁塞尔1号法规）：一般管辖权，由被告住所确定；特别管辖权，由义务履行地确定；专属管辖权，由当事人双方在合同中指定的法院确定。此外，第5条第3款规定了在某一成员国有住所的人可能由于侵权或准侵权行为而在其他成员国被诉，此时由侵权行为发生或可能发生地的法院管辖。最后，第23条第2款规定了电子商务争议中唯一具体的规则：一份持久记录的电子协议应等同于书面协议（Wang，2008）。

第864/2007号条例，即欧洲理事会及欧洲议会关于非合同之债的法律适用条例：其与准据法案例有关。

第593/2008号条例，即欧洲理事会及欧洲议会关于合同义务的法律适用条例。

第2000/31号指令，即2000年欧洲理事会及欧洲议会关于信息社会服务和电子商务、寻求法律的共同体与和谐条例。

最后，《布鲁塞尔公约》以一般方式规定了对民商案件的管辖权，而其主要特点是：

（1）在某一成员国有住所的人，可受该成员国管辖并被起诉。

（2）在合同中，当事人一方可在义务履行地起诉；除了消费者合同，当事人可在其他类型的合同中约定管辖法院或管辖权。

（3）人身伤害案件中，可在伤害发生地起诉。

（4）消费者可选择在其住所或其他有管辖权的地区起诉。

二、互联网管辖权

（一）国际法

国际互联网管辖权的两个典型案例（Reidenberg etal，2013）是"澳大利亚的道琼斯公司诉 Gutnick 案"和"法国、美国雅虎公司诉学生组织（La Ligue Contre le Racisime et l'Antisemitisme）案"，但学者们并未清晰地指明这些案件所使用的管辖权规则。

1. 道琼斯公司诉 Gutnick 案

在 2002 年的道琼斯案中，居住在澳大利亚的原告 Gutnick 因道琼斯公司的一篇上传于新泽西（美国）并出现在其旗下《巴伦杂志》网页版的文章，对道琼斯公司提起了诽谤诉讼。这篇文章只对道琼斯公司的订阅者可见，其中一些订阅者（约 300 人）住在澳大利亚。该案的一种解释认为，该文章的发表应被视为公海的一部分。然而，澳大利亚维多利亚州最高法院认为，鉴于这篇文章发表于维多利亚州，维多利亚州的法律适用于该案。在这类情形下，传播的目的港 B 港对管辖权具有决定性的作用。

道琼斯随即向澳大利亚高等法院提出上诉，认为应当将文章的上传地视为发布地，即新泽西州而不是维多利亚州。显然，这种分析路径是基于始发港 A 港的思路。但双方都没有考虑到公海问题,尽管道琼斯可以将此作为一个(替代性的)论点。法院驳回了道琼斯的请求并认为:

> 一旦长臂管辖规则在本案中被认为是有效和可适用的,各类抗辩理由诸如上诉人不在澳大利亚,在该国没有办公点或资产,或是在《巴伦杂志》的销售及其在维多利亚州或面向澳大利亚人的线上服务中仅具有最低程度的商业利润,都与管辖权问题无关。

简言之,本案适用了传统的美国线下规则:高等法院适用了"长臂管辖规则",而被告要求适用源自"Hanson 诉 Denckla 案"中的"有意接受标准"以证明与非永久居民的零星的、无意的接触。

2. 雅虎诉法国学生组织案

在 2006 年的雅虎公司一案中,原告因雅虎公司在其法国的拍卖网站上推销纳粹物品而对其提起诉讼,称这种活动在法国被视为犯罪。原告的分析路径考虑的是传播目的地,即目的港 B 港的法律。法国法院认可了该分析,同时命令雅虎公司阻断用户在法国访问该网页的权限,若在该措施实施 3 个月后仍能在网上找到该内容,雅虎公司将被按日处以罚款。

雅虎公司随后转向北加利福尼亚州地方法院,对(原审原告)法国学生组织提起诉讼,并要求法院作出一项宣告性判决:法国法院的命令不能在美国执行。美国地方法院裁定对被告享有属人管辖权,并根据《宪法》第一修正案排除法国法院判决在美国的执行,该案最终打到第九巡回上诉法院。第九巡回上诉法院认可了地方法院的判决,且重申法院对法国被告们享有属人管辖权：

> 由于加利福尼亚州的长臂管辖法与联邦的正当程序要求在内在要求上完全一致，根据州法律和联邦正当程序下的管辖权分析因而也相同……法国学生组织反驳说，我们必须根据"Calder 诉 Jones 案"中的"效果标准"进行分析，具体而言包括三类联系。[1] 前两类联系就其本身而言不能为管辖权提供充足的依据。但第三类联系，连同前两个联系，确实能够为管辖权的确定提供基础。

总而言之，美国法院适用了传统的线下长臂管辖法，被告主张适用线上的"效果标准"原则，而法国法院适用的是以法国《民事诉讼法》为基础的线下管辖权规则。令人惊讶的是，无论是法院还是雅虎公司，都未利用"公海模型"的分析路径。但若考虑到雅虎公司是一个互联网平台，一切就都说得通了。通过雅虎公司平台进行的任何交易，都可能受到任一港口（卖方或买方）的制裁；但中介平台，可被认作是仅为船舶提供航行的海洋——当然，这并不是说他们完全没有责任（在公海船舶上的人也不得偷窃、谋杀），但对于大多数活动来说，法律并不相关。2014 年 10 月，在哥本哈根举行的一场有关欧洲互联网法的会议上，扬·特扎斯科夫斯基（Jan Trzaskowski）针对脸书上的自主沟通交流提出了类似的主张。他实际利用了公海的比喻，认为信息交流是在中介平台上进行的，而任何国家对此都不享有管辖权。

3. 其他案例

最近在加拿大和美国发生的两起跨境案件均表明，基于访问

---

〔1〕 三类联系具体包括：一是非本州居民做出了跨州的行为；二是该行为是明确针对法院地的；三是被告的行为对原告造成了损害，且原告是在法院地承受该损害。

地地点和服务器所在地标准的互联网域外管辖权有日渐扩大的趋势。

在 2012 年 12 月的 Homeaway. com Inc. 诉 Martin Hrdlicka 一案中，原告 Homeaway. com Inc. 是一家在美国注册的公司，其申请加拿大联邦法院撤销被告 Martin Hordlicka 注册的加拿大商标——VRBO，理由是被告无权提交注册申请，且其申请商标注册的依据均是虚假的材料或陈述。VRBO 这一缩写指的是"业主直供的假日租赁"，而这是 HomeAway 公司自 2006 年以来在美国运营的一项非常受欢迎的服务。法院最后裁定：

> 本院认为，无论信息来自何处或被储存在何处，但凡出现在加拿大计算机屏幕的网站上，即构成加拿大《商标法》中规定的利用和营销目的。

从商标的角度来看，这是一项意义深远的裁定。显然，法院认为目的港 B 港在确立管辖权方面具有决定性作用。因为商标几乎可以在全球的互联网上使用，在某个国家注册的商标可能会具有全球性的影响。若在某一国家注册了商标，对该商标在互联网上的保护不应扩展到与该商标相关的特定互联网通信所被接收的所有其他国家，而一个更好的解决方式是通过"公海模型"。真正起决定性作用的是两端当事人都在使用互联网的公海，而不仅仅是其中已经注册了商标的一端——港口 A——起决定性作用。

因此，法院享有管辖权并下令撤销加拿大这一商标的注册。需要注意的是，法院不仅认定出现在计算机屏幕上即构成广告（仅仅是可访问性），而且认定加拿大人有可能基于有识别度的 VRBO 商标而签订合同。可以说，本案适用线上规则来确定管辖权的方式与 Zippo 案如出一辙（尽管法院并未提到这一点）。

在 2012 年 12 月的 MacDermid 公司诉 Deiter 一案中，位于康涅狄格州的一家美国化学品公司起诉了 Jackie Dieter，她居住在加拿大且受雇于 MacDermid 的加拿大子公司。在 Jackie Dieter 失业之前，她通过公司电子邮箱账户向其个人的电子邮箱账户发送了机密且未经授权的数据文件。所有的行为都发生在加拿大（"从加拿大的一台计算机发送至加拿大的另一台计算机"）。康涅狄格州的地区法院驳回了该起诉，称 Dieter 没有在康涅狄格州使用计算机而不受长臂管辖的规制。但是，美国上诉法院推翻了该判决，并认为：

> 虽然 Deiter 确实只与加拿大的计算机有实际接触，但我们并不认为这一事实可以排除长臂管辖的适用……计算机服务器符合康涅狄格州长臂管辖法对于"计算机"的定义……因无法反驳 MacDermid 公司提出的 Deiter 使用了康涅狄格州服务器的事实，我们只能认定 Deiter 使用了康涅狄格州长臂管辖法下规定的"计算机"，法院因此享有长臂管辖权。

这是一项有争议的判决，法院适用了长臂管辖法中的线下规则。在这种情况下，港口模型的比喻就不适用了，因为传播线路的两端都是位于加拿大的计算机。这个例子说明，发生在"公海"上的事件也可以归于某国管辖，而这公海上的"船舶"（即互联网上的服务器）是属于这家美国公司的。

最后，在 2014 年 1 月开始的一例英国案件中，英格兰和威尔士高等法院认定对谷歌的 Safari 案拥有管辖权（Judith Vidal-Hall，Robert Hann 和 Marc Bradshaw 诉谷歌公司）。在该案中，谷歌被指控规避浏览器中的安全设置以安装广告插件。谷歌辩称，诉讼法院应当在公司的注册地——加利福尼亚州。而法院适用了 Spiliada

Maritime Corp 诉 Cansulex Ltd.（1987）案中的线下规则，并认为适用不方便法院原则的标准是：

（1）原告承担说服法院的责任；

（2）合适的法院应当是能够最大化各方利益并实现正义目的的法院；

（3）最先应当考虑何为"自然法院"，即与行为具有最真实和实质性联系的法院。

法院最终认定：

相比之下，本院关注的焦点可能是每个原告声称遭受到的损失，因为他们是在美国提起诉讼的个人，因此承受的负担也可能非常繁重。

在该案中，不方便法院原则与损害发生地而非不法行为发生地产生紧密联系。上述有关互联网管辖权的论点似乎与大陆法系中的"原告就被告"原则非常相似（见下文德国案例），而目的港 B 在此种情况下被认为具有决定作用。谷歌如果从公海角度而不是从注册地的角度强调互联网的传播，那么他们的论据则会非常有力。

总而言之，为了在国际案件中确定互联网的管辖权，法院往往会采用传统的线下规则，而非特殊的线上规则，如 Zippo 案和 Calder 案的标准（除了加拿大案）。这一趋势也体现在包括美国、澳大利亚或英国在内的普通法国家，以及如法国的大陆法国家中。

（二）美国：Zippo 案和 Calder 案标准

为了确定互联网的管辖权，美国法院主要采用了两种标准：

Zippo 案标准和 Calder 案标准，它们都源于"最低限度联系"和长臂属人管辖权原则。

Zippo 案标准也被称为"范围滑动标准"，在 Zippo Mfg. Co. 诉 Zippo Dot Com, Inc. 一案之后，首次出现在1996年宾夕法尼亚州地方法院的裁决中。该案根据网站与法院地的交互程度以及互联网商业活动的性质来确定管辖权。因此，有必要根据商业活动的辐射范围以确定一个可滑动的范围：（1）当被告与居住在外国法域的个人订立合同，且该合同需通过互联网可知地、反复地传输计算机文件时，适用属人管辖权是适当的；（2）如果被告只是将信息张贴在一个被动的互联网网站上，外国法域的用户得此访问该网站，适用属人管辖权则是不适当的；（3）对于用户可以与主机交换信息的交互式网站，是否适用属人管辖权则不明确。"在这种情况下，属人管辖权的适用需要通过检验网站上信息交换的交互程度及其商业性质来确定。"当网站的互动性较低时，Zippo 标准似乎无助于确立具体的管辖权（Geist, 2001; Gladstone, 2003）。此外，法院也没有定义何为"交互性"；而且这一标准在电子商务纠纷中也无多大作用，因为如今大多数商业网站都是高度交互的（Wang, 2008）。其他批评 Zippo 标准的学者（Hawkins, 2006）认为，该标准在一般管辖的框架下并未充分保护正当程序权利。是否适用 Zippo 标准基本上取决于法院更看重目的港 B 还是公海。

Calder 标准也被称为"效果标准"，它考查被告在法院地外的行为对法院地所造成的影响。不同于 Zippo 案对网站交互性程度的重视，Calder 标准对网站的交互性程度或网站自身的特质并不关心。"效果标准"源于1983年美国最高法院判决的一例非互联网案件——Calder 诉 Jones 案。Calder 标准比 Zippo 标准更强调确定性。这尤其反映在电子商务纠纷中，因为它可被用于确定某些非商业性案件的管辖权，特别是当个人而非公司被侵权或受到伤害时（因为很难确定公司何处受到"伤害"）。为了确定网络空间的影响力大小，法院可以考虑是否存在特定的目标对象［参见 GEIST（2001）的目标基点论］，如通过观察是否使用了特定的语言、货币或国籍。

然而，Calder 标准也存在其自身的问题：（1）它可能比其他标准更为主观；（2）针对在法院地进行的网上商业交易，Zippo 标准要优于效果标准（Gladstone, 2003）。这也是一种平衡，一种公海的影响与目的港 B 的影响之间的平衡。在这一背景下，已采用的各种论点得以分类。

根据赖登伯格（Reidenberg）等人（2013）基于 318 篇英文学术文章和 41 例美国典型案例的调查报告，美国大多数联邦法院常使用 Zippo 标准来确定属人管辖权，而行为在法院地的性质和质量则成为解决问题的关键。一些学者认为，法院已拥有足够的法律工具，他们可以使用传统的正当程序标准（最低限度联系和合理性标准）。但其他研究又表明，法院目前拥有的法律工具还不足够而需要发展新的标准。报告分析的 41 个案例说明了几类趋势：譬如所有的案件都与属人管辖权而非准据法或执行有关；Zippo 标准是法院最常引用，也是最适合确定具体属人管辖权的标准。但是，Calder 标准在故意侵权和网络诽谤案件中仍非常重要。法院认为 Zippo 标准和 Calder 标准不是相互排斥的，因而可以同时适用。在既不适用 Zippo 标准也不适用 Calder 标准的互联网案件中，法院大多适用传统的线下管辖权原则，如第六巡回法院的 CompuServe 一案（Reidenberg etal, 2013, 58），这又说明了传统原则，诸如长臂管辖法对确定互联网管辖权争议有着重要作用。

（三）欧洲：德国

2013 年一项对德国案例的调查（Jaeger-Fine etal, 2013），为我

们了解欧洲的情况提供了一个有趣的视角。该调查分析了 215 篇涉及互联网管辖权的德国文献（包括文章、法院案例和论文），揭示了以下三个趋势：

第一，著述是德国法律体系的一个重要组成部分，因为它们为原版法律规定（如法律、规则等）提供了解释和评注。多数意见认为，义务履行地是网站意图的接入点；少数人认为，只要能够访问网站即足够。前者认为目的港 B 是决定性的，而后者选择了公海。持后者观点的人认为，这艘船行驶在公海上，从任何地方进入都能够接近它（仅须可接近性），因此全球都享有管辖权。

第二，国际私法（准据法）有其自身的特点，并被规定在《德国民法典》第 40 条和 2007 年的第 864 号条例（E. C.）中。被告的非法行为受被告行为所在地的法律管辖，同时原告也可以参照损害发生地选择在哪个法院提起诉讼。在互联网案件中，一些著述提出了一些有争议的观点：（1）行为发生地是信息上传地（与服务器的位置无关）；（2）损害发生地是损害发生的地方，而不是网站接入点。

第三，德国法院确立了某些原则，尤其是来源于 2010 年的"《纽约时报》案"。该案中，一名德国居民对《纽约时报》提起诉讼，声称该报在网上发表了一篇诽谤性的文章。联邦最高法院推翻了下级法院的判决，并制定了新的规则：（1）反驳"仅须可访问性"的观点，因为并非所有可访问网页的地点都留存了证据；（2）反驳"故意接入"的观点，因为无论是有意还是无意阅读，只要阅读过即产生损害；（3）坚持"客观国内联系"的观点，即发表的内容有可能吸引法院地的读者……这比单纯的可访问性要具有更高的可能性（Jaeger-Fine et al, 2013, 9）。法院认为，《纽约时报》文章的内容很有可能吸引到德国读者（文章提到了原告的德语全名，原告被指控的犯罪发生在德国，《纽约时报》

的读者遍及全球）。因此，法院拥有管辖权。与前述案例相似，德国法院的论证以公海模型为基础，而公海上船舶的航行与德国人息息相关。本案中，德国不一定需要作为特定通信线路的目的港 B，而只要作为一个可以接入该网站的特定国家即足够。

总体而言，德国的互联网管辖权涉及两个问题：（1）危害行为发生在哪里（网站的接入地，网站意图接入地，或是上传信息地）；（2）损害发生在哪里（用户获取访问权限的地点，或是声誉受损的发生地）。同时，法院还制定了一些规则以解决"仅需可访问性"、"故意接入"或"客观国内联系"等规则产生的问题，巴黎高等法庭还提出了"网页浏览数"的观点。欧洲法院似乎并不适用美国的 Zippo 标准和 Calder 标准。

（四）欧洲：荷兰

Hennis & Mauritz，通常简称为 H&M，是一家瑞典跨国服装零售公司。这家公司在世界各地包括荷兰都有多家店铺。和荷兰的许多服装店（包括在多德雷赫特的一家商店）一致，H&M 也有用于销售和宣传商品的网站（www. hm. com）。然而，H&M 因侵犯荷兰公司 G-Star 的版权而被判有罪，因其被发现在阿姆斯特丹的店铺中销售 G-Star 的牛仔裤（也被称为 Elwood 裤）。多德雷赫特法院法官于 2009 年 8 月 13 日作出了第一项判决，海牙上诉法院于 2011 年 4 月 19 日作出了第二项判决。2009 年 9 月，一份事实报告指出，这些牛仔裤在 H&M 位于荷兰的 23 个城市的商店中均有出售，但唯独未在多德雷赫特出售。H&M AB 公司因此对多德雷赫特法院的国际管辖权提出了质疑。

在此案中，G-Star 需要靠互联网来建立管辖权，因为在现实世界中，Elwood 裤并未在多德雷赫特出售。本案的奇特之处在于 Elwood 裤现在并没有通过网站出售，而是可能在未来通过网站售卖。对于荷兰最高法院来说，这可能在未来发生的买卖显然足以确立管辖权。同样值得注意的是，法院参照的是 H&M 的一般域名——hm. com，而不是位于荷兰的域名——hm. com/nl。

荷兰最高法院认为，根据欧洲法院的判例法，《布鲁塞尔条例》第 5 条第 3 款——"危害事件发生地"的内在含义旨在包含损害结果发生地（Erfolgsort）。同时，最高法院还提醒说，在欧洲法院的判例中，有关商标侵权且该商标还是通过网站在某一成员国注册的案件中，如果（1）已经注册了商标，或（2）已经选定了广告商〔CJEU 2012 年 4 月 19 日，C－523/10，NJ 2012/403（Wintersteiger）〕，原告可向成员国法院起诉。最后，荷兰最高法院将线下规则与本案特殊的互联网特征联系了起来。

现在，回到对 H&M AB 的指控。H&M AB 被指控通过其所有的网站 www. hm. com 销售或至少提供服装。该行为侵犯了 G－Star 的荷兰版权。所有的 H&M 服装都可以通过该网站获取，且该网站针对荷兰市场（第 9 段，最高法院的管辖权未受质疑）。所有这些都意味着，Elwood 裤也能在多德雷赫特买到。多德雷赫特地区法院根据《布鲁塞尔条例》第 5 条第 3 款，享有本案的管辖权，并且有权裁决目前针对 H&M AB 的诉讼。

若运用我们的比喻来分析，实际的侵权行为（HM. com 网站提供 Elwood 裤的行为）发生在互联网，也就是公海上。要想确立管辖权，则需要一个港口，且它位于多德雷赫特。最高法院认为该网站可以在荷兰进行访问，因此在多德雷赫特也是可以访问的。人们可预期的，是原告公司在其注册地（G－STAR 所在的阿姆斯特丹）或被告的注册地（H&M 所在的斯德哥尔摩）提起诉讼。H&M 当然没有在瑞典被起诉，因为诉讼最开始只涉及在荷兰的实际销售问题。

荷兰最高法院综合运用了互联网管辖权和商标权的判例，随后欧洲法院就对一个涉及互联网管辖权和版权的案子作出了裁决。2013 年判决的实体内容中，法院提到了一个新的欧洲版权案件。在该案中，一位住在法国的作曲家起诉了一家在法国的奥地利公司。被诉的侵权行为有关奥地利公司非法复制音乐，并进而通过英国网站销售 CD 的行为。在这种情况下，起决定性作用的似乎是公海的比喻：CD 是通过互联网销售的，因此侵犯了这位法国作曲家的版权。欧洲法院补充道，只有与法国有联系的损害才能得到赔偿，这种说法乍一看是很具限制性的，但我们可以认为，所有的损害最终都发生在法国，因为作曲家就生活在那里。

在另一起 Dahabshiil 诉 [被告] 的荷兰案件中，原告——一家在伦敦成立的金融公司 Dahabshiil——起诉了一名索马里记者，该记者自 2007 年被接纳为荷兰难民。这名记者在不同的网站（包括他自己的网站）发表文章，指控 Dahabshiil 公司犯有资助恐怖主义等刑事犯罪，或至少挑起过犯罪，包括煽动谋杀一名索马里歌手。法院根据线下原则认定拥有管辖权：

> 《刑事诉讼法》第 2 条规定：对必须通过传票提起诉讼的案件，如果被告居住在荷兰或在荷兰有经常居住地，荷兰法院即拥有管辖权。这也是 [被告] 所依据的《布鲁塞尔 1 号法规》（第 2 条 EEX）的主要规则。[被告] 居住在 [地点]，因此荷兰法院有管辖权。

针对本案的绝大部分内容，法官认为，被告在自己的网站上发表文章并不构成不法行为，在其他网站上发表文章也未能为其承担责任提供充分的依据。法官驳回了原告的诉讼请求，并作出了对 Dahabshiil 不利的判决。在本案中，虽然被告持有的是公海模型的观点，但法院通过适用港口模型，即互联网传播发起人的居住地，确立了管辖权。

最后一个案例涉及的公司并非在荷兰注册。Cassina 股份有限公司（注册于意大利梅达）和 La Fondation le Corbusier 公司（注册于法国巴黎）对 Dimensione Direct Sales SRL 公司（注册于意大利伯格那）提起诉讼，指控该公司通过其网站、产品名册和定向发送至荷兰的邮件销售家具模型，侵犯了 Cassina 公司的版权和商标权。虽然被诉网站的目标客户是荷兰买家，但这两家原告公司并未向意大利法院寻求帮助仍是很奇怪的。对于 Cassina 公司来说，被告 Dimensione 公司注册于意大利并通过网站进行销售的行为，并不影响其不法行为实际发生在荷兰的事实：

> 网站的基本运营情况决定了销售发生在意大利，但这并未改变一点，即被告的不法行为实际发生在荷兰……因此，在意大利存在所有权转让是毋庸置疑的。

Dimensione 反驳了 Cassina 的所有指控，主张其既不侵犯版权也不侵犯商标权。并辩称根据第 2001/29 号指令的版权保护，对于以有形形式存在的作品，指令赋予了版权人控制作品分销的专有权，但它给予版权人的权利仅此而已：

> 依照本指令，鉴于不存在财产的转让（除了在意大利进行的合法转让），被告公司 Dimensione 的分销不构成犯罪。

阿姆斯特丹法院根据最高法院的先例主张管辖权：

> 全世界都可以使用因特网……，结合最高法院在 Lexington 案和 Ladbroke 案中的判决，本院认定：如果被告 Dimensione 公司公开（侵权）家具的照片以及通过其网站、产品名

册和邮件销售家具模型的行为皆是以荷兰为目标对象，那么
Dimensione 的行为可能会被视为非法并构成侵权……根据
Ladbrokes 案的判决，是否存在以荷兰为目标对象的网站取决
于具体案情，比如网站的顶级域名、网站提供的语言或其他
能够将网站和特定国家联系在一起的特征。

这是少数几起法官没有适用线下规则而是适用线上规则的荷
兰案件。法院依据"效果标准"的一般模式，在目标信息针对荷
兰人这方面适用了线上规则。若以港口和公海模型进行分析，法
院和原告适用的是港口模型，而被告适用的是公海模型。

三、结论

在普通法体系中，确立管辖权的传统规则更为主观和灵活，
因为它们基于对先例的解释（最低限度联系原则、有意接受原
则、长臂管辖法）并适用不方便法院原则；而在大陆法系中，传
统规则更为抽象，因为它们由立法机构设立在具体的法典中，并
适用被告住所地原则（当事人的住所或居住地、非法行为地、伤
害或损失发生地、合同履行地、物品所在地等）。

但随着有关互联网管辖权新规则的出现，两大法系的差异似
乎正在消失。因为新的网上规则必然会引起争议，而裁量权则留
给了法院。国际案例表明，法院更多适用的是传统规则，而不是
特别规则。我们还可以看到，法院（尤其美国法院）在处理案件
时会交替地使用新旧规则。而德国和荷兰的案例表明，在确定互
联网管辖权时，来自欧洲的规定和/或国家规定的线下规则起到
了重要的作用。但是，我们也可以从中找到线上规则，譬如德国
的"客观国内联系"或荷兰的包括目标信息的"效果标准"。

　　无论管辖权是建立在新的还是已经存在的规则和原则之上，本文都利用了港口和公海的比喻来说明相关人士是如何论证的。在有些情况下，A 港（发源地）被认为是具有决定作用的；而在另一些情况下，B 港（目的地）、公海或两者兼而有之被认为是具有决定作用的。在本文中，我们并未认定哪一种观点更为可取，我们只是希望说明，适用不同的分析路径，将如何有助于理解互联网管辖权的确立。

美国经济制裁的历史演进及制度解构

王秋豪[*]

摘要： 美国经济制裁制度源于战时对外经济管制措施，经济制裁一方面属于美国的外交事务，另一方面涉及美国的国家安全价值。制裁制度随着一系列历史事件、法律规定与司法判例而不断演化，由于立法部门的授权以及司法部门的顺从，经济制裁在美国形成了以总统为核心的行政权力主导的制度架构。21世纪以后，反对恐怖主义的要求以及金融制裁的发展，在很大程度上改变了美国传统经济制裁的形态和特征。从制度架构的角度来说，行政机关通过制裁计划和制裁名单等手段对经济制裁实施管理，在《国际紧急经济权力法》的广泛授权之下，通过对涉外经济活动的约束实现美国国家安全价值的目标。

关键词： 经济制裁　国家安全　外交事务　国际紧急经济权力法案　海外资产管理办公室

---

[*] 北京大学法学院 2019 级博士研究生。

一、引言

2018 年 12 月 1 日，华为首席财务官孟晚舟因被美国指控银行欺诈而在加拿大温哥华被扣押，这一指控与华为及孟晚舟涉嫌在伊朗制裁合规问题上向汇丰银行作虚假陈述相关。[1] 在孟晚舟事件尚未平息之时，美国经济制裁因《中华人民共和国香港特别行政区维护国家安全法》（以下简称《香港国安法》）的实施而再起波澜。特朗普总统于 2020 年 7 月 14 日发布第 13936 号行政命令——《关于香港正常化的总统行政命令》，[2] 以《香港国安法》颁布为由对香港实施制裁，并于 8 月 7 日将 11 名香港和内地官员列入制裁名单。[3] 随着中美战略竞争加剧，美国经济制裁对于中国的影响日益凸显，笔者认为，有必要对经济制裁的制度特点及运作机制进行相对全面的研究与分析。

从法律架构及法律实施的角度来说，美国经济制裁是在《国际紧急经济权力法》（International Emergency Economic Powers Act, 简称 IEEPA）授权之下，对相关国家、组织和个人实施的贸易或金融管制法律法规，主要由美国财政部海外资产管理办公室（Office of Foreign Assets Control, 简称 OFAC）行使权力。这套发轫于战时经济管制

---

[1] 参见美国司法部网分别于 2019 年 1 月 28 日及 2020 年 2 月 13 日披露的起诉书：*United States of America-against-HUAWEI Technologies Co., LTD., etc., SUPERSEDING INDICTMENT* (*January 24, 2019*), https://www.justice.gov/usao-edny/press-release/file/1125036/download; *United States of America-against-HUAWEI Technologies Co., LTD., etc., SUPERSEDING INDICTMENT* (*February 13, 2020*), https://www.justice.gov/usao-edny/press-release/file/1248966/download.

[2] U. S. Department of the Treasury, *Executive Order 13936 of July 14, 2020, The President's Executive Order on Hong Kong Normalization*, https://www.treasury.gov/resource-center/sanctions/Programs/Documents/13936.pdf.

[3] U. S. Department of the Treasury, *Hong Kong-related Designations; Central African Republic Designation*, https://www.treasury.gov/resource-center/sanctions/OFAC-Enforcement/Pages/20200807.aspx.

理念的国家安全法律框架，现如今已经成为美国最为复杂多变的经济法律制度之一。美国基于商品、技术和美元在全球范围内行使管辖权，在追求其政治目的的同时，也使得参与交易的商事主体付出巨大的合规成本。

本文第一部分聚焦于美国经济制裁制度本身，从历史发展和制度建构的角度分析其特点和内容。第二部分将结合美国的历史事件、法律法规及司法判例，集中探讨美国经济制裁在不同历史阶段的发展演进，从战争权力、外交事务及国家安全三方面对其进行分析。第三部分将分析经济制裁的具体运作及潜在的法律后果。

二、美国经济制裁的历史演进

（一）军事战争、经济制裁与行政权力的扩张

1. 经济制裁与军事战争

经济制裁制度起源于国家在战争时期对敌国交易事项的直接干预。学界公认最早有历史记载的制裁案例可以追溯至古希腊时期。在伯罗奔尼撒战争爆发之前，伯利克里于公元前432年颁布《麦加拉法令》，禁止麦加拉人进入希腊的海域、土地及市场。[4]从制裁制度的形式来说，一国既可能实施单边制裁，也可能基于国际组织等合作机制（例如联合国安理会决议）而实施多边制裁。另外，制裁主要通过经济手段实施，但也包含一些非经济手段（例如限制被制裁人员入境等）。本文探讨的范围仅限于美国实施的单边经济制裁措施，不包括多边制裁以及经济手段之外的其他制裁措施。

---

[4] Court E. Golumbicf, Robert S. Ruf, "Leveraging the Three Core Competencies: How OFAC Licensing Optimizes Holistic Sanctions", *North Carolina Journal of International Law and Commercial Regulation*, Vol. 38, Issue 3 (Spring 2013), pp. 729-808.

尽管美国并非制裁制度的发明者，但其无疑是近一个世纪以来运用制裁手段最为频繁也最为有效的国家，美国的经济制裁在一定程度上影响了一些国家的政局和经济、社会发展局势。联邦政府对于制裁的使用，最早可以追溯至 1812 年英美战争前期，时任总统托马斯·杰斐逊为保护美国船只不受英国海军以及私掠船的攻击，在 1807 年颁布了《禁运法》（Embargo Act），禁止任何美国船只在没有总统明确许可的情况下前往任何外国港口。[5]但美国当时的经济严重依赖欧洲市场，介于该法所带来的负面经济影响及政治阻力，《禁运法》在颁布 3 个月后即告废止。美国南北战争时期，国会通过了一项禁止与南部联盟交易的法案，并呼吁没收相应交易包含的商品，同时规定了一项由财政部管理的许可制度。[6] 在 1898 年的美西战争中，美国再次运用制裁手段封锁了古巴和菲律宾，从而对西班牙施加经济压力。[7] 20 世纪之前，美国经济制裁仅限于战时状态下的附随手段，属于临时性措施且缺乏统一有效的法律予以规范。

随着第一次世界大战的爆发，美国诞生了第一部统一规范经济制裁的法律。为配合美国对德宣战，国会于 1917 年 10 月 6 日批准了《对敌贸易法》（Trading with the Enemy Act，简称 TWEA）。[8]

---

〔5〕 Meredith Rathbone, Peter Jeydel & Amy Lentz, "Sanctions, Sanctions Everywhere: Forging a Path through Complex Transnational Sanctions Laws", *Georgetown Journal of International Law*, Vol. 44, Issue 3 (2013), pp. 1055-1126.

〔6〕 Richard Scott Carnell, Jonathan R. Macey, Geoffrey P. Miller: *The Law of Financial Institutions (Sixth Edition)*, 2017, p. 632.

〔7〕 Meredith Rathbone, Peter Jeydel & Amy Lentz, "Sanctions, Sanctions Everywhere: Forging a Path through Complex Transnational Sanctions Laws", *Georgetown Journal of International Law*, Vol. 44, Issue 3 (2013), pp. 1055-1126.

〔8〕 Trading with the Enemy Act (TWEA), 50 U. S. C. § 4301 to 4336, 4338 to 4341（注：《对敌贸易法》，收入《美国法典》第 50 卷，第 4301—4336, 4338—4341 条）。

该法最初授予总统规范战时与敌国交易的权力。[9] 作为美国首部统一规范制裁的法律，该法也建立了美国现代制裁制度的雏形。《对敌贸易法》历经多次修订，时至今日仍然有效，并作为美国对古巴进行经济制裁的法律基础。

在各国经济联系不断加强的背景之下，第一次世界大战时期，人们已经开始意识到经济制裁作为政治手段本身的价值。经济制裁可能是使用武力的另一种选择，而不是其必然结果。[10] 通过制裁冻结敌国资产、封锁敌国贸易，就可以在避免伤亡的同时，实现与传统战争类似的目的。正如威尔逊总统当时所说："采用这种经济的、和平的、无声的、致命的改进方法，就不需要使用武力了。这是一种可怕的疗法。"[11] 此外，美国历史上的特殊事件也为经济制裁的"去战争化"创造了条件。20 世纪 20 年代末至 30 年代，美国陷入了有史以来最为严重的经济萧条，由此导致金融领域的系统性崩溃。1931 年美国共有 2298 家银行倒闭，1932 年则有 1456 家银行倒闭。[12] 1933 年罗斯福总统上任初期，援引《对敌贸易法》第 5（b）条项下权力宣布了一项为期一周的全国性"银行假期"（Bank Holiday），要求美国银行暂停所有业务。介于《对敌贸易法》当时对于总统权力行使存在严格的限制，要求在战时规范美国与"敌人或敌人的盟友"之间的交易行为，因此，罗斯福总统宣布"银行假期"的行为超出了《对敌贸

---

〔9〕 Bethany Kohl Hipp, "Defending Expanded Presidential Authority to Regulate Foreign Assets and Transactions", *Emory International Law Review*, Vol. 17, Issue 3（Fall 2003）, pp. 1311 – 1372.

〔10〕 Meredith Rathbone, Peter Jeydel & Amy Lentz, "Sanctions, Sanctions Everywhere: Forging a Path through Complex Transnational Sanctions Laws", *Georgetown Journal of International Law*, Vol. 44, Issue 3（2013）, pp. 1055 – 1126.

〔11〕 Jeffrey A. Meyer, "Second Thoughts on Secondary Sanctions", *University of Pennsylvania Journal of International Law*, Vol. 30, Issue 3（Spring 2009）, pp. 905 – 968.

〔12〕 Richard Scott Carnell, Jonathan R. Macey, Geoffrey P. Miller, *The Law of Financial Institutions（Sixth Edition）*, 2017, p. 19.

易法》的规定而构成越权。然而，三天之后，国会通过了《紧急银行救助法》（Emergency Banking Relief Act），该法修改了《对敌贸易法》第 5（b）条的具体规定，从而追溯认可了总统的行为。[13]该法删除了《对敌贸易法》相关条款中的"敌人"字样，并规定总统可以在宣布国家紧急状态（National Emergency）的情况下行使《对敌贸易法》项下的权力，[14]但对于总统何时可以宣布国家紧急状态，却没有明确的限制。

美国首个专门负责制裁管理的下属机构是在第二次世界大战期间成立的。纳粹德国入侵挪威之后，罗斯福总统于 1940 年 4 月10 日颁布《8389 号行政命令：保护侵略受害者的资金》，[15]其目的在于保护受侵略国家及其国民在美国的财产利益，防止敌对国转移和使用这些财产。随后，美国财政部根据 8389 号行政命令设立了外国资金管理局（Office of Foreign Funds Control，简称 OFFC），负责规制战时与敌对国家的贸易及进出口限制，管理特定的限制交易实体名单，并调查美国境内的外国资产和境外的美国资产。[16]外国资金管理局的建立是制裁在美国逐步走向专业化和常态化的标志之一。

总的来说，美国早期历史上，经济制裁与军事战争密切相关。一方面，军事战争推动了制裁专门性法律的颁布，也促使制裁管理机构的诞生，使得美国制裁制度建立并逐步完善。另一方

---

〔13〕 Court E. Golumbicf, Robert S. Ruf, "Leveraging the Three Core Competencies: How OFAC Licensing Optimizes Holistic Sanctions", *North Carolina Journal of International Law and Commercial Regulation*, Vol. 38, Issue 3（Spring 2013）, pp. 729-808.

〔14〕 Emergency Banking Relief Act, *Pub. L.* No. 73-1, § 2, 48 Stat. 1 (1933). 注：《紧急银行救助法案》，第 73 届国会第 1 号法律，第 2 条，载《法律大全》第 48 卷（1933 年）第 1 页。

〔15〕 UC Santa Barbara, The American Presidency Project, *Executive Order 8389 Protecting Funds of Victims of Aggression（April 10, 1940）*, https://www.presidency.ucsb.edu/documents/executive-order-8389-protecting-funds-victims-aggression.

〔16〕 The National Archives and Records Administration, *Records of the Office of Foreign Assets Control*, https://www.archives.gov/research/guide-fed-records/groups/265.html.

面，随着各国经济交往日益密切，经济制裁作为独立制度本身的价值日益凸显，在形式上逐步走向"去战争化"，但制裁规则仍然不可避免地带有战时经济管制的色彩。

2. 外交事务与国家安全

在美国，经济制裁属于紧急经济权力，与对外战争、国际条约、军售及军事援助等行动类似，一方面涉及外交事务领域，另一方面则体现出维护国家安全的价值目标。[17] 经济制裁的上述两项特征影响了其在美国的权力划分，使得美国早期制裁事务即呈现出高度偏向以总统为核心的行政权力的态势。在立法机构方面表现为大萧条之后，国会通过《对敌贸易法》对于总统的广泛法定授权，[18] 而在司法方面，则表现为最高法院判例中对于总统在外交领域及国家安全权力的高度偏袒。

在美国外交事务的权力配置方面，早期判例主要为 1936 年的"美国诉寇蒂斯·赖特出口公司案"（*United States v. Curtiss-Wright Export Corp.* et al，简称"寇蒂斯案"），[19] 在该案中，最高法院对于外交事务和内部事务进行了区分。1932 年巴拉圭和玻利维亚之间为争夺大查科（Gran Chaco）地区北部而爆发了"查科战争"，当时交战双方均高度依赖外界军事援助。尽管军售对于美国国内的武器出口商颇具吸引力，但基于当时美国经济萧条的现实状况、国内民众的反战情绪以及国际联盟的调停呼吁，[20] 美国国会在 1934 年 5 月通过了一项《联合决议》（Joint Resolusion）称，"如果总统发现，美国禁止向参与大查科地区冲突的国家出售

---

〔17〕 Harold Hongju Koh, "Why the President (Almost) Always Wins in Foreign Affairs: Lessons of the Iran-Contra Affair", *Yale Law Journal*, Vol. 97, Issue 7 (June 1988), pp. 1255–1342.

〔18〕 Amy L. Stein, "A Statutory National Security President", *Florida Law Review*, Vol. 70, Issue 6 (November 2018), pp. 1183–1264.

〔19〕 *United States v. Curtiss-Wright Export Corp.* et al., 299 U. S. 304 (1936).

〔20〕 Charles A. Lofgren, "United States v. Curtiss-Wright Export Corporation: An Historical Reassessment", *Yale Law Journal*, Vol. 83, Issue 1 (November 1973), pp. 1–32.

武器可以导致地区和平的结果"，总统可以宣布对交战国实施武器禁运措施，并规定违反决议将构成犯罪。罗斯福总统在当日发布禁令。被告因违反武器出口禁令而遭到起诉，但其主张《联合决议》是立法权向行政权的违宪授权，因而无效。最高法院以萨瑟兰大法官为代表的多数意见认可了总统在《联合决议》下的行政权力，其核心观点有二。其一，萨瑟兰大法官区分了国家内部事务和外部事务权力。美国宪法的主要目的在于将当时各州所拥有的总体权力中，划出应当赋予联邦政府的部分，将剩余部分保留在各州，然而各州各自从未拥有过国际权力。美国外交权力是直接从"英国的王冠"（British Crown）上转交给联邦政府的，并非来自各州，外交事务和内部事务在宪法基础上存在根本性质的不同。其二，总统是联邦政府在国际关系方面的唯一机构。基于外交关系的敏感性（Delicacy）以及总统在这方面的特殊权力，要使得国会在国际领域的立法生效，就必须赋予总统一定的裁量权和自由，这种裁量权和自由在仅仅涉及国内事务时是不可接受的。[21] "寇蒂斯案"的直接结果是总统在整个外交领域权力的扩张。"外交政策被划为'总统专区'，这在很大程度上归功于"寇蒂斯案"的裁判。"[22]

就国家安全的权力配置问题而言，按照美国宪法的规定，国家安全事务属于立法和行政机关分权事项。杰克逊大法官在1952年的"扬斯敦管材公司诉索耶案"（*Youngstown Sheet & Tube Co. v. Sawyer*，简称"扬斯敦案"）中提出了国会与总统在国家安全事务方面分权的经典框架。[23] 在该案中，杰克逊大法官区分了三类情形：一是总统根据国会的明示或默示授权行事，其权力达

---

〔21〕 *United States v. Curtiss-Wright Export Corp.* et al. , 299 U. S. 304 (1936).

〔22〕 Charles A. Lofgren, "United States v. Curtiss-Wright Export Corporation: An Historical Reassessment", *Yale Law Journal*, Vol. 83, Issue 1 (November 1973), pp. 1-32.

〔23〕 *Youngstown Sheet & Tube Co. v. Sawyer*, 343 U. S. 579 (1952).

到最大限度。二是总统在没有国会授权或拒绝授权的情况下行使权力，此时权力的行使取决于事件的必要性和当时不可估量的因素，而不取决于法律的抽象理论。三是当总统的措施与国会表达或者暗示的意愿不一致，其权力就处于最低点，在此情形下，法院可以充当对总统权力控制的角色，但这也可能使得国会无法就此问题采取行动。总统对于如此决定性和排他性的权力要求必须谨慎地加以审查，因为这关系到美国宪法制度所建立的平衡。

基于杰克逊大法官的国家安全分析框架，尽管经济制裁事务的权力划分并未规定在宪法当中，但自《对敌贸易法》颁布以来，国会部门的法律语言本身就已经构成了国会对总统的广泛明示性授权，只要总统在《对敌贸易法》的授权范围之内行使权力，那么权力本身就是有效的。只有当总统的行为超出了国会颁布法律的授权或者没有法律基础时，才会引发国会与总统之间在国家安全领域权力分配事项的争议。

总体来说，经济制裁制度在早期历史上就呈现出行政权力主导的态势，以总统为核心的行政机关对于经济制裁有高度的自由裁量权，这既体现在立法机构在紧急状态下对总统越权行为的默许与追认，也体现在司法机关在个案裁判和法律解释过程中的授意和鼓励。在经济制裁的后续发展演进过程中，行政机关权力扩张的趋势未能得到扭转，甚至被进一步放大。

（二）美国现代制裁制度的建立

朝鲜战争至20世纪末是美国经济制裁规则不断发展完善的时期。基于相关的历史背景和特定事件，经济制裁下的权力行使在新的法律法规及司法判例之下不断发展明晰，制裁的具体规则及运行机制也在不断固化与细化。第二次世界大战之后，冷战兴起赋予了美国经济制裁新的时代意义。尽管美国在1947年解散了原制裁管理机构外国资金管理局，但新的涉外国家安全问题再度凸显了经济制裁的必要性。随着冷战的开始,负责制裁事项管理的重要部门——美国财政部海外资产管理办公室也应运而生。海外资产管理办公室的诞生与中国密切相关。朝鲜战争时期,当中国宣布抗美援朝并向朝鲜派出志愿军后,杜鲁门总统在1950年宣布了一项国家紧急状态,并授权美国财政部创设海外资产管理办公室,负责美国对中朝制裁的具体管理工作。[24] 在总统的授权范围内,海外资产管理办公室持续作为美国制裁的主要执行部门颁布规则、进行执法行动直至今日。常态化制裁机构的建立及运行,体现出第二次世界大战以后,经济制裁作为美国政策工具的地位日益突出,也从侧面反映了美国制裁制度的发展。

以越南战争为分水岭,美国现代经济制裁制度是在总统外交权力的先扩张后限制的历史背景之下逐步发展完善的。从罗斯福时代延续至越南战争的这一时期,被称为美国外交史上前所未有的"扩张时期",以战争、军费开支、条约制定和国际峰会等为标志,意味着"美国总统不仅成为美国的领袖,也开始成为世界的领袖",[25] 由此而来的是总统在外交事务下国家安全领域权力的进一步扩张。总统以国家安全威胁为由,通过宣布紧急状态而扩大行政权力,例如第二次世界大战时期罗斯福总统对日裔美国人采取的监禁措施、朝鲜战争时期杜鲁门总统宣布对私人钢铁厂的临时国有化等[26]。总统权力的扩张不仅体现在经济制裁领域,在外交事务相关的其他国家安全领域,这一趋势也同样存在。在战争领域表现为总统绕开国会宣战程序而进行的秘密战争(Secret

---

〔24〕 Richard Scott Carnell, Jonathan R. Macey, Geoffrey P. Miller: *The Law of Financial Institutions* (*Sixth Edition*), 2017, p. 632.

〔25〕 Harold Hongju Koh, "Why the President (Almost) Always Wins in Foreign Affairs: Lessons of the Iran-Contra Affair", *Yale Law Journal*, Vol. 97, Issue 7 (June 1988), pp. 1255-1342.

〔26〕 Amy L. Stein, "A Statutory National Security President", *Florida Law Review*, Vol. 70, Issue 6 (November 2018), pp. 1183-1264.

Wars)。[27] 以东京湾决议案（Gulf of Tonkin Resolution）为代表，总统通过隐秘军事行动使得对外冲突升级，并在未经国会宣战的情况下实质导致了越南战争的发生。在对外条约领域，则表现为总统通过"行政协定"（Executive Agreement）的形式，在未经国会批准的情况下签订对外条约。[28]

然而，从20世纪70年代开始，美国在外交领域的扩张性政策逐步发生变化。随着政治上美国深陷越南战争泥潭，经济上饱受"滞胀"问题困扰，美国在外交领域开启了战略收缩期，国内也开始对国家安全和外交领域过度扩张的行政权力进行反思。一些声音认为，总统在外交领域缺乏监督的权力是越南战争的导火索，国会和司法系统应当对其进行必要的限制。政治局势的变化和制度改革的呼声刺激了一项又一项法律的出台，这使得总统在外交事务领域下的国家安全权力受到严格的程序限制。这些法律通常包含一些总统行使授权的条件，要求遵守详细的法定程序，包括事实调查结果、公开声明、事前报告、咨询要求和国会否决权等，美国学者称之为"后越战时代的国会控制技术"。[29]

在经济制裁方面，美国开始试图对《对敌贸易法》项下赋予总统的广泛权力进行改革。部分国会议员认为《对敌贸易法》第5（b）条是对民主政府宪政理想的巨大"独裁"威胁，[30] 国会完全缺失对于行政权力下紧急状态的审查或终止权，总统在行使行政权力时也常常超出紧急状态本身的必要范围。基于上述原

---

〔27〕 Harold Hongju Koh, "Why the President (Almost) Always Wins in Foreign Affairs: Lessons of the Iran-Contra Affair", *Yale Law Journal*, Vol. 97, Issue 7 (June 1988), pp. 1255-1342.

〔28〕 Randy Ellen Gottlieb, "Executive Authority in Foreign Affairs: Dames & Moore v. Regan", *Brooklyn Journal of International Law*, Vol. 8, Issue 2 (Summer 1982), pp. 451-474.

〔29〕 Harold Hongju Koh, "Why the President (Almost) Always Wins in Foreign Affairs: Lessons of the Iran-Contra Affair", *Yale Law Journal*, Vol. 97, Issue 7 (June 1988), pp. 1255-1342.

〔30〕 James J. Savage, "Executive Use of the International Emergency Economic Powers Act-Evolution through the Terrorist and Taliban Sanctions", *International Trade Law Journal*, Vol. 10, Issue 2 (Winter 2001), pp. 28-44.

因，国会采取了以下两项措施：一是修订了《对敌贸易法》，使之仅限于宣战的情形下使用。二是于 1976 年及 1977 年颁布了《国家紧急状态法》（National Emergencies Act，简称 NEA）和《国际紧急经济权力法》（International Emergency Economic Powers Act，简称 IEE-PA)，分别适用于应对国内及国外的国家安全威胁，以及在相应紧急状态时期行政机关权力行使的规范措施。其中，《国际紧急经济权力法》替代《对敌贸易法》第 5（b）条原先的作用，规定了总统基于外交事务宣布国家紧急状态，进而行使权力的范畴。国会试图通过法律条文对于《国际紧急经济权力法》下的总统行政权力施加限制，主要包括以下四个方面。

第一，总统行使权力的条件：1977 年颁布的《国际紧急经济权力法》对于总统行使权力的前置条件——国家紧急状态的宣布——施加了限制，总统需要基于一项"整体或实质（in whole or substantial part）来源于美国境外"，且对于美国国家安全、外交政策和经济构成了"特殊且严重的威胁"（unusual and extraordinary threat）的事项，[31] 宣布国家紧急状态。

第二，权力范围：《国际紧急经济权力法》还限制了总统行使权力的范畴，相应的权力仅能用于处理紧急状态下的"特殊且严重的威胁"的目的，不可用于其他目的。[32]

第三，向立法机关咨询和报告的义务：《国际紧急经济权力法》第 204 条（a）至（c）款规定了总统与国会在权力行使时的报告与咨询义务，包括事前的咨询义务、发生时的报告义务以及

---

[31] International Emergency Economic Powers Act（IEEPA），*Pub. L.* 95 – 223，§ 202 (a)，Title II，Dec. 28，1977，91 Stat. 1626（注：《国际紧急经济权力法》，第 95 届国会第 670 号法律，第 202 条（a）款，载《法律大全》第 91 卷 1626 页）。

[32] International Emergency Economic Powers Act（IEEPA），*Pub. L.* 95 – 223，§ 202 (b)，Title II，Dec. 28，1977，91 Stat. 1626（注：《国际紧急经济权力法》，第 95 届国会第 670 号法律，第 202 条（b）款，载《法律大全》第 91 卷第 1626 页）。

事中的定期报告义务三部分。[33]

第四，一院否决条款（One-House Veto）：《国际紧急经济权力法》在颁布时，还包含了一项国会的否决条款以限制总统权力，"一院否决条款"是当时一类法律条款的总称，这些条款使得国会可以不通过立法程序而否决行政机关在相应法律下的决定。[34]

然而，后越战时代经济制裁制度的变化对于限制行政权力仅发挥了非常有限的作用。原因是多方面的，在立法技术上，《国际紧急经济权力法》对于何为"特殊且严重的威胁"并没有任何明确的标准，实践中大多仍有赖于行政机关的决断。相应的报告和咨询要求则缺乏"獠牙"，既非前置性批准机制，又缺乏违反规定时的处罚措施，实践中唯一被证明有效的立法机关监管方法是一院否决条款和削减拨款，然而一院否决条款又在1983年的"移民和归化局诉查达案"（*INS v. Chadha*）中被判违宪。[35] 另外，就法律语言的角度来说，《国际紧急经济权力法》下总统行使权力的范畴相当广泛。第203条（a）款规定，总统可以"调查、

---

〔33〕 International Emergency Economic Powers Act（IEEPA），*Pub. L.* 95 – 223，§ 204（a）-（c），Title II，Dec. 28，1977，91 Stat. 1626（注：《国际紧急经济权力法》，第95届国会第670号法律，第204条（a）—（c）款，载《法律大全》第91卷第1626页）。

〔34〕 Rodney P. Lang，"Administrative Law-Constitutional Validity of the One-House Veto-Chadha v. Immigration and Naturalization Service"，*Land and Water Law Review*，Vol. 17，Issue 1（1982），pp. 241-256.

〔35〕 Harold Hongju Koh，"Why the President（Almost）Always Wins in Foreign Affairs：Lessons of the Iran-Contra Affair"，*Yale Law Journal*，Vol. 97，Issue 7（June 1988），pp. 1255-1342.

规定和禁止"任何"包含外国国民和公民利益的财产或交易"。[36] 尽管从立法目的的角度来说,《国际紧急经济权力法》实际上是立法机构试图限制行政机关权力的结果,然而从法律文本的角度上看,由于国会"糟糕的立法起草"(Bad Drafting),[37]《国际紧急经济权力法》实际上包含比《对敌贸易法》项下更加广泛的法律授权。

具体到经济制裁问题上,在 1981 年的"达姆斯摩尔诉里根案"(Dames & Moore v. Regan,简称"达姆斯摩尔案")中,最高法院在案件特殊的历史背景之下,通过对《国际紧急经济权力法》进行文义解释,进而扩张了总统在制裁项下的行政权力。案件的背景是 20 世纪 70 年代末美国与伊朗之间的变化。1979 年伊朗的伊斯兰革命直接导致了亲美政权巴列维王朝的垮台,取而代之的则是以霍梅尼为代表的神职人员掌权而成立的"伊斯兰共和国",新政权将美国视为头号敌人,直接导致美伊关系迅速降至冰点。在巴列维王朝时期,美国企业与伊朗进行了大量的商业合作,然而,政变发生之后,霍梅尼领导的反美政权宣布放弃与美国公司的一切交易,为这些公司留下了数百份尚未履行完毕的合

---

〔36〕 International Emergency Economic Powers Act (IEEPA), *Pub. L.* 95 - 223, § 203 (a), Title II, Dec. 28, 1977, 91 Stat. 1626 (注:《国际紧急经济权力法》, 第 95 届国会第 670 号法律, 第 203 条 (a) 款, 载《法律大全》第 91 卷第 1626 页)。该法于 1977 年颁布时, 203 条 (a) 款译文为:(a) 在 202 条规定的范围和时间下, 总统可以通过命令、许可或其他形式在其所颁布的文件中规定以下内容:(A) 调查、规定和禁止以下内容:(i) 任何外汇交易;(ii) 任何经过、通过或向银行进行的信用转移或支付, 只要相应的信用转移或支付包含任何外国或外国公民的利益;(iii) 任何货币和证券的进出口; 以及 (B) 调查、禁止、命令、强制、撤销、无效、阻止或禁止——任何对于交易或者财产的收购、持有、保留、使用、转让、撤回、运输、进口及出口, 或者处理, 或者行使任何权利、权力或特权, 只要外国国家或公民在相关的财产或交易拥有任何利益。

〔37〕 Harold Hongju Koh, "Why the President (Almost) Always Wins in Foreign Affairs: Lessons of the Iran-Contra Affair", *Yale Law Journal*, Vol. 97, Issue 7 (June 1988), pp. 1255-1342.

同和总金额高达 80 亿美元的损失。[38] 这些公司试图在美国地方法院对伊朗政府和国有企业提起诉讼,以期从相关实体在美国境内的财产中获得赔偿。

1979 年 11 月 4 日,4000 余名伊朗学生在德黑兰占领了美国使馆并扣押了 66 名美国公民作为人质,即著名的"伊朗人质危机"事件。同日,伊朗外交部长宣布伊朗将取出所有在美国银行的资产。[39] 为应对危机,卡特总统立即根据《国际紧急经济权力法》宣布国家进入紧急状态,并冻结了美国所控制的所有伊朗政府财产,对伊朗实施制裁。11 月 5 日,海外资产管理办公室发布一项规定称,"除非得到许可或授权……否则任何诉前保全、判决、裁定、留置、执行、传票或其他与任何包含伊朗利益的司法程序无效"。而在 11 月 16 日,卡特总统批准了一项一般许可,允许提起部分针对伊朗的诉讼。原告达姆斯摩尔公司在 12 月 19 日对伊朗政府、伊朗原子能组织和相关伊朗银行提起诉讼并胜诉,但在等待被告提出上诉之前暂缓执行判决。

直至 1981 年 1 月,在阿尔及利亚的调停之下,美国与伊朗达成一项行政协议。作为伊朗释放人质的条件,美国政府同意终止所有在美国境内对伊朗提起的诉讼,并宣布这些诉讼将由在海牙设置的一个专门的伊朗索赔法庭解决,[40] 并同意在 1981 年 7 月 19 日之前将美国冻结的所有伊朗资产转移出去,其中的 10 亿美元转至一个安全账户,用于支付伊朗索赔法庭的判决。但这一行

---

[38] Lee R. Marks & John C. Grabow, "President's Foreign Economic Powers After Dames & Moore v. Regan: Legislation by Acquiescence", *Cornell Law Review*, Vol. 68, Issue 1 (1982-83), pp. 68-103.

[39] Randy Ellen Gottlieb, "Executive Authority in Foreign Affairs: Dames & Moore v. Regan", *Brooklyn Journal of International Law*, Vol. 8, Issue 2 (Summer 1982), pp. 451-474.

[40] John Yoo, "National Security and the Rehnquist Court", *George Washington Law Review*, Vol. 74, Issue 5 (August 2006), pp. 1144-1170.

政协议由卡特总统与伊朗方面达成，并未经过国会的批准。[41] 1981 年 2 月 24 日，里根总统在上任初期发布了一项行政命令，批准了卡特总统之前的行动，并暂停了所有可能提交给海牙索赔法庭的诉讼请求。随后，达姆斯摩尔公司向法院提起诉讼，认为总统的行为超出其宪法和法定权力而构成违宪，对原告的判决执行构成了不利影响。

鉴于案件的特殊时间要求，最高法院在口头辩论仅仅 8 天之后就作出了判决，驳回了原告的诉讼请求[42]，认定总统在《国际紧急经济权力法》之下通过行政命令的形式宣布所有对伊朗诉讼终止的行为符合国会对于总统的授权，并未违反宪法规定。法官在判决中有意忽略了《国际紧急经济权力法》的立法历史，通过扩张性的文义解释界定了总统在《国际紧急经济权力法》项下的广泛权力。撰写判决书的伦奎斯特大法官认为，从法律文本的角度来看，《国际紧急经济权力法》授权总统"强制"、"废除"或"禁止"任何与外国有利益关系且受美国管辖的财产转让或其他交易行为，[43] 本案中总统权力的行使并未超出《国际紧急经济力法》的范畴。

在随后的两起案件中，司法机关再次限缩了经济制裁领域下立法机关的权力，在 1983 年的"移民和归化局诉查达案"中，最高法院宣布，美国法律当中的一院否决条款违反了三权分立原则，构成违宪因而无效。[44] 而在 1984 年的"里根诉瓦尔德案"

---

[41] Lee R. Marks & John C. Grabow, "President's Foreign Economic Powers After Dames & Moore v. Regan: Legislation by Acquiescence", *Cornell Law Review*, Vol. 68, Issue 1 (1982–83), pp. 68–103.

[42] Lee R. Marks & John C. Grabow, "President's Foreign Economic Powers After Dames & Moore v. Regan: Legislation by Acquiescence", *Cornell Law Review*, Vol. 68, Issue 1 (1982–83), pp. 68–103.

[43] *Dames & Moore v. Regan*, 453 U. S. 654 (1981).

[44] *INS v. Chadha*, 462 U. S. 919 (1983). 当时美国立法中的一院否决条款非常普遍，1970 年至 1975 年的 89 部法律中至少有 163 个此类条款。

（*Regan v. Wald*）中，最高法院则认可了在《对敌贸易法》及《国际紧急经济权力法》下，总统拥有禁止美国公民前往古巴旅行的权力。[45] 至此，在经济制裁领域项下，国会近乎丧失了所有针对行政行为的限制，理论上仅能通过立法的方式来否决总统的决定。

此外，在整个外交领域，法院也未能对总统扩张性的行政权力施加有效的限制。实践中，法院在涉及外交问题的案件中通常仅能在两个极端之间选择，要么对行政部门执行"法治"，要么彻底放弃其司法职能，这种看法在美国被称为"马布里观点"。[46] 然而，实践中，由于案件涉及政治问题、国际事实以及行政部门的专业知识，法院坚持纯粹的法治路线并不现实，因此在涉及外交问题的实质性争议时，法院往往选择尊重行政部门的意见。在此背景之下，当事人很难通过法院体系推翻行政部门在经济制裁事项上做出的决定。

总体而言，从朝鲜战争到20世纪末是美国制裁制度不断完善化和常态化的时期，随着海外资产管理办公室的建立、后越战时代国会有关法律的出台以及最高法院在20世纪70年代至80年代的司法判例，一方面制裁的规则和行政管理趋于完善，另一方面以总统为核心的行政机关在经济制裁方面的主导权力也进一步得到确认。但较之21世纪末及21世纪初，美苏争霸时期经济制裁作为美国政治工具发挥的作用相对有限。资本主义阵营和社会主义阵营对立的世界格局降低了经济制裁的实施效果，即便美国宣布对一国实施经济制裁，该国也可以通过与东欧集团的贸易活动

---

〔45〕 *Regan v. Wald*, 468 U. S. 222（1984）.

〔46〕 Bradley, Curtis A. , "Chevron Deference and Foreign Affairs", *Virginia Law Review*, Vol. 86, Issue 4（May 2000）, pp. 649–726.

化解压力并减小损失,[47] 从而使得美国单边制裁的目的难以实现。苏联解体之后,美国开始更加频繁地使用经济制裁措施。据统计,美国在 1993 年至 1998 年的 5 年间共实施 61 次经济制裁,超过了第一次世界大战起至 1993 年的数量总和。[48]

(三) 21 世纪的经济制裁:反对恐怖主义与金融制裁

1. 经济制裁与反对恐怖主义

9·11 事件和恐怖主义赋予了美国 21 世纪经济制裁新的时代意义。实际上,早在 20 世纪 70 年代左右,打击恐怖主义活动就已经逐渐成为美国经济制裁的一项目标。在当时的背景下,恐怖主义活动相继引发了 1972 年慕尼黑奥运会以色列运动员被害、1988 年洛克比空难等事件。然而,直至 2001 年 9·11 事件发生之后,恐怖主义才真正成为美国经济制裁的核心目标之一,9·11 事件深刻地改变了美国经济制裁的结构和机制。布什总统于 2001 年 9 月 25 日颁布了 13224 号行政命令,[49] 并创建了一份"特别指定的全球恐怖分子" (Specially Designated Global Terrorist, 简称 SDGT) 名单,将美国政府认定为恐怖分子的组织和个人列入名单,对其实施制裁。

同年 10 月 26 日,布什总统签署了《爱国者法》 (USA Patriot Act),以遏制和惩罚美国及世界各地的恐怖主义行为,并加强执法调查工具。国家安全和切实的恐怖主义威胁使得《爱国者法》的立法目的包含了发现和预防恐怖主义犯罪的功能性要求,并允

---

[47] C. Joy Gordon, "Smart Sanctions Revisited", *Ethics and International Affairs*, Vol. 25, No. 3, Fall 2011, p. 315-335.

[48] Adam Smith, "A High Price to Pay: The Costs of the U. S. Economic Sanctions Policy and the Need for Process Oriented Reform", *UCLA Journal of International Law and Foreign Affairs*, Vol. 4, Issue 2 (Fall/Winter 1999-2000), pp. 325-376.

[49] *Executive Order* 13224-*Blocking Property and Prohibiting Transactions With Persons Who Commit*, *Threaten To Commit*, *or Support Terrorism*, https://www.treasury.gov/resource-center/sanctions/Documents/13224.pdf.

许执法机关调查恐怖主义犯罪时，在未取得法院搜查令的情况下，可以先进行搜查或扣押行动。[50] 在制裁执法过程中，海外资产管理办公室在很长时间内曾利用这一规则，在调查未决且没有不正当行为证据的情况下冻结相关主体的资产。[51]

2012年的"阿尔哈拉曼伊斯兰基金诉美国财政部案"（Al Haramain Islamic Foundation, Inc. v. U. S. Dep't of Treasury，简称"哈拉曼基金案"）反映出司法系统在经济制裁事务上对于行政部门决定的顺从。原告"阿尔哈拉曼伊斯兰基金"是一家在俄勒冈州注册的美国非营利组织，海外资产管理办公室在未取得搜查令的情况下，对该基金亚什兰办公室进行了搜查，并冻结了基金在美国国内的资产。随后，海外资产管理办公室基于13224号行政命令，认定该基金为"特别指定的全球恐怖分子"。在整个调查过程中，海外资产管理办公室使用机密信息，并拒绝向原告披露调查及指定其为恐怖分子的原因和证据。原告认为：一是就海外资产管理办公室的行政行为而言，被告将原告指定为"特别指定的全球恐怖分子"是不合理的；二是海外资产管理办公室对机密信息的使用违反了宪法第五修正案下的正当程序（due process）权利，在指定其为"特别指定的全球恐怖分子"的过程中，海外资产管理办公室应当给予原告适当的通知和有意义的回应机会；三是海外资产管理办公室在未取得搜查令的情况下冻结原告的资产，违反了宪法第四修正案下"不得不合理的扣押"（unreasonable seizure）的规定。

美国第九巡回法院的观点为：一是在海外资产管理办公室将

---

〔50〕 Uniting and Strengthening America by Providing Appropriate Tools Required to Intercept and Obstruct Terrorism Act of 2001 (USA PATRIOT ACT), *Pub. L.* 107-56, § 213, Oct. 26, 2001, 115 Stat. 272 (注：《美国爱国者法》，第107届国会第56号法律，第213条，载《法律大全》第115卷第272页)。

〔51〕 Richard Scott Carnell, Jonathan R. Macey, Geoffrey P. Miller: *The Law of Financial Institutions (Sixth Edition)*, 2017, p. 632.

原告指定为"特别指定的全球恐怖分子"的行政行为合理性问题上,司法机关在一个国家安全、外交政策和行政法交叉的领域——极其顺从(extremely deferential)[52]于行政机关的决定。二是海外资产管理办公室确实违背了宪法上的正当程序权利,应当给予原告适当的通知以及合理的回应机会,但这种错误是无害的,且对于原告而言,也没有任何司法救济。三是海外资产管理办公室在没有搜查令的情况下冻结了原告的资产,这违反了宪法的规定,对于搜查令要求的例外适用应当是有限的,法院认为并不适用于海外资产管理办公室的行政行为。[53]总体而言,尽管海外资产管理办公室基于《爱国者法》下的扩张性权力遭到法院一定程度上的限制,但"哈拉曼基金案"本身也从侧面反映出司法机关在实体性权力上对行政机关的顺从并未改变,这种顺从很大程度上来源于法院在长久以来所形成的对于外交事务和国家安全问题的观点。基于制裁本身的外交事务、国家安全和行政属性,行政机关拥有极大的自由裁量权,且这一权力在实体上是几乎不受司法审查的。

2. 金融制裁的发展

9·11事件以后,美国财政部将反恐怖主义战场的重心转移到了金融领域。[54]在制裁的早期历史当中,传统金融制裁的手段主要是冻结被制裁对象在美国管辖权范围内的财产,包括货币和有价证券等,至少早在第一次世界大战时期,美国就已经开始运用这一手段。在伊朗人质危机期间,卡特总统也通过金融制裁

---

〔52〕 顺从(deference)是指决策者用他人的判断来代替自己的判断——是美国宪法教条的一项普遍工具。Darrell Widen, "Judicial Deference to Executive Foreign Policy Authority", *Chicago-Kent Law Review*, Vol. 57, Issue 1 (1981), pp. 345-372.

〔53〕 *Al Haramain Islamic Foundation, Inc. v. U. S. Dep't of Treasury*, 686 F. 3d 965 (9th Cir. 2012).

〔54〕 何为、罗勇:《你所不知的金融探头——全球金融机构与美国的金融制裁和反洗钱》,社会科学文献出版社 2019 年版,第 6 页。

手段，冻结了伊朗在美国银行的财产。9·11 事件以后，美国金融制裁的方式变得更加多样化，核心手段从冻结被制裁对象在美国的资产转变为限制其使用美元进行结算交易。在执法对象上，则不仅限于被制裁对象，还通过大量处罚跨国金融机构迫使其成为美国制裁的"触角"，为金融制裁的实施提供协力。美国金融制裁方式的转变得益于以下三个原因。

第一，美元的核心货币角色。长期以来，在国际货币市场上，美元无论是在交换媒介、记账单位以及储存价值功能上，均扮演核心角色，[55] 由于美元的高流通性和高接受度，从国际金融机构到恐怖分子，均需要通过美元进行结算交易。有统计结果表明，如果将欧洲视作一个地区，不考虑欧元区内部的跨境结算问题，美元结算占国际贸易结算总额的 81%以上。[56]

第二，统一电子化的美元国际结算体系的发展。美元跨境清算的重要基础设施 CHIPS 成立于 1970 年，[57] 而 SWIFT 系统作为首个格式统一、安全高效的跨境支付信息传输网络，于 1973 年正式建立。[58] 随着电子信息技术和计算机网络的发展，通过软件自动筛查数量和金额庞大的跨境美元结算日常交易成为可能，推动了能够自动过滤结算交易、筛查潜在违法交易的电子合规软件的发展。

第三，现代企业合规制度的构建。企业合规可以追溯至 20 世

---

〔55〕 Joshua P. Zoffer, "The Dollar and the United States' Exorbitant Power to Sanction, Symposium on Unilateral Targeted Sanctions", *AJIL Unbound*, Vol. 113, pp. 152-156.

〔56〕 何为、罗勇：《你所不知的金融探头——全球金融机构与美国的金融制裁和反洗钱》，社会科学文献出版社 2019 年版，第 26 页。

〔57〕 Federal Reserve Bank of New York, *CHIPS*, https://www.newyorkfed.org/about-thefed/fedpoint/fed36.html.

〔58〕 "Susan V. Scott & Markos Zachariadis, Origins and Development of SWIFT, 1973-2009", *Business History*, Vol. 54, No. 3, June 2012, pp. 462-482.

纪 60 年代早期,距今已有大约 60 年的历史。[59] 合规要求企业进行自我监管,确保自身不违反相应的法律、监管规则或制度规范,金融机构通过建立专业合规部门及合规团队发现交易中潜在的违反制裁的问题。另外,企业在违反行政监管法规的情形下,美国政府能够通过与企业达成行政和解等形式,要求其完善合规措施,将合规视作一种行政监管手段。合规制度为行政机关直接介入企业公司治理提供了法律依据。在金融制裁领域,要求改进外国金融机构合规措施的首次行政监管行为源于美国在 2005 年对于荷兰银行的行政处罚,执法机关以荷兰银行违规为伊朗和利比亚实体提供美元清算业务为由,要求其根据美国联邦和州法律,增强其全球制裁及反洗钱监管合规措施。[60]

9·11 事件以后,反恐的目的一定程度上为美国在全球范围内实施金融制裁提供了正当性,减小了金融制裁的实施阻力。美国通过监管机关检查、电子软件数据筛查、内部人举报、新闻媒体、同业监督等手段,对其他国家和跨国金融机构施加压力,[61]迫使跨国金融机构协助美国实施制裁行动,使得美国通过金融制裁,将单边制裁转向多边化。正如美国时任财政部长保尔森在 2007 年的讲话中所称,"特别是在一些被认为是政治声明的,广泛的、全国性的制裁中,我们很难说服其他政府和私人企业加入相应的制裁行动……然而,当我们针对那些实施非法活动的实体采取金融措施时,情况却发生很大改观。当我们基于可靠的金融情报建立起基于行为的案例时,就很容易达成多边利益协调。其

---

[59] Todd Haugh, "The Power Few of Corporate Compliance", *Georgia Law Review*, Vol. 53, Issue 1 (Fall 2018), pp. 129-196.

[60] Paul L. Lee, "Compliance Lessons from OFAC Case Studies-Part I", *Banking Law Journal*, Vol. 131, Issue 8 (September 2014), pp. 657-687.

[61] 例如,据《纽约时报》2006 年的报道,SWIFT 系统在 9·11 事件之后一直基于反恐怖主义目的向美国政府提供大量的金融交易信息。详见 Eric Lichtblau and James Risen, "Bank Date Sifted in Secret by U.S. to Block Terror", *The New York Times*, June 23, 2006.

他国家即便不是我们的亲密盟友，也很难拒绝采取针对性措施来孤立那些明显威胁人权或全球安全的对象，多边支持对于当今世界金融制裁措施的成功至关重要"。[62] 笔者通过图 1 对海外资产管理办公室近十年的行政处罚数据进行了整理，可以看出，尽管在处罚数量上，金融制裁案件仅占处罚案例总数的 42.50%，但在罚金总额上却占到了 92.94%。并且近十年来，海外资产管理办公室罚金总额排名前十位的实体均为欧洲金融机构（详见表 1）。

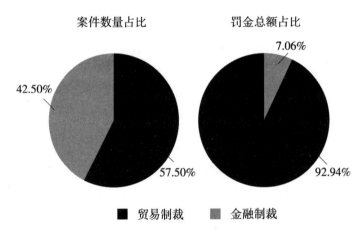

图 1　2010—2020 年 6 月 30 日海外资产管理办公室对制裁的处罚情况[63]

---

〔62〕 Henry Paulson, *Remarks by Treasury Secretary Paulson on Targeted Financial Measures to Protect Our National Security*（*June* 14, 2007）, https：//www. treasury. gov/press-center/press-releases/Pages/hp457. aspx.

〔63〕 来源：根据美国财政部海外资产管理办公室官网公布的近十年处罚数据整理。https：//www. treasury. gov/resource-center/sanctions/CivPen/Pages/civpen-index2. aspx.

表1 2010—2020 年 6 月 30 日海外资产管理办公室罚金排名前十的实体[64]

编号	时间	企业名称	总部	金额(美元)
1	2014	BNP Paribas SA 巴黎银行	法国	963 619 900
2	2019	Standard Chartered Bank 渣打银行	英国	657 040 033
3	2012	ING Bank N. V. 荷兰国际集团	荷兰	619 000 000
4	2019	UniCredit Bank AG 联合信贷银行	德国	611 023 421
5	2012	HSBC Holdings plc 汇丰银行	英国	375 000 000
6	2015	Crédit Agricole Corporate and Investment Bank 法国农业信贷银行	法国	329 593 585
7	2015	Commerzbank AG 德国商业银行	德国	258 660 796
8	2010	Barclays Bank 巴克莱银行	英国	176 000 000
9	2014	Clearstream Banking, S. A 明讯银行	卢森堡	151 902 000
10	2012	Standard Chartered Bank 渣打银行	英国	132 000 000

(四) 小结

可以从经济制裁历史发展当中得出的初步结论包括：

第一，经济制裁制度源于军事冲突和战时对外经济管制。第一次世界大战以后，鉴于经济制裁作为美国政治工具的地位凸显，制裁开始独立于军事战争，转变为国家紧急状态权力。但制

---

[64] 来源：根据美国财政部海外资产管理办公室官网公布的近十年处罚数据整理。https：//www. treasury. gov/resource－center/sanctions/CivPen/Pages/civpen－index2. aspx. 说明：(1) 以上数据仅包含违反制裁而遭受的罚款金额，不包括因同时违反其他法律而遭受的罚款以及没收违法所得的金额。例如在巴黎银行案例当中，该行违法行为实际遭受的罚金总额为 89. 736 亿美元，其中因制裁而遭受海外资产管理办公室的罚金总额为 9. 636 亿美元。(2) 罚金总额按照海外资产管理办公室网站公布的数据统计，其中，中兴通讯按照 2017 年和解协议的金额进行统计，为 100 871 266 美元，位列第 11 位。然而中兴通讯在考察期内再次因虚假陈述而遭到追加罚金，超出了 2017 年的罚金总额。但此项加罚金并不在本文统计之列，详见美国商务部网站发布的公告：https：//www. commerce. gov/news/press－releases/2018/06/secretary－ross－announces－14－billion－zte－settlement－zte－board－management。

裁制度本身仍然深受战时管制的逻辑思路的深刻影响。

第二，美国经济制裁一方面属于外交领域，另一方面涉及国家安全价值，二者叠加形成了以总统为核心的行政部门在制裁问题下的主导地位，行政机关在制裁事项下拥有广泛的自由裁量权，并缺乏立法权和司法权的制约。行政权力主导地位的形成来自于一系列历史事件、法律授权和司法判例，总的来说：一是在外交领域，总统广泛的自由裁量权一方面来自最高法院 1936 年寇蒂斯案以及"马布里观点"所形成的对外交领域权力来源和权力界分的理念；另一方面也来源于在 1976 年及 1977 年的《国家紧急状态法》和《国际紧急经济权力法》两部立法的基础之上，国会对美国内外部紧急状态的界分，以及在外部紧急状态情况下对总统的广泛授权。二是在国家安全价值方面，首先，基于 1952 年"钢铁没收案"下杰克逊大法官提出的国家安全经典分权框架，最高法院在"达姆斯摩尔案"中对国会 1977 年颁布的《国际紧急经济权力法》做了极其宽泛的、明示性授权解释，导致行政机关拥有了广泛的自由裁量权。其次，由于国会对行政行为的授权和法院对行政机关的顺从，这种广泛的权力呈现出缺乏制约的状态。在 21 世纪反对恐怖主义带来的"犯罪预防"的需求之下，行政权力通过《爱国者法》得到了进一步扩张。

第三，21 世纪以后，美国经济制裁手段的一项重要转变是金融制裁的广泛使用。美国从早期的"冻结资产"转向"限制美元金融交易"，通过建立在美元国际结算体系之上的金融制裁手段，美国开始对大型跨国金融机构进行处罚，并迫使其对制裁提供协力，使得美国单边制裁走向多边化。

三、美国经济制裁的制度解构

(一) 制裁计划与制裁名单

根据《国际紧急经济权力法》的规定，如果存在一项整体或实质来源于美国境外的，对于美国国家安全、外交政策和经济构成了特殊且严重威胁的事项，总统可以通过发布行政命令（Executive Order）的形式，宣布该事项构成一项"国家紧急状态"，从而授权执法机关实施制裁。《国际紧急经济权力法》并未界定何者为对国家安全的"特殊且严重威胁"，实践中，构成威胁的事由包括恐怖主义、大规模杀伤性武器、民主人权及腐败问题、毒品交易、跨国犯罪等。

海外资产管理办公室在执法过程中，会基于总统行政命令的实施范围，将经济制裁按照不同的制裁计划（Sanction Programs）进行分类。截至 2020 年 8 月，美国共有 34 个现行有效的制裁计划，[65]绝大多数制裁计划按照国家分类（例如伊朗、古巴以及朝鲜制裁等），但也有针对特定组织或行为的制裁计划（如反对恐怖主义制裁、禁毒制裁以及外国干涉美国选举制裁等）。

事实上，我们可以将每个制裁计划看作一个独立的法律法规体系，在《国际紧急经济权力法》的权力范围之内，一个制裁计划可能包含联邦法律，总统的行政命令，海外资产管理办公室发布的各类执行规则、许可和解释等。例如，伊朗制裁计划包括 11 部法律，25 个现行有效的行政命令，以及海外资产管理办公室发布的大量通知、许可和指引文件，还包括美国执行的 7 个联合国

---

〔65〕 U. S. Department of Treasury, *Sanctions Programs and Country Information*, https：//www. treasury. gov/resource-center/sanctions/Programs/Pages/Programs. aspx.

安理会决议。[66] 一般而言，这些文件对于商事主体均具有法律效力。

为了增强制裁计划的可理解性和可执行性，海外资产管理办公室通过制裁名单的形式对其进行管理。其中最普遍适用的制裁名单是"特别指定的国民及冻结实体名单"（Specially Designated Nationals and Blocked Persons List，简称 SDN 名单）。SDN 名单包括被制裁国家所拥有、控制或以其利益行动的个人或组织，也包括基于制裁计划下从事特定行为的实体（例如美国认定的恐怖分子或毒品贩子）。相关主体被列入 SDN 名单的基本法律后果在于，其在美国管辖权下的资产将被冻结，且将不被允许与美国实体进行交易。[67] 一般来说，美国行使管辖权可能基于以下几类原因：一是交易位于美国境内。二是交易包含美国实体，一些制裁计划会将美国实体扩大到美国公司在境外的子公司。三是交易包含美国商品或服务。除此之外，美国还会对某些实体实施"次级制裁"（Secondary Sanctions），海外资产管理办公室会在 SDN 名单中对次级制裁的实体进行标注。原则上，美国禁止任何实体与遭受次级制裁实体之间的交易，不论交易是否位于美国境内或包含美国实体与财产。次级制裁所依据的是所谓的保护或效果管辖原则（Protective or Effects Jurisdictional Principles）。[68]

除 SDN 名单之外，海外资产管理办公室还会对特定制裁计划或特定法律下的实体制定单独的制裁名单，这些单独的制裁名单

---

[66] U. S. Department of Treasury, *Iran Sanctions*, https：//www. treasury. gov/resource - center/sanctions/Programs/Pages/iran. aspx.

[67] U. S. Department of Treasury, *Specially Designated Nationals And Blocked Persons List (SDN) Human Readable Lists*, https：//www. treasury. gov/resource - center/sanctions/SDN - List/Pages/default. aspx.

[68] Jeffrey A. Meyer, "Second Thoughts on Secondary Sanctions", *University of Pennsylvania Journal of International Law*, Vol. 30, Issue 3 (Spring 2009), pp. 905-968.

被统称为"综合制裁名单"（Consolidated Sanctions List）。[69] 总体来说，制裁名单使得海外资产管理办公室能够对被制裁对象实施有针对性的管理措施，同时也为参与交易的商事主体创造一个相对简便易行的合法性查询与判断途径。

鉴于美国经济制裁制度本身的复杂性，当商事交易主体不确定交易本身是否违反制裁时，可以向海外资产管理办公室寻求解释性指引（Interpretative Guidance）。当交易本身违法，但商事交易主体认为交易并不违背制裁目的时，还可以向海外资产管理办公室申请许可（License）。海外资产管理办公室发布的许可包含一般许可和特殊许可两类：一般许可针对一类特定人群或一种特定交易，会由海外资产管理办公室在财政部网站上公开发布；而特殊许可则应申请而发布，申请标准和决策过程均不透明，许可证本身也并不公开。实践中，海外资产管理办公室每年会处理数以万计的解释性指引或许可请求。[70]

（二）经济制裁的法律后果

中国商事主体在国际贸易和金融活动当中深受美国经济制裁的影响。中资企业遭受美国行政机关处罚甚至面临刑事指控的案例屡见不鲜。按照法律后果的严重性程度来说，中资企业违反经济制裁可能面临的处罚包括以下四种类型。

第一，行政机关罚款。根据《国际紧急经济权力法》的规定，行政机关的罚款金额不超过25万美元或违法交易2倍金额的

---

〔69〕 U. S. Department of Treasury, *Consolidated Sanctions List Data Files*, https：//www. treasury. gov/resource-center/sanctions/SDN-List/Pages/consolidated. aspx.

〔70〕 Court E. Golumbicf, Robert S. Ruf, "Leveraging the Three Core Competencies：How OFAC Licensing Optimizes Holistic Sanctions", *North Carolina Journal of International Law and Commercial Regulation*, Vol. 38, Issue 3（Spring 2013）, pp. 729-808.

更高者。[71] 也就是说，罚款金额上限会随着违法交易金额的增长而快速增长。实践中，中兴（2017）、中海油服新加坡子公司（2017）以及烟台杰瑞（2018）等企业均曾因违反经济制裁而遭到海外资产管理办公室罚款。

第二，刑事犯罪指控。如相关交易构成刑事犯罪，则将面临100万美元以下的刑事罚款以及不超过20年的监禁。[72] 典型案例为中兴（2017）、华为（2019—2020）面临的刑事指控。

第三，行政机关执法行动或刑事指控伴随而来的合规改进要求。实践中，包括行政机关直接介入企业人事任免、部门设置、业务调整，或要求企业配合调查、上报信息、任命独立监督员等一系列措施。典型案例为中兴（2017），国际上的相关案例还包括荷兰银行（2005、2010）、渣打银行（2012）、汇丰银行（2012）、巴黎银行（2014）等。[73]

第四，列入 SDN 名单。如果海外资产管理办公室认定相关对象是按照被制裁国家利益行动的实体，或者从事了制裁计划项下的某些行为（如涉及恐怖主义、大规模杀伤性武器、毒品犯罪、民主及人权问题等），可能会将相关实体列入 SDN 名单。

（三）小结

总的来说，美国经济制裁的特点包括：一是行政机关的高度自由裁量权。在制裁规则的启动方面，总统可以通过发布行政命令的形式宣布威胁并实施制裁。在规则实施层面，以海外资产管

〔71〕International Emergency Economic Powers Act（IEEPA），*Pub. L.* 95 - 223，§ 206（b），Title II，Dec. 28, 1977, 91 Stat. 1626（注：《国际紧急经济权力法》，第95届国会第670号法律，第206条（b）款，载《法律大全》第91卷第1626页）。

〔72〕International Emergency Economic Powers Act（IEEPA），*Pub. L.* 95 - 223，§ 206（c），Title II，Dec. 28, 1977, 91 Stat. 1626（注：《国际紧急经济权力法》，第95届国会第670号法律，第206条（c）款，载《法律大全》第91卷第1626页）。

〔73〕Paul L. Lee，"Compliance Lessons from OFAC Case Studies - Part II"，*Banking Law Journal*，Vol. 131, Issue 9（October 2014），pp. 717-766.

理办公室为主的行政机关可以通过发布规则、许可和解释性指引的形式不时对制裁计划进行调整，还可以通过不时更新 SDN 名单的形式修订制裁对象的范畴。二是制裁规则的复杂性。现行制裁制度包括 34 项制裁计划，每个制裁计划均可看作一个在《国际紧急经济权力法》统合授权之下的独立法律体系（除古巴制裁仍为《对敌贸易法》授权之外），包含多个位阶的法律和法规。事实上，制裁体系和范围的多样性、法律规定的复杂性及规则更新的不稳定性，使得面临潜在风险的商事主体在国际经济和金融交易时如履薄冰，并大大增加了相关主体的合规成本。据统计，大中型金融机构（3000—5000 亿美元资产）雇佣的制裁合规员工的中位数是 175 人，花费在合规工作上的成本中位数为 4900 万美元。[74] 另外，实践中即便是专业的法律从业人员，在面对交易合法性问题时，也可能产生错误判断。例如，在巴黎银行案例中，该行曾于 2004 年 10 月和 2006 年 5 月就同一类型交易是否违反制裁，分别向两家律师事务所寻求法律意见，却得到了截然相反的结果，巴黎银行对于制裁违法性的错误认知得到了第一家美国律师事务所法律意见的部分支持。[75]

四、结语

从历史发展的角度来说，美国经济制裁是从传统战时经济思路衍生而来的执法措施，以外交领域的国家安全利益为核心价值。在经济制裁的发展演化过程中，由于国会的授权和法院的顺从，在经过一系列的历史事件、法律授权和司法判例之后，逐渐

---

〔74〕 何为、罗勇：《你所不知的金融探头——全球金融机构与美国的金融制裁和反洗钱》，社会科学文献出版社 2019 年版，第 130 页。

〔75〕 Paul L. Lee, "Compliance Lessons from OFAC Case Studies-Part II", *Banking Law Journal*, Vol. 131, Issue 9 (October 2014), pp. 717-766.

形成了总统为核心的、行政权力主导的制裁体系。总统在《国际紧急经济权力法》之下享有国会的广泛授权，制裁制度的实施很大程度上基于行政机关的自由裁量，且缺乏相应的司法救济。

从制度架构的角度来说，行政机关通过制裁计划和制裁名单等手段对经济制裁实施管理。这套高度规则导向且快速变化的复杂制度体系，给参与交易的商事主体带来了巨大的合规成本。特朗普总统执政以来，随着《2018 年出口管制改革法》《外国投资风险评估现代化法》等法律的相继颁布，美国的对外贸易、外商投资和美元结算等交易均被纳入一个更加广泛的、以国家安全利益导向的行政管理体系之下，这在很大程度上是逆全球化的。对于每个参与跨国交易的商事主体而言，都必须重新评估国家安全价值给经济活动带来的法律风险变化。从根本上来说，经济制裁等制度的实施均有赖于美国商品技术和美元的核心主导地位——短期而言，这种主导地位难以改变。从长远来看，如何在科学技术和高端商品领域抢占制高点，以及如何提高人民币在跨境结算领域的地位，是破除制裁困局的关键。

美国总统经济特权研究

——以 1917 年《对敌贸易法》及其演变为例

张圣泽[*]

摘要： 在全球经贸交往加强的背景下，特朗普政府违反国际贸易规则，对中国采取了强硬的单边主义政策，拟动用 1977 年《国际紧急经济权力法》下的总统经济特权，扩大总统在和平时期的经贸干涉权力。本文从该法前身 1917 年《对敌贸易法》的分析入手，辨析紧急经济状态的扩展过程。在比较国会立法的修改内容和司法案例的约束性规则基础上，理清权力分立架构对总统经济特权的限制。随着美国向制裁国家转变，受国家理性影响的国会、最高法院为了同行政首脑行动保持一致，倾向于减少实质制约而专注于设定程序。最后，本文在介绍相关制约机制的基础上，加入对总统经济特权常规化趋势的研究，以便于更好地把握该项权力作为政策工具的特点。

关键词： 紧急经济状态　总统经济特权　权力分立

---

[*] 清华大学法学院 2019 级博士研究生。

一、引言

自 2019 年 3 月 22 日美国公布总统备忘录起，中美双方经历了"301 调查""多次加征关税""中方反制""中美磋商"等惊心动魄的交锋。4 月 20 日，特朗普政府想要进一步在涉及半导体、5G、云计算等知识产权领域惩罚中国，因而拟考虑启用《国际紧急经济权力法》（International Emergency Economic Powers Act，简称 IEEPA）中的总统经济特权进行进出口限制。[1] 此后，特朗普也考虑过用该项权力限制中资收购或投资《中国制造 2025》名录内涉及美国战略的关联企业。[2] 直到 2020 年 3 月，美国纽约东区联邦检察官办公室指控华为及孟晚舟涉嫌欺骗银行，实质违反《国际紧急经济权力法》，与伊朗进行不正当的技术和资金往来，[3] 该法对中国的适用开始进入司法程序。本文据此将观察视域从一般的总统特权推进到总统经济特权，探求总统特权在经济领域的适用。国际上，对总统经济特权的最近一次适用是 2018 年 12 月 10 日，为应对法国国内的罢工抗议，法国总统马克龙宣布了法国的"经济与社会紧急状态"。[4] 而在美国，总统紧急状态权力存在着广泛的行政空间。该项特权来源于宪法第二条"总

---

〔1〕 周远方：《美国再次威胁或启动"国家紧急状态"限制中国》，载观察网，https：//www. guancha. cn/america/2018_ 04_ 20_ 454369. shtml，最后访问日期：2019 年 3 月 10 日。

〔2〕 肖恩·唐南：《特朗普将动用紧急权力反制中国制造》，载《金融时报》，http：//www. ftchinese. com/story/001078155？ full=y&archive，最后访问日期：2018 年 6 月 25 日。

〔3〕 Department of Justice U. S. Attorney's Office Eastern District of New York News, https：//www. justice. gov/usao-edny/pr/chinese-telecommunications-conglomerate-huawei-and-huawei-cfo-wanzhou-meng-charged，最后访问日期：2020 年 5 月 18 日。

〔4〕 李东尧：《马克龙宣布法国进入"紧急经济状态"马克龙宣布法国进入"紧急经济状态"》，载观察网，https://www. guancha. cn/internation/2018_ 12_ 11_ 482831. shtml，最后访问日期：2019 年 2 月 11 日。

统军事权力"（"总统为合众国陆海军总司令"），[5] 自 1976 年以来，共有 65 次由总统宣布进入的"国家紧急状态"，其中 36 份命令至今有效。[6] 此外，未经国会批准而由总统宣布的紧急状态频频出现，甚至得到了行政命令的不断延长，直至"长久的紧急状态"。[7] 由紧急状态权力扩展而来的总统紧急经济权力也不断扩展，从最开始的战时调控手段变为当前的常规化政策工具。

理论上对于总统特权有效性的讨论，集中在明晰权力界限、解释或填充规则内容、重塑权力制约结构以及探寻特权本质等方面。但是，当总统启用紧急经济权力而非一般性紧急权力时，如何从现行法律去认识这一经济特权的溢出性影响，以及更进一步地，如何理解法律对经济特权制约的限度这一具体问题，还未得到应有的关注和回应。适用总统经济特权带来的国家风险提升，使得本文着重于对理论研究进行挖掘，同时回应现实关切。

二、扩展：紧急经济状态

在古典国家治理的框架下，学者就权力配置和平衡问题有不同的安排，其中安排紧急状态下的国家权力是不可回避的。最初，紧急状态（Emergency）代表着与常规状态的割裂。但是到了现代，紧急状态则表示"停止先前的状态"，是一种对特定事件的限制，并没有超越法治范围。在罗马的独裁官制度（Dictatorship）

---

〔5〕《美国宪法》第 2 条第 1 款、第 2 款、第 3 款。

〔6〕 Brennan Center For Justice, https://www.brennancenter.org/sites/default/files/analysis/NEA%20Declarations.pdf.

〔7〕 Peter Edward Jeydel, Brian Egan, "How Far Can the U.S. Take Trade and Investment Restrictions on China?", *Blog International Compliance*, https://www.lexology.com/library/detail.aspx? g=0f3c6bb7-f693-4d9c-ae53-9d29b1752563，最后访问日期：2019 年 1 月 22 日。

里，罗马专政制度中蕴含了现代宪法紧急状态制度的雏形。紧急权力设置的必要性存在于现行法律规范无法及时、准确地满足现实需要之时，而将权力暂时交给可以迅速决断的行政机关或首脑。自第二次世界大战以来，美国总统频频颁布"紧急状态"的行政命令，在国家治理层面利用紧急权力深入政治、经济等方面，并出现了紧急权力代替日常行政权的趋势。对总统特权合法性与法律规制进行研究，我们可以发现两种主要的解释路径。

第一种是法外模式，持该主张的法政学者在与共和主义对手的论辩中，将紧急权力的使用排除在法律之外，以求维持法律自身的纯洁性，甚至将其视为一种特权（Prerogative）。其中洛克（John Locke）支持行政机关享有超越法律的特权，以求弥补法律规定的局限和反应迟滞，但保留了更广泛的公共福利诉求进行制约特权。波斯纳（Richard Allen Posner）将未经法律授权的特权行为视为弥补紧急时期法院和法律疏漏的实用主义调整，反对在危机时刻仍旧严格执行宪法规范，以不合时宜的法律限制公民行动。格罗斯（Oren Gross）提出更加温和的分类讨论，认为当行政特权超越宪法原则和一般法律规范时，可以借由人民决定来确认其权力行使的有效性。

第二种是成文法模式，这里的紧急状态是可以被规制的法内空间，不过需要用二分法来区分日常状态与紧急状态。代表学者有卡尔·施米特（Carl Schmitt），他认为国家的首要任务是确保国内和平稳定，因而在例外状态下可以适当地给予宪法守护者以独裁权力。克林顿·罗斯特（Clinton Rossiter）在《宪政独裁》中着重研究了施米特的宪法紧急状态安排与希特勒独裁的关系，在此基础上指出，宪政民主对例外状态的独裁具有积极的规范意义。也是在借鉴施米特理论的基础上，阿德里安·弗梅勒（Adrain Vermeule）将行政法治理的疆界分为"黑洞"（Black holes）和"灰洞"

(Grey holes) 两类。其中像"军事或外交事务的例外""听任行政裁量"一类概念就落在了"黑洞"地带。他主张紧急状态中最主要的约束来自政治和公共舆论。布鲁斯·阿克曼（Bruce Arnold Ackerman）对紧急权问题的探讨集中在自由主义国家如何应对紧急状态之上，他主张构建一种紧急状态宪法来应对如今的恐怖主义，在这种情境下国会通过新的制约机制去监督总统特权。关注历史中行政与行政法变迁的凯斯·桑斯坦（Cass R. Sunstein）则指出，从罗斯福新政时期开始强化行政权起，行政部门内部普遍认为总统享有金字塔之上的单一权力，这是现代监管政府对回应紧急状态的要求。

由此可见，紧急状态作为一种非常态的社会秩序状态，蕴含着打破常态秩序的高度危险，为了恢复正常的法律和社会秩序，通过立法和司法实践对权力的行使加以限制，是防止从一个非常态到另一个非常态的滑坡。[8] 紧急状态权力作为一种临时性特权的目的是为了应对非常态，而紧急经济状态与一般的紧急状态有差异。比如 2020 年美国股市出现了 10 天 4 次熔断的现象,[9] 可以说是历史罕见，但是美国总统并未因此宣布进入紧急经济状态。这也从一个侧面反映了紧急经济状态属于未知的不确定事件，即便许多经济学家对经济发展周期有所预测，但实务与学术界都无法对经济波动的峰值——经济危机做出准确判断。这种高度不确定性赋予了总统在紧急经济状态中较大的决策权力——凭借总统个人（行政分支）的智慧去应对紧急经济状态，衡量经济危机的影响范围和干预政策。

除了高度不确定性之外，在实践中，紧急经济状态展现出的

---

〔8〕 莫纪宏、徐高：《紧急状态法学》，中国人民公安大学出版社 1992 年版，第 240 页。

〔9〕《美股又熔断！10 天 4 次，巴菲特：……》，载中国新闻网，http://news.china.com.cn/2020-03/19/content_ 75831556. htm，最后访问日期：2020 年 5 月 27 日。

另一个特点则是对外性。这种对外性是指总统宣布的紧急经济状态更多的是具有国际外部性的经济应对，而非内产生于美国国内危机。例如，布什总统在应对恐怖主义威胁时曾表示，对国际恐怖主义的限制主要是控制组织的资金来源，对此总统经济特权可以作为有效利用的金融工具。2001 年 9 月 23 日，布什总统在第 13224 号行政命令中宣布进入紧急状态，触发了 1977 年《国际紧急经济权力法》中对恐怖组织的金融资源制裁，使得联邦机构因而获得了更大的商业封锁权力。[10]

回顾第二次世界大战以来的美国国际经济制裁立法，我们可以发现：从最初的 1917 年《对敌贸易法》、1941 年《战争权力法》、1942 年《第二次战争权力法》、1942 年《紧急物价控制法》、1943 年《战时劳工争议处理法》、1944 年《战时动员法》、1976 年《紧急状态法》，到如今频繁适用的 1977 年《国际紧急经济权力法》，一个愈加清晰的立法趋势是，在遵守宪法原则的基础上，立法机关不断对总统的经济特权进行制约。但是这种制约的努力也不乏局限，甚至可以说正是因为前序法律隐含的总统经济特权扩张的可能性，才有之后的法律修改。

以 1917 年《对敌贸易法》为例，基于前 30 年美国经济和社会改革的成功，民众的国家认同感开始逐渐提升，政府为公共目的而没收私人财产时面临的阻力较少。当战争开始时，总统作为国家的行政管理者，很快开始全面掌握联邦层面的监管、市场监督，并向社会提供保险。[11] 战时经济动员模糊了行政当局军事力量和经济力量的界限，为战时颁布的紧急经济立法做出了铺垫。凭借该法，总统授权可以在战争时期对敌对国家或个人的财

---

〔10〕 Executive Order 13224, *Office of the Coordinator for Conterterrorism*, https://www. state. gov/j/ct/rls/other/des/122570. htm，最后访问日期：2001 年 9 月 23 日。

〔11〕 Michael McGerr, *A Fierce Discontent: The Rise and Fall of the Progressive Movement in America*, 1870-1920, Oxford University Press, 2005.

产施以惩罚性制裁，但是在适用过程中该法的部分条款隐含了总统越权的危险。随着总统利用《对敌贸易法》调整美国的货币政策，延长的紧急状态成了常态。例如，总统可以凭借授权阻止国际金融交易，限制外国人持有美国资产、限制出口、限制囤积黄金、限制外国对美国公司的直接投资，以及对所有进入美国的进口商品征收关税。凭借《对敌贸易法》，总统在行使紧急权力时享有较高的自由度，历任美国总统都有将这一权力固定化、长期化的倾向，[12] 这种长时间、大范围的应用使得美国逐渐成为一个"制裁国家"。

美国不仅是世界上制裁权力应用最多的国家，而且这种制裁的适用期限逐渐成为国家行政的普遍背景。比如小布什在9·11事件后宣布的紧急状态，在 2018 年 9 月 14 日得到了特朗普的第 17 次延长。同时，从战争时期到和平时期的过渡也使得这部法律不再被适用，因而国会为了给总统经济特权附加一个**最低程度的限制**而制定了《国际紧急经济权力法》，以期总统至少在行动前征得立法当局的同意。[13]

三、限制：国会的立法策略

国会先后对《国际紧急经济权力法》进行了 8 次修订，其中 5 次是调整民事刑事惩罚力度，1 次排除某些信息材料，1 次基于 9·11 事件后反恐法案的修订，1 次回应最高法院判决调整了国会终结紧急状态的程序要求。[14] 《国际紧急经济权力法》主要在

---

〔12〕 Mary L, "Legal History as Foreign Relations History", *Emory Legal Studies Research Paper*, No. 14-298, 2014.

〔13〕 James J. Savage, "Executive Use of the International Emergency Economic Powers Act-Evolution through the Terrorist and Taliban Sanctions", *International Trade Law Journal*, Vol. 28, 2001, p. 29.

〔14〕 *The International Emergency Economic Powers Act: Origins, Evolution, and Use.*

两个方面对总统经济特权进行限制：一方面是确认经济特权授权，将总统这项权力的行使纳入法律规范范围；另一方面是施加更加清晰的权力行使程序限制。

（一）明晰授权

在《对敌贸易法》第 5 条 b 款立法之初，因商业部和财政部内部相互争夺对敌国金融交易的控制权，国会缺乏对未来战争经济条件的有效预判，对该条款讨论较少致使其条文粗疏简略，为总统裁量权预留了较大空间。[15] 该条款变化的重要转折点是由联邦储备委员会的艾略特在修正案中通过语义解释"美国与任何国家之间的交易，包括敌国、敌国的盟友、其他国家"扩大了总统特权的制裁范围。以罗斯福为例，其宣布的银行假期政策，短暂地将所有金融机构关闭，以防止经济危机扩大化。这一权力行使的理据即来自于《对敌贸易法》第 5 条 b 款授予总统"调查、规管或禁止"所有涉及外国的金融交易。[16]

因此，《国际紧急经济权力法》便进一步给总统经济特权的行使划定了界限。总统应用紧急经济权力的前提必须是为了应对"来源于或者主要来源于美国以外的，任何将会对美国国家安全、外交政策或国家经济环境造成特殊且严重威胁（Unusual or Extraordinary Threats）"。对此，美国总统拥有宣布紧急状况或进入战争状态的授权，可以基于以上威胁而宣布进入紧急状态，但是，总统宣布一次紧急状态仅能针对一项行动，如果有新的紧急权力行使，需要相应地宣布新的紧急状态。否则，就可能导致在没有合适的法律授权下，政府行为对法律的公开回避（Open-ended Circumven-

---

〔15〕 *Subcommittee on International Trade and Commerce, Trading with the Enemy: Legislative and Executive Documents Concerning Regulation of International Transactions in Time of Declared National Emergency*, Washington : U. S. Government Print Office, 1976.

〔16〕 肖金明、张宇飞:《另一类法制:紧急状态法制》,载《山东大学学报》2004 年第 3 期,第 135 页。

tion），而这种越权行为的有效或者默认不驳回，都可能使法律失去规范意义。因此，除非新行动所针对的紧急状态同之前定义和宣布的完全相同，否则总统或美国财政部海外资产管理办公室（OFAC）都需要在行动前宣布和限定现阶段的紧急状态是对国家安全、外交政策和经济非同寻常的威胁。[17]

（二）限定程序

在限定程序方面，《国际紧急经济权力法》相较于《对敌贸易法》在紧急状态的宣布前提、宣布方式、终止方式、执行期限、监督方式等方面，为总统特权的行使增加了限制。根据该法，整个紧急状态经济权力行使可分为三个基本步骤：一是由总统决定是否需要宣布紧急状态的存在，如果条件允许，总统应当事先征求国会同意；二是基于已宣布的紧急状态，由总统决定是否需要采取相应的制裁措施以及具体的制裁手段；三是当该项紧急状态的期限届满或国会审核后决定终止紧急状态，如何处理制裁涉及财产。

具体来看，即便总统无需国会授权，在宣布国家进入"紧急状态"后即可以实施广泛的经济制裁，总统仍需要事先同国会协商，否则国会通过联合决议便可不需要总统签字终止总统认定的"紧急状态"，并取消相关行动。

此外，要求总统每6个月必须向国会提交相关报告，其中包括总统认为基于《国际紧急经济权力法》采取行动对于处理特殊且严重威胁所必需的原因。与《国家紧急状态法》类似，《国际紧急经济权力法》的报告力求增加总统行政的透明度和降低跟踪成本，便于平衡**国会审查**与总统经济特权的施用。假如总统打算适用《国际紧急经济权力法》限制中国技术转让，总统有义务向

---

〔17〕 Issue of World ECR, *National Emergency Creep Threatens OFACs Good Standing*, https：//www. hollandhart. com/pdf/National_Emergency_Creep_Threatens_OFACs_Good_Standing. pdf, the journal of export controls and sanctions, 2017–11.

国会解释**为何现行法律**，例如美国外国投资委员会管辖的外国投资限制和美国出口管制规则，不能优先适用，或美国国务院和商务部门的日常行政权力无法满足其需要。

最后，对原本无期限的权力进行时间限制。在紧急状态期间，总统拥有颁布特别法规的权力，但是这些法规将会随着紧急状态的终止而失效。对紧急状态的终止，总统被赋予了近乎完全自由的裁量权。依据法律规定，即便期限届满，总统仍旧可以灵活决定是否继续适用对外资财产的限制，如果对制裁财产的限制可以减小国家面临的危险，那么总统在履行报告义务和延长紧急状态期限后便可继续维持制裁。这一规定反映了该法适用具有高度的政治性，总统拥有足够大的权力执行空间。

因此，实质上，《国际紧急经济权力法》并没有减少《对敌贸易法》授予总统的权力，国会始终支持总统经济特权的灵活性而谨慎地保持限制。作为战后国际经济制裁必不可少的一部分，这一法律并未追求全面削弱总统经济特权，而是寻求立法上的一种替代解决方案。既然立法机关不能预先充分规定紧急经济状态的应对，那么通过国会的回溯审查，国会即便不能彻底否决总统行动，也可以获得比以往更多的限制能力。

四、弹性：留给总统的空间

前文提到，国会对总统紧急经济权力的限制是一种立法策略，通过限定授权和程序合法性来保证权力不越界，但是这里法律创设的界限并不是刚性结构，毫无变通可能性，而是一种弹性结构，为总统保留了灵活的施政空间。国会出于对扣押财产处置和回应外部威胁的考量，在《国际紧急经济权力法》中仍为总统经济特权保留了弹性空间。

《国际紧急经济权利法》通过对《对敌贸易法》第 5 条 b 款进行重新设置，为总统在和平时期动用战时经济权力提供理据。将受财政和银行政策规定、调节、惩罚的敌人扩展到"美国中的任何人"，不再区分"美国公民"与"在美国境内生活的人"。[18] 如 2001 年小布什总统针对"威胁西巴尔干地区稳定的人"发布了第 13219 号行政命令，删除了以往的限定词"外国人"（Foreign）。这使得包括美国公民在内的人，都可能成为该命令的目标。此外，1976 年《国家紧急状态法》所废止的一批紧急状态法令中并不包括《对敌贸易法》第 5 条 b 款，同时对总统在 1977 年 7 月 1 日之前执行的经济特权不起作用，《对敌贸易法》中的不可追溯条款（Grandfather Clause）被排除在《国际紧急经济权力法》的程序要求之外。更进一步地，程序设定中国会对紧急状态的终止权力从未得到施用。国会对全国紧急状态的终止决议也仅有两次，分别是针对卡特里娜飓风、美国南部边境所宣布的紧急状态，并不涉及《国际紧急经济权力法》。下文将从对"关联方"的解释、法院的有限审查、制裁非国家行为者三个角度呈现《国际紧急经济权利法》留给总统的弹性空间。

（一）对"关联方"的解释

总统紧急经济权力的行使可能会因肆意穿透**关联方**。《国际紧急经济权力法》为总统提供了有效进行国家经济、国际贸易管控的"武器"，在进入紧急状态后，总统可以下令调查、停止任何交易，冻结有关方财产，相当于获得了任意干涉市场运作规则的权力。有时候这种禁止又不限于美国公司，甚至包括同美国联系紧密的国际商业主体也要遵守禁止同这些国家的进出口交易或投资的命令，商业主体以免因为金融往来而受牵连。此外，在该

---

〔18〕 马克·内奥克雷斯、唐瑭：《紧急状态、资本主义和法治》，载《南京社会科学》2007 年第 4 期，第 10—22 页。

法的实践中甚至会出现违背国际法中《日内瓦公约》第二部分对人道主义组织的保护，虽然该法的启用是由总统凭借政治标准所作的判断，但是法律中关于捐赠财产的处理创造了一种由总统判断和掌控市场经济行为的可能性。[19] 通过现代电子数据进行进一步挖掘时，《国际紧急经济权力法》很容易达至一种肆意的状态，因为任何同美国黑名单上拦截公司进行的交易都可能成为美国法上的"非法交易"，从而层层穿透至一家公司。[20] 由美国人向美国之外的公益组织捐赠时，美国当局也由此获得了管辖权，一旦总统认为两者之间的分离度（Degrees of Separation）不够大，那么即便所有权已经转移的财物亦属于该法执行的标的，美国即同时取得了对捐赠方和接收方的管辖。[21]

新的紧急状态被宣布，就意味着新的紧急权力被创立。比如总统可以在调查结果尚未明确、没有充足举证时，对外国资产进行拦截（BPI or Blocking Pending Investigation），这种违背正当程序和缺乏清晰证据的行动带来的矛盾，并没有改变"特事特办"的总统权力行使。[22] 甚至在特朗普 2017 年 8 月 24 日发布的第 13692 号行政命令第 1 条中，美国在宣布进入紧急状态后，可以冻结、没收外国政府和个人持有的美国资产，在特殊情况下享有对目标国

　　〔19〕　Jennifer R. White, "IEEPA's Override Authority: Potential for a Violation of the Geneva Conventions Right to Access for Humanitarian Organizations?", *Michigan Law Review*, Vol. 104, No. 8, Aug 2006, pp. 2019-2055.

　　〔20〕　Peter L. Fitzgerald, "Hidden Dangers in the e-Commerce Data Mine: Governmental Customer and Trading Partner Screening Requirements", *The International Lawyer*, Vol. 35, No. 1, Spring 2001, pp. 47-70.

　　〔21〕　Bruce R. Hopkins, *The Law of Tax-Exempt Organizations*, Wiley Press, 1998, p. 796.

　　〔22〕　*Islamic Am. Relief Agency* v. *Unidentified FBI Agents*, 394 F. Supp. 2d 34 (D. D. C. 2005); *Holy Land Foundation for Relief and Development* v. *Ashcroft*, 219 F. Supp. 2d 57 (D. D. C. 2002); and *Kindhearts for Charitable Humanitarian Dev. , Inc.* v. *Geitner*, 710 F. Supp. 2d 637 (N. D. Ohio 2010).

家所发行国债的豁免权。[23] 引申来看，在该行政命令的第 3 条中对于"美国人"的解释不仅包括了所有美国公民、拥有永久居民权的外国人，还包括根据美国法律或美国境内任何司法管辖区（包括外国分支机构）组织的实体，或在美国境内的任何人。[24]

（二）法院的有限审查

《国际紧急经济权力法》没有规定对总统紧急经济权力的独立司法审查权。整体上，法院只对紧急状态下**授权行动**有审查权力，而非紧急状态的宣布。如果一方想要提出司法质疑，只能通过宣称基于该法的行为违宪，并且拿到获胜的宣告判决。一般而言，最高法院在涉及国家安全的宪法裁决问题上，对行政部门的态度是恭顺的，并且认为总统宣布国家进入紧急状态是一个不可裁决的政治问题。[25] 在"吉田国际案"（*Yoshida International, Inc.* v. *United States*）[26] 中，法院确立了一项审查标准，即对紧急权力授权的评价是以行动与产生这一行动的紧急状态的关联程度为标准的。[27]

"灯塔公司案"（*Beacon Products Corp.* v. *Reagan*）中所归纳的三个

---

〔23〕 参见 Section 1. （a）All transactions related to, provision of financing for, and other dealings in the following by a United States person or within the United States are prohibited （iii） bonds issued by the Government of Venezuela prior to the effective date of this order, https：// www. whitehouse. gov/presidential－actions/presidential－executive－order－imposing－sanctions－re-spect－situation－venezuela/.

〔24〕 参见 Sec. 3. For the purposes of this order： … （c）the term "United States person" means any United States citizen, permanent resident alien, entity organized under the laws of the U-nited States or any jurisdiction within the United States （including foreign branches）, or any person in the United States, https：//www. whitehouse. gov/presidential－actions/presidential－executive－or-der－imposing－sanctions－respect－situation－venezuela/.

〔25〕 Thomas J. McCarthy, James Tysse, Caroline Wolverton, "Challenging Executive Actions Under the International Emergency Economic Powers Act", *The National Journal*, https：//www. law. com/nationallawjournal/2018/05/31/challenging－executive－actions－under－the－international－emergency－economic－powers－act/, 2018－05－31.

〔26〕 *Yoshida International, Inc.* v. *United States*, 378 F. Supp. 1155 （Cust. Ct. 1974）.

〔27〕 Congressional Research Service, *Presidential Authority over Trade: Imposing Tariffs and Duties Caitlain Devereaux Lewis Legislative Attorney*, www. crs. gov R447, 2016－12－09.

主要的争议焦点，便很好地展现了司法对于总统紧急经济权力的态度。案件的第一个焦点是关于总统实行禁运的依据是否属于司法审查范围。法官首先援引了著名的"贝克案"（*Baker v. Carr*）[28]中所确立属于"政治问题"的六项标准，用以提供形式上从可诉的法律问题中拆解出政治问题的方法。[29] 明确了关于是否存在来自尼加拉瓜对美国的紧迫威胁以提供合理的紧急状态权力来源问题的判断上，**法院既没有办法评价总统的执政判断智慧，也没有足够的资源经验去审查分析从威胁到宣布紧急状态的合理性。**但可以确定的是，总统在行使《国际紧急经济权力法》所赋予的权力时，法院可以根据对宪法和法律文本的实体性评估来确定权力界限，从而将总统宣布紧急状态的权力纳入审查范围。在这种解释路径下，法院仅需要判断总统宣布紧急状态的权力是来自国会授权还是属于其固有权力即可。第二个焦点是这部法律中关于宣布进入紧急状态和终止紧急状态权力条款的可分割性（Severability），即关于平衡总统和国会权力。国会对于**紧急状态审核的投票权**与**总统对于立法行为的签署准许**在此实现了相互妥协。第三个焦点是总统是否有权绕过国会同意来终止禁运条约，依据"戴尔诉布莱尔案"（*Dyer v. Blair*）[30] 中所确立的多元标准，不同条约的终止有不同的适用情形，政治标准才是最终确认的条件。[31]

（三）非国家行为者的制裁

紧急经济权力使得政府不仅可以针对特定国家，还可以针对个人、团体和非国家行为者提起相关诉讼。小布什总统为应对化学和生物武器扩散，第一个宣布了非地理上的紧急状态，使《国

---

[28]　*Baker v. Carr*, 369 U. S. 186.

[29]　陈承堂：《政治问题理论的衰落与重构》，载《法学研究》2012 年第 5 期，第 69—80 页。

[30]　*Dyer v. Blair*, N. D. Ill. 1975, 390 F. Supp. 1291, 1302.

[31]　*Beacon Products Corp.* v. *Reagan*, 633 F. Supp. 1191 (D. Mass. 1986).

际紧急经济权力法》开始获得了全球性的权力影响。之后，奥巴马总统在应对"跨国犯罪组织"和"从事恶意网络活动的人"的威胁时，也宣布了非地理上的紧急状态。自 2015 年 1 月以来，一旦美国政府认为某家公司或个人参与到与美国国家利益相冲突的活动中，就会根据本法提起相应的诉讼进行制裁限制。另外，随着 9·11 事件的发生，恐怖主义、网络袭击、跨国洗钱等非传统安全威胁因素开始兴起，制裁也开始针对策划、参与、执行这些活动的个人。根据《国际紧急经济权力法》之后出台的《爱国者法》，总统的紧急经济权力得到了更进一步的扩展。[32]

可以看到，以上的弹性空间为总统带来了两个方面的主要收益：其一，在技术全球化方面，信息时代的技术发展使得电子商务越来越流行，这为提高总统的自由度开拓了新空间，也削弱了国会的限制。比如在冻结、扣押财产时，总统通过对"与美国有联系"的条文解释，可强力穿透国际贸易中的财产管辖。其二，在个人层面，美国在经历各种危机之时，白宫的掌权者都对民主规则的塑造贡献了力量，比如在内战时期的林肯、大萧条时期的罗斯福等。在这些特别的时期，总统个人扮演了十分重要的角色，积极作为的总统与积极干预的政策紧密相关。[33]

五、结语

在模糊的宪法授权框架下，国会与最高法院在同扩张的总统特权相遇时，一直都是持"礼让"态度，这逐渐使总统实际而合法地享有原本模糊的紧急权力。总统在紧急状态下对经济问题的

---

〔32〕 花馨:《美国动用〈国际紧急经济权力法〉对华制裁的影响及应对措施》，载《中国财政》2018 年第 11 期，第 77—79 页。

〔33〕 Michael A. Genovese, "Democratic Theory and Emergency Power of the President", *Presidential Studies Quarterly*, Vol. 9, No. 3, Summer 1979, pp. 283–289.

解决使其因此获得了更大的权威，比如在经济宪法的研究中，国家紧急经济条款的启用，使得总统拥有在经济安全审查、经济危机管理和经济制裁方面的紧急经济权力。因此，总统经济特权的研究，在理论分析和实践参照两个领域都有着非常重要的地位。特别是冷战结束后，在经济贸易力量取代军事、政治力量成为全球资源流动新的推动力时，关注总统特权在具体经济领域的实施，有助于完善不同背景下的法律制度建构和提升国际贸易参与者的抗风险能力。

随着多元价值冲突加剧，总统可以凭借紧急状态下的授权，更进一步地在不同领域扩展自己的权力，甚至取得对特权的独占。同时，在权力行使带来的收益和便利的解释空间的刺激下，总统经济特权的应用逐渐成为美国的经济政策工具。全球化下的经贸交流也为美国的国际经济制裁扩展了管辖范围，福山将这种美国紧急状态的日常化论述为"美国政治衰败"。[34] 虽然《国际紧急经济权力法》提出了紧急状态的时效和紧急权行使的前提，但是条文上对于"特殊且严重威胁"并没有限定，而时效也可以通过不断地宣布进入紧急状态得以突破。随着总统经济特权常规化趋势的加强，总统特权已经从例外手段变为治理技术的一种，阿甘本将其归纳为"暂时性废止立法、行政与司法权力之间的区分"，因而显示出其"成为一种持续存在的治理实践的倾向"。[35]

---

〔34〕 弗朗西斯·福山：《福山最新发声：特朗普和美国的政治衰败》，载腾讯新闻，http://cul.qq.com/a/20161111/030870.htm，最后访问日期：2018 年 8 月 30 日。

〔35〕 吉奥乔·阿甘本：《例外状态（〈神圣之人〉二之一）》，薛熙平译，西北大学出版社 2015 年版，第 12 页。

直面美国：发现宪法还是发现政治

——兼论美国研究中的法政治学视角

李　泉*

摘要：本文通过融合宪法学和政治学的讨论，尝试在法政治学的视角下发展对美国政治运行机制的整体性认识。从美国最高法院在美国政体中的枢纽地位这一前提出发，通过讨论美国政治中的"二元宪法陷阱"和"斯科特时刻"，在"二元民主制"的基础上衍生出"二元二阶行宪制"的概念，尝试作为统摄研究美国政治运行规律与走势的理论出发点。

关键词：美国宪法　美国最高法院　二元民主制　二元宪法陷阱　二元二阶行宪制　宪法时刻　斯科特时刻

一、导言

美国是否在衰落？对于这个在全球近 150

---

* 武汉大学政治与公共管理学院教授。

个国家驻军、拥有 11 艘航空母舰、年军费超过其后 6 个国家的总和、名义国内生产总值依然是世界第一、依靠双边和多边条约体系以及国际组织使自己处于当前世界体系中心位置的"巨无霸国家"而言，无论答案是什么，其实际走向都将继续深刻塑造世界历史的进程。

世界是美国的，也是所有非美国家的。对于深受美国影响的所有国家，包括中国，研究、理解美国的运行机理特别是政治运行模式的重要性毋庸讳言。长期以来，美国对自身的研究一直为各国学者所借鉴。通过探究美国政体内部以宪法行宪过程为核心的结构性根本矛盾，本文尝试表明，中国的美国研究在借鉴美国学者成果的过程中不仅存在一个变换视角的问题，而且当我们的视角在"自我"与"他者"之间不停转换时，我们不仅能培养出新的问题意识，发掘出新的美国问题，也能超越美国对自身的研究，并最终对中国自身的发展形成建设性的意见。

二、福山的美国衰落说

对于美国是否正在衰落，福山认为，尽管美国的政治体制在衰落，但这并不代表美国或美国精神在衰落。延续他在《政治秩序的起源》中的理论框架，[1] 福山认为，美国在国家能力（state capacity）、法治（rule of law）和政府责任（accountability）这三方面的失衡或说缺失，导致了美国目前所面临的治理困境。[2] 根据其分析，这种失衡状态是两大因素作用下的结果：制度僵化（institu-

---

[1] Francis Fukuyama, *The Origins of Political Order*, New York: Farrar, Straus and Giroux, 2011.

[2] 书中更简略的说法是国家（state）、法律（law）和民主（democracy）三者间的失衡。国家被定义为特定领土范围内唯一可使用合理暴力的等级化、中心化组织。法治被定义为一系列反映广泛社会共识，并被全体成员包括最高掌权者所遵守的行为规范。政府责任则被定义为政府有义务回应全社会整体的利益诉求。

tional rigidity）和再世袭化（repatrimonialization）。在福山眼中，美国的选举人团制度、初选制度、参议院的议事规则、政治献金制度，以及长年累月所形成的叠床架屋的各种经济和社会规制，都陷入了难以改革的困境，此谓"制度僵化"。再世袭化的出现则是因为美国政治在很大程度上已经被组织良好的利益集团所绑架，蜕化成为被内部人控制（insider capture）的精英政治。精英们通过在美国政体中无处不在的否决权，不仅为自己攫取不相称的利益，更阻止了整个体系回应更广大民众的诉求。如此一来，美国目前国家治理能力下降和政府责任缺失也就不足为奇了。[3]

三、阿克曼的美国衰落说

如果说福山的诊断落脚于美国行政部门因为法院、国会加上利益集团的掣肘而失灵，阿克曼则担忧美国总统权力的无限扩张会导致人民主权的毁灭。[4] 按照阿克曼对美国宪政设计的分析，联邦的建立者们当初汲汲于设计纵向和横向的分权体制用来限制以国会为代表的联邦政府权力，却没有建立有效机制来防止总统权力的扩张。[5] 根据阿克曼所描述的总统型宪政（presidential constitutionalism），美国已经深受极端主义影响的初选制度会增加奉行极端思想总统上台的概率。现代技术条件下，通过媒体传播的碎片化政治宣传，总统可以成功塑造出受到民意支持的假象。依靠庞大的官僚体系和政治化的军队，总统就能够以人民之名推行自

---

〔3〕 福山在书中还谈到了国家能力建设、法治建设和民主在一个国家历史发展上的顺序问题。只是在福山看来，美国目前不是三者中的任何一种的缺失，而是三者间的失衡。

〔4〕 Bruce Ackerman, *The Decline and Fall of the American Republic*, Cambridge：Harvard University Press, 2010. 中译本见《美利坚共和国的衰落》，田雷译，中国政法大学出版社2013年版。

〔5〕 Bruce Ackerman, *The Failure of The Founding Fathers：Jefferson, Marshall, and the Rise of Presidential Democracy*, Cambridge：Harvard University Press, 2005. 中译本见《建国之父的失败：杰弗逊、马歇尔与总统制民主的兴起》，江照信译，中国政法大学出版社2010年版。

己的极端政策主张，破坏美国包括三权分立在内的基本宪政原则，进而导致政治体制的衰败。

四、美国最高法院的枢纽地位

上述讨论中，福山描述的是美国政治体制困境的现状；阿克曼基于美国目前政治现实的演绎，更多地着眼于美国未来可能出现的一种危机形式。福山关注的是更具普遍意义的国家、法治和民主三者间的失衡；阿克曼则聚焦在美国特有的三权分立框架内的制度失衡。虽然两人一个侧重于行政部门的低效与失灵，一个侧重于行政权的过度扩张，但双方的共同点在于，都讨论了美国政治体制所面临的现实或潜在的困局。至于这些不同面向的困局是否会导致美国全面的衰落，两人并未触及。本文的重点也不在于给出美国是否正在衰落的答案。笔者关注的是，在福山和阿克曼的叙述中，他们都不约而同地指向了美国联邦最高法院。作为一种理解美国政治机制的切入点，我们不妨把最高法院看作福山和阿克曼论述中的枢纽节点。

根据福山的分析，美国行政质量下降的根本原因在于美国成了一个"法院与政党"国家（a state of "courts and parties"）。[6] 首先，精英控制下的利益集团通过与国会共谋，以法律的形式为行政部门制定了无数自相矛盾的政策目标。其次，行政司法化（judicialization of administration）导致诉讼横行，多头诉讼不仅使法院的判决不一致，而且降低了行政部门的决策效率。这两个现象叠加在一起，就出现了福山所描绘的一幅恶性循环的图景：行政司法化和利益集团操纵损害了美国人民对政府的信任，而这种广泛的

---

〔6〕 转引自 Stephen Skowronek，*Building A New American State*，Cambridge University Press，1982.

不信任导致人们一方面要求法院对行政部门施加更多的司法审查，另一方面又要求国会给行政部门套上更多的规制。结果导致行政部门进一步丧失自主权，从而变得更加僵化，也更无力回应人民的诉求，而这又进一步降低了人们对政府的信任。

就行政司法化而言，福山特别指出，和其他国家相比，美国人信奉的普通法传统使得人们更易于接受法院介入美国的政策制定和行政过程。从联邦最高法院在布朗案中判定种族隔离违宪之后，美国很多涉及广泛的社会改革，如环境保护、妇女权益、消费者保护等，都开始依赖于最高法院的最终判决。前不久最高法院以 5∶4 的判决使同性恋婚姻在全美合法化就是最新一例。从国会的角度出发，无论是在创制联邦机构如环境保护署时，还是在设计各个行政机关的政策制定权时，都倾向于给予法院更多的监督和执行功能，在客观上这也使得法院能够名正言顺地介入整个行政过程。从结果上来看，美国的公共政策过程就变成了由未经选举而且享有终身任期的法官们所主导的，不仅不透明而且高度部门化的碎片化治理形式。[7]

所以，在福山对美国政治现实的叙述中，利益集团依靠国会，通过以联邦最高法院为首的司法体系，影响了从政策制定到实施的整个过程。法院在其中的枢纽地位可见一斑。如果说在福山的分析中，法院因为过于强势和奉行积极的能动主义而损害了美国政府的行政能力，那么阿克曼的论述则担忧最高法院缺位所带来的可怕后果。

根据阿克曼的分析，联邦司法部下属的法律顾问办公室（Office of Legal Counsel）和直接为总统服务的白宫律师办公室（White House Counsel）在美国政治体系内正在逐渐发挥更大的作用。工作

---

〔7〕 8 "In the United States, policy is made piecemeal in a highly specialized and therefore nontransparent process by judges who are often unelected and serve with life time tenure". Fukuyama, supra note 1, p 452.

在这两个机构中的精英律师，通过撰写高质量的法律意见书，可以使总统的政治行为显得更有法律权威。即使有反对者想依靠最高法院推翻总统的决定，但因为司法系统受程序限制，必须坐等一个案件经由最基层的审判庭一步步被上诉至最高法院，结果可能会由于最高法院错过最有利的时机而使总统的政策得以保留。很显然，在阿克曼眼里，最高法院的缺位与设想中的总统型宪政横行有直接的联系。

五、美国的二元宪法陷阱

不仅是福山和阿克曼的论述中反映出法院的枢纽地位，托克维尔早在 19 世纪就观察到美国政治的一大特点：几乎一切无法解决的政治问题最后都将转化成法律问题。[8] 如果承认最高法院在美国政治中的枢纽地位，而且将认识最高法院作为我们掌握美国政治运行的起点，[9] 那么作为既不掌握武力又没有财权的三权中的一支，自从马歇尔大法官在实践中确立最高法院的司法审查权之后，宪法就成了最高法院权力运用的源泉。我们理解的美国政治的起点似乎就应该被置换成美国宪法。套用阿克曼的说法，发现宪法就发现了美国政治。

美国宪法对于美国之重要无需笔者多言，[10] 笔者希望阐述的是，作为中国的美国政治研究，由于可以采用不同于美国学者的视角，我们可以超越宪法文本，直接探究美国最高法院在运用宪

---

〔8〕 9 "Scarcely any political question arises in the United States that is not resolved, sooner or later, into a judicial question". Tocqueville, *Democracy in America*, Chapter 16, http: // xroads. virginia. edu/~hyper/DETOC/toc_ indx. html.

〔9〕 国内学界对美国最高法院已经多有研究，但强调其枢纽地位的文献似不多。见胡晓进：《近三十年来中国学者对美国最高法院的研究与认识》，载《美国研究》2008 年第 4期。

〔10〕 见王希：《原则与妥协：美国宪法的精神与实践》，北京大学出版社 2000 年版。

法过程中所揭示的美国政治中最根本的结构性矛盾，进而理解美国政治力量的分布，把握美国立法和行政机构的行为规律与边界，洞悉美国政治的长期走向。在这个意义上，发现政治较发现宪法更为根本。

根据格里芬的总结，[11] 美国之所以能将其政治运行置于宪法这一根本法的规制之下，关键在于将宪法（Constitution）变成了行宪之法（constitutional law），使法官们可以用解释普通法的方法来解释宪法文本。[12] 可吊诡的是，在实践中，运用普通法律的解释方法并不能从每一个宪法条款中轻易得出可以为审判所用的法律原则。以第十四修正案第一款中"不经正当程序，不得剥夺任何人的生命、自由或财产"为例，哪些"自由"是受宪法保护的自由，而哪些不是，直到今天，法官们还在不断斟酌。1937 年之前，最高法院一度认为"契约自由"应该被包含在这一款的"自由"之中。而 1937 年之后，经历了大法官更迭后的最高法院又将"契约自由"从第十四修正案中剔除了。更重要的是，美国的宪法文本并不覆盖美国政治运行的每一个角落，而这也是最高法院最终发展出"避免政治问题"这一规则（political questions doc-

---

〔11〕 Stephen M. Griffin, *American Constitutionalism*, New Jersey: Princeton University Press, 1996, p. 16.

〔12〕 关于此跳跃所引起的问题还可参见强世功：《司法审查的迷雾——马伯里诉麦迪逊案的政治哲学意涵》，载《环球法律评论》2004 年第 4 期；强世功：《宪法司法化的悖论——兼论法学家在推动宪政中的困境》，载《中国社会科学》2003 年第 2 期。

trine）以维持三权分立的根本原因。[13] 所以在今天，关于弹劾总统以及联邦法官的案件都无法由最高法院进行司法审查。对总统和国会之间关于战争权的争议，最高法院也一直置身事外。尽管对美国而言，这是事关其存亡的根本问题。

由是可知，美国宪法的司法化（legalization of the Constitution）催生出了宪法的二元性。作为美国的根本法，宪法决定了美国政治的基本架构；而作为行宪之法，宪法又像普通法那样被用以调整美国政治运行的过程。可是由于宪法文本本身的模糊性和有限性，不同的法官在不同的时期做出了不同的解释。对行宪之法的运用，不仅随着最高法院大法官人选的变化而变化，也受到美国政治发展的影响。马歇尔在确立司法审查权时曾假设政治与法律可以被简单地分割；而按照格里芬的总结，宪法司法化之后的美国宪政主义（American constitutionalism）的一个根本特征却是政治与法律的混同（a mixture of law and politics）。这其中的悖论在于，将宪法转变为行宪之法固然可使宪法文本的一部分在日常政治生活中发挥协调与规制的作用，但行宪过程却也受到政治本身的影响。顺着格里芬的逻辑进一步演绎，对宪法文本一身二用，就导致在各方政治力量的撕扯之下，宪法文本自身不断地在根本法（Constitution）与行宪之法（constitutional law）这二元之间震荡。不停震荡

---

〔13〕 最高法院在 Baker v. Karr（1962）一案中认定，出现下列六种情况时，法院对案件不予受理：（1）宪法明文规定由行政相关立法部门负责的事务（a textually demonstrable constitutional commitment of the issue to a coordinate political department）；（2）不存在适用的法律标准或原则（a lack of judicially discoverable and manageable standards for resolving it）；（3）需要由其他部门预先决策的事务（the impossibility of deciding without an initial policy determination of a kind clearly for nonjudicial discretion）；（4）会明显造成与立法和行政部门冲突的事务（the impossibility of a court's undertaking independent resolution without expressing lack of respect due coordinate branches of government）；（5）特殊情况下必须遵从立法和行政部门决定的事务（an unusual need for unquestioning adherence to apolitical decision already made）；（6）会导致政出多门的尴尬情况的事务（the potentiality of embarrassment from multifarious pronouncements by various departments on one question）.

的动态过程也就不断生发出笔者所谓的"二元宪法陷阱"。美国到目前为止的整个宪法政治史就有如在这布满了陷阱的雷区中蹒跚而行。每当无时无刻存在于美国政治运行中的这种二元震荡接近或超出当下的政治生态所能包容的界限时，最高法院就有落入这个"二元宪法陷阱"的危险。最高法院掉落陷阱之时，就是美国的宪政危机时刻，或者说"斯科特时刻"（Dred Scott Moment）。

六、宪法时刻、斯科特时刻和二元二阶行宪制

上述"二元宪法陷阱"与阿克曼的"二元民主制"叙事存在着根本不同。[14] 首先是视点和视角的不同。简而言之，"二元宪法陷阱"关注的是美国何时及如何出现宪政僵局，用的是政治视角；"二元民主制"关注的是宪政僵局出现之后，美国如何通过艰难的调适最终走出僵局，用的更多的是历史视角。其次，二者的指向不同。"二元宪法陷阱"指向的是宪法与行宪之法之间难以调和的内在矛盾与张力；而"二元民主制"指向的是高级立法（higher lawmaking）和普通立法过程（ordinary lawmaking）之间的转换过程。如果说存在相同之处，那么就在于二者都采用了整体主义的方法。无论是探究"二元宪法陷阱"还是考察"二元民主制"，都离不开糅合宪法、历史以及政治、经济等诸多方面。只是在侧重点上，"二元宪法陷阱"更突出通过发现宪法而发现政治，"二元民主制"则是经由发现宪法而发现历史。

之所以产生不同的侧重点，完全是源于视角的不同。阿克曼以及其他美国学者关心的是如何通过梳理美国宪法政治叙事，提

---

[14] Bruce Ackerman, *We the People*: *Foundations*, Cambridge: Harvard University Press, 1991. 中译本见《我们人民：奠基》，田雷译，中国政法大学出版社 2013 年版。Bruce Ackerman, *We the People*, *Transformation*, Cambridge: Harvard University Press, 1998. 中译本见《我们人民：转型》，田雷译，中国政法大学出版社 2014 年版。

供改进方法，以便缓解美国政体内部的矛盾和张力；本文则关注于美国政体内的根本矛盾会推动美国走向何方，以及对世界和中国产生何种影响。作为美国"之外"的学者，笔者能够体会到美国学者的焦虑与拳拳之心，但并不分享这种美国式"主体"感受。当笔者带着自身的主体性，以"他者"的身份观照美国，希望能更多地看到的是，美国政体深埋于历史和政治迷雾中的政治基因及其演化发展路径，并不涉及美国学者所具有的改造动力。

进一步而言，以阿克曼为代表的美国学者关注的是特定时段的宪法时刻，而笔者关注的是在长时段的"二元宪法陷阱"中随时可能出现的短促的"斯科特时刻"。最高法院当年在"斯科特案"中以为通过普通司法判决就能够解决深层次的奴隶制问题，结果加速了内战的爆发。殷鉴不远，如果说美国政体在运行中将不断地产生"二元宪法陷阱"，那么最高法院掉入陷阱而导致宪政危机，触发历史上发生过的"斯科特时刻"，就不是一个小概率事件，也更值得我们探究其发生机理和走势。

借用阿克曼的宪政叙事，通过突出最高法院判决的政治性，笔者尝试构建一个不同的整体性概念。在阿克曼的论述中，其"二元民主制"被概括为：

> 宪法僵局→选举授命→向反对派机构发起挑战→及时转向→巩固性选举

链条的整体构成了阿克曼的宪法时刻。从"斯科特时刻"与宪法时刻的关系而言，前者内嵌于后者，并且经由"二元宪法陷阱"显现。那么在加入了"二元宪法陷阱"和"斯科特时刻"之后，新的图景就变为：

二元宪法陷阱（斯科特时刻）→宪法僵局（斯科特时刻）→选举授命（斯科特时刻）→向反对派机构发起挑战（斯科特时刻）→及时转向（斯科特时刻）→巩固性选举（斯科特时刻）→二元宪法陷阱（斯科特时刻）

在新的图景中，"二元宪法陷阱"贯穿始终，阿克曼所谓的常规政治（normal politics）和宪法政治（constitutional politics）之间的转换都经由"二元宪法陷阱"触发，而"斯科特时刻"在每个阶段都有可能出现。解决了潜在的"斯科特时刻"，美国的宪法政治和常规政治就能在持续转换中继续前行；而解决不了"斯科特时刻"，美国就会进入根本的体系性危机阶段，国家的生存和统一就面临威胁。所以，就本质而言，本文所描绘的新图景将阿克曼笔下美国的"二元民主制"改造成了"二元二阶行宪制"。

在"二元二阶行宪制"的图景里，隐藏在常规和宪法政治河流之下的，是遍布"二元宪法陷阱"的河床。绕过陷阱，美国政体之河就可以继续奔流；跌入陷阱，美国政体之河就会改道闯入"斯科特时刻"，展现出更加激烈的斗争与冲突。比如2000年总统大选之后，戈尔和小布什的计票之争就是一个潜在的"斯科特时刻"。最后只是依靠最高法院5∶4的判决才将小布什扶上总统之位。此判决不仅为美国在2003年入侵伊拉克埋下了伏笔，其政治影响直到今天还在美国国内发酵。所以，在这样一个二阶体系中，第一阶仍是阿克曼的常规和宪法政治，更为根本的第二阶则是由宪法和行宪之法之间的张力所造成的"宪法陷阱"。由于联邦最高法院通过对宪法文本的解读，事关能否调节这一张力而使之不发生断裂，判断美国政治是否进入以及能否脱离"斯科特时刻"，就能帮助我们把握美国政治的长期走势。那么鉴于联邦最高法院在这样一个过程中的枢纽地位，从法院切入来建立对美国政治的整体认识就不失为一条值得探索的路径，"二元二阶行宪制"的概念也可以帮助我们建立起分析美国的整体框架。

七、余论

经由以上关于"二元宪法陷阱"、"斯科特时刻"和"二元二阶行宪制"的论述，笔者在此还想就在法政治学的视角下研究美国展开简短的讨论。法律与政治从来就是孪生兄弟，从本文的引用文献中，我们可以清晰地看出二者如影随形的关系。虽然法学和政治学在学科分类体系中都是独立学科，但法政治学作为交叉学科，可以从双方的范畴和方法中借用概念和手段，进而衍生出自己独立的理论体系。[15]

美国自 1940 年代以来，在政治学内就衍生出了"司法政治"（Judicial Politics）的分支，专注研究美国司法体系内部从最高法院以降的运行规律以及司法体系和行政、立法部门的互动。成果蔚为大观，也逐渐为国内所引介。[16] 国内的美国学研究目前仍集中于总统、国会和中美关系。[17] 就深度和广度而言，仍有很大的提升空间。"迄今为止，关于美国政治的研究仍然缺乏总体性

---

〔15〕 参见卓泽渊：《论法政治学的创立》，载《现代法学》2005 年第 1 期。闫海：《论政治法与法政治学——从政治与法律关系的契入》，载《太平洋学报》2010 年第 9 期。王立峰：《法政治学的核心范畴研究—以布迪厄的"场域理论"为视角》，载《社会科学研究》2013 年第 3 期。吉达珠：《法律的合法性危机及哈贝马斯的法政治学理论——解读〈在事实与规范之间〉》，载《中国社会科学院研究生院学报》2006 年第 5 期。卓泽渊：《我为什么写〈法政治学〉》，载《北京日报》2006 年 9 月 11 日。王立峰、李海澄：《法律合法性的批判与超越——韦伯与哈贝马斯的法政治学思想比较》，载《法制与社会发展》2008 年第 4 期。卓泽渊：《法政治学》，法律出版社 2011 年版。

〔16〕 郝丽芳：《美国联邦司法政治研究》，南开大学 2013 年博士学位论文。

〔17〕 参见孙哲：《左右未来：美国国会的制度创新和决策行为》，上海人民出版社 2012 年版。刁大明：《国家的钱袋：美国国会与拨款政治》，上海人民出版社 2012 年版。赵可金：《把握未来：美国总统政治形态研究》，北京大学出版社 2013 年版。孙哲等：《新型大国关系：中美协作新方略》，时事出版社 2013 年版。

和原理性，大多是抓住美国政治的某一部分进行解剖式研究，缺乏对美国政治内在规律的理论研究，缺乏对美国政治逻辑的系统把握。从学科建设来看，美国政治尚未成为一门相对独立的亚科学，使得人们对美国问题的理解大多停留在就事论事的层次，缺乏学术深度和前瞻性预测研究。"[18]

要改变中国的美国学研究这一现状，法政治学的视角可以作为一个突破口。本文的尝试意图表明，根据美国政治的特性，从最高法院的枢纽地位出发，结合宪法学理论的成果，我们可以发展出对美国政治带有体系性认识的概念。笔者的努力只是朝着这个方向小小的一步，文中提出的如"二元宪法陷阱"和"二元二阶行宪制"还有待进一步细化和详细论证，以便展示更多的理论前景。

最后，就法政治学的学科建设而言，与法经济学、法社会学、法文化学、法哲学和法逻辑学相比，这一学科在我国还相对年轻。[19] 在国外学界法学和政治学加速融合的背景下，推动我国的法政治学发展也是题中应有之义。特别是当前我国在提升治理能力和实现治理体系现代化的过程中，突出强调"依法治国"。通过剖析美国司法体系对其整体政治运行的影响，我们也可有所借鉴，使我国的司法系统更好地为国家建设和民族复兴服务。

---

〔18〕 赵可金：《美国学：政治纬度与中国意义》，上海人民出版社 2010 年版，第 22 页。

〔19〕 刘瀚、温珍奎：《法学中的政治学问题》，载华中科技大学学报（社会科学版）2003 年第 1 期，第 9—13 页。

《联邦论》反政党吗

保罗·J. 波洛克著*　孙竞超译**

在其著作《政党政府》中，E. E. 谢茨施耐德写道："几乎所有关于政党的宪法理论都出现在詹姆斯·麦迪逊撰写的《联邦论》第10篇中。"[1] 然而谢茨施耐德的意图不是要慷慨地赞美麦迪逊，因为他坚持认为"宪法的作者们并不理解政党，而且他们当然也不欣赏政党……"谢茨施耐德自己得出普遍结论——在这一结论中，他自己的立场与建国者们鲜明对立——如下：

> 麦迪逊认为，政党本质上是坏的，讨论政党问题的唯一议题在于，什么是阻止坏政党变成危险政党的可能途径。然而宪

————————

　　* 保罗·J. 波洛克（Paul J. Pollock），贝洛伊特学院（Beloit College）教授。本文原载 *Political Science Reviewer*, Fall, 1982-Vol. 12, No. 1. pp, 79-97.

　　** 孙竞超，南开大学讲师，哥伦比亚大学访问学者。研究方向：美国宪法、美国两党制。

　　[1] E. E. 谢茨施耐德：《政党政府》，纽约：Farrar and Rinehart, 1942, 第8页。——译者在翻译时参考了中文版，E. E. 谢茨施耐德：《政党政府》，姚尚建、沈洁莹译，天津人民出版社2016年版，下同。

法的作者们似乎从没想过政党或许可以作为民众政府的有用工具。正是在这一点上出现了古今观点之别。[2]

毫无疑问,《联邦论》第 10 篇可以被恰当地看作理解政党"古代观"的关键。然而要完整回答"是否,或在何种程度上《联邦论》是一部反政党著作"这个问题,似乎需要将第 10 篇与同一作品中从各个不同方面也谈及政党基本特征的其他篇目结合起来作考察。因为谢茨施耐德自己并没有从事这样的调查研究,他对于麦迪逊认为的任何类型的政党"本质上是坏的"这一论点似乎是存疑的。下文中,笔者尝试充分解释《联邦论》中关于政党的论述,并在适宜之处简要地将《联邦论》中的教义与现代政党以及更具普遍意义的现代政治生活联系起来。

政党本质上是坏的吗?

组成《联邦论》的 85 篇文章中,有 26 篇特别提及政党。毋庸讳言,大部分(并非所有)引文实际上对此都持否定态度。例如,在首篇中,汉密尔顿有机会说"不容异己之情,便会导致误判,而不容异己,从古至今,都是政党特色"[3],并且人所共知,麦迪逊将派系视为"共和政体最易罹患的疾病"。似乎理所当然地可以认为派系,并因此认为政党,就像是政治机体的癌症,而一位真正的政治家要么一定知道如何疗救这一疾病,要么会对作为共和政体的保护人感到绝望。麦迪逊宣称知道疗救方

〔2〕 E. E. 谢茨施耐德:《政党政府》,纽约:Farrar and Rinehart,1942,第 8 页。——译者在翻译时参考了中文版,E. E. 谢茨施耐德:《政党政府》,姚尚建、沈洁莹译,天津人民出版社 2016 年版。

〔3〕《联邦论》第 1 篇,第 34 页。所有引文来自 New American Library 版,由克林顿·罗塞特编辑。——译者在翻译时参考了中文版,亚历山大·汉密尔顿、詹姆斯·麦迪逊、约翰·杰伊:《联邦论》,尹宣译,译林出版社 2010 年版,下同。

法，然而事实却是，人们从《联邦论》关于政党本质的论述中收获的原初印象依然是政党即某种"本质上是坏的"（intrinsically bad）的东西。

于是，乍一看《联邦论》，的确给人一种反政党的表象。然而，这一点仅仅在如谢茨施耐德等评论者认为麦迪逊使用术语"政党"与现代政治学的学生们使用那个术语时的意指完全一致的意义上是正确的。虽然提出一个可能存在的语义学问题似乎有点奇怪，但其必要性在于提醒读者注意，晚近马丁·戴蒙德（Martin Diamond）教授决定性地证明了，麦迪逊使用术语"联邦"（federal）的意指完全不同于当下政治学学生所知的一种"联邦"政府体制。[4] 事实上，因为麦迪逊将术语"联邦"与"邦联"（confederal）作同义使用，没有注意到或是理解麦迪逊的用法会使人得出明显荒谬的结论，即认为《联邦论》反对一种联邦政府体制。

那么麦迪逊所说的政党是指什么呢？一点儿也不奇怪的是，探究这一问题的最好方式是准确判定麦迪逊的"派系"所指为何。在第 10 篇中，派系被定义为"若干公民，不论实际上是全体中的多数派还是少数派，受到某种普遍激情或利益的鼓动而团结并行动起来，不利于其他公民的权利或共同体永久而总体的利益"。[5] 因此想有资格成为派系，一个团体必须因单一（single）激情或利益而联合起来并采取行动（put into action），而且那个激情或利益必须对其他公民构成政治上的危险。知道麦迪逊（或就此而论的汉密尔顿）写进《联邦论》的所有关于派系的论述都以其在第 10 篇中的定义为界限至关重要。当受到一种利益或激情驱使，在政治上采用一种不利于其他公民的权利的方式行动起来

---

〔4〕 参见戴蒙德 "What the Framers Meant by Federalism"，收录于罗伯特·A. 古德温编辑的 *A Nation of States*，Rand McNally，1963；2nd，1974。

〔5〕《联邦论》第 10 篇，第 78 页。

时，一个团体就是一个派系。与普遍的认识不同，麦迪逊并没有说，而且似乎也无意认为所有的团体都是派系——尽管他的确暗示说每一个因单一利益或激情而团结起来的团体都是潜在的派系。例如，当麦迪逊说"［一个］宗教宗派（a religious sect）或许会退化为一个政治派系"，[6]似乎显然他是在说：（1）一个宗教宗派不必然是一个派系；（2）如果将其宗教激情转化为政治行动，一个宗教宗派十分有可能成为一个派系。这也暗示，并且这一问题后来变得非常重要，在美国构成基督教全体成员的那些公民将会或有希望成为麦迪逊意义上的派系的可能性极小。

这里，麦迪逊关于派系的定义和特征描述或许可以与美国历史中曾出现过的政党发生关联。简言之，什么样的党可以有资格成为派系？似乎少有疑问，下列某些或全部党极有可能成为候选对象：反共济党、禁酒党、素食党，或许还有各种进步党，以及美国独立党。一些人无疑会质疑这种列举，并且当然有人会争辩说，暴政不会仅仅因为保证动物肉制品的消费或保证饮用酒精饮料的权利就能发生改变。然而从某种程度上看，当麦迪逊描述并定义派系时，他脑海里出现的团体似乎确实与这些列举的党派相似。每一个列举的团体都符合麦迪逊的定义，因为每一个团体都是（或曾是）由单一激情或利益结合而成，借以反对至少被人们惯常认为是属于其他公民的合法的权利。并且更进一步，每一团体在尝试完全实现其利益或激情时，都是（或曾是）一种政治力量。再者，除了1919年至1933年间的禁酒党以外，每一个团体都由（或曾由）美国公民中的显著少数人口构成。这些团体的少数派地位值得关注，因为这些派系曾在我国政治史上造成的危险之疗救方法早在差不多两百年前就已经被麦迪逊准确无误地提出来了：

---

[6]《联邦论》第10篇，第84页。

倘若一个党派的人数，尚未达到全体的半数，治疗方法是共和原则，通过多数正常票决，击败少数派的有害观点；少数派可能干扰行政，可能震动社会，但是在宪政下，他们无法执政，无法掩盖他们的暴虐。[7]

但是"多数派"，以及与之相关的民主党和共和党又怎么样呢？麦迪逊会将我们的主要政党视为"派系"吗？让我们来设想一下，一党成员有时是怎么说另一党成员的，即他们认为民主党完全被组织起来的劳工操纵，而共和党则被大企业以类似方式控制着。如果真相如此，那么麦迪逊确实会将它们称为"派系"，原因轻易就能从下引《联邦论》第10篇段落中看出来：

> 无人被允许担任他自己事由的法官，因为他的利益肯定会使他的判断带上偏见，可能还会腐蚀他的人格。同理，不，更为有理，一伙人不宜同时担任法官和原告、被告；可是，议会从事的最重要的活动，有许多不就是司法裁判吗？的确，这些判断不是涉及单个人的利益，而是涉及公民大众的利益。议员不是来自不同的阶层吗，他们不是正在判断他们自己担任律师和涉事各方的众多案件吗？不是正在制定一项关于私人债务的立法吗？这是一个关于债权人是涉事一方而债务人是涉事另一方的问题。正义应当在双方之间保持平衡。然而政党总是且必然总是自己担任自己的法官；而且人数最多的党，换言之，势力最大的派系势必指望占上风。是否需要立法促进国内制造业？用多大力度？是否要限制外国制成品的进口？这些问题，对拥有土地者和制造业老板来说

---

[7]《联邦论》第10篇，第80页。

答案不同；如果只许考虑公平和公益，前者后者多半答不上来。[8]

如果不存在对于麦迪逊的文字含义的误解，并且如果事实上我们的主要政党各自为一种利益（或激情）完全控制，那么我们必然可以推论认为，麦迪逊应该被归为美国当前政党体系的智识反对者一类。然而学者中存在实质上的共识，认为事实上我们的主要政党中没有一个是完全由一种利益所支配的，并且值得注意的是，也没有一个政党完全由詹姆斯·麦迪逊在《联邦论》中率先明确表达的动机所支配。我们立即就能发现谢茨施耐德教授自己已经在其论述中证实了这种认识：

> 带着难得的先见之明，他［麦迪逊］看到了一个现代民族国家存在着多重利益，而且由于这种多重利益的存在，其中的任何一方都不可能赢得多数。大共和国——即联邦共和国的优点就是，一个大的社会中的利益差别要远胜于小的社会，这将有效地减少由单一利益组成的多数人暴政的危险。[9]

谢茨施耐德的论述是对麦迪逊关于"多数派"著名疗救方法的总结。延伸"共和国的范围"，并且十有八九，没有一种单一利益将会成为多数派。然而谢茨施耐德似乎没有搞清楚的是，如果一个主要政党必须由多于一种利益构成的话，那么根据麦迪逊的定义，它就不是一个派系，因而也不是"本质上是坏的"。

事实上，我们的主要政党几乎总是被描述为多种利益的巨大

---

[8] 《联邦论》第 10 篇，第 79—80 页。
[9] 谢茨施耐德：《政党政府》，第 9 页。

联合。并且显然，麦迪逊自己关于联合政治（coalition politics）特性最具权威性的声明如下："在扩展的美利坚共和国之中，在其包含的大量多种多样的利益、党派和宗派之间，一个由全体社会成员之多数派构成的联合很少根据正义与普遍福祉（general good）以外的其他原则得以确立。……"[10] 既然我们的主要政党中的每一个都有志于成为"全体社会成员之多数派构成的联合"，按照麦迪逊的话来说，共和党和民主党便不会成为一种"共和政体最易罹患的疾病"，而正相反，它们应成为那种疾病的疗救方法。

有人认为，美国的两党制以麦迪逊在《联邦论》中所主张的那种政治类型为特征。然而不管这种暗示显得多么恰当，麦迪逊关于联合政治通常仅代表"正义与普遍福祉"的论断又将产生新的问题。许多人会对这类关于美国当前政党的评价嗤之以鼻。人们或许当然会怀疑麦迪逊或者是故意夸大或者是全然错判了实行联合政治带来的好处。然而，理解麦迪逊归因于广泛政治联合统治之"正义"原则的意涵非常重要。[11] 有必要作些推断，而麦迪逊自己也描绘了答案的大致轮廓。

麦迪逊似乎明确指出的一点是，联合政治的内部动力将保证政治生活中的节制（moderation），而节制是不可或缺的正义要素之一。未经缓和的利益和激情是难以驾驭的；它们危及自由、稳定与安全。联合政治制约并节制利益和激情，并且为一种"有序自由"（ordered liberty）的统治提供可能性。尽管节制并未完全实现正义，它也已最大限度地接近于实际政治社会能够实现的目标。

再者（与上一点密切相关），麦迪逊似乎暗示，构成联合政治生命线的谈判和妥协进程会促成从局部且短期的利益向更为宽

---

[10]《联邦论》第51篇，第325页。

[11] 尽管麦迪逊因其强调"进程"而出名，他也无疑指明了最终目标："正义是政府的目标，是过往和将来都在追求的目标，要么实现正义，要么在追求中失去自由。"《联邦论》第51篇，第324页。

泛且长期的利益之渐进过程。这或许是事实，因为结成联盟的每
一种个别利益都被迫——极有可能违背其意志——考虑并适应其
他竞争性利益。并且从这一进程中可能会形成一种更为普遍且持
久的利益的代表。因此政治联合或许不仅仅是其各部分的加和；
而可能成为凌驾于部分之上的整体，并代表着某种从本质上讲不
同却更为普遍的东西。换言之，个别利益不仅仅被建构政治联合
所聚合起来，它们更能得以转化。而此种转化以一种普遍利益的
形成告终，从政治上讲，这一普遍利益等同于"普遍福祉"。该
进程与亚当·斯密著名的概念"看不见的手"异曲同工。然而在
联合政治中，这手并非看不见，而且普遍利益之产生极有可能既
非偶然亦非无意识，因为多种利益中的每一种都直接与其他利益
打交道，而且每一种利益都有意识地参与到整体利益的建构和运
作中来。事实上，若麦迪逊所信为真，那么联合政治就不仅经常
代表着某种普遍福祉，更有甚者，因为每一种处于联合之中的利
益被迫拓宽其政治意识和目标并且被迫考虑别种利益这一事实，
联合之中的利益或许会变得更加公平。

最后一点，麦迪逊似乎教导我们，基础广泛的同意（broadly
based consent）是公平社会不可或缺的要素，并且此种同意由多数
派联合的政治促成。这里重要的同意不是构成多数派联合的各派
之间的同意，而是那些不属于联合中派别的人得以在其政治统治
之下和平生活的同意。因为全体一致不现实，共和原则就是多数
规则。但是为什么那些经常也许甚至永远是少数派的公民，要同
意生活在一种多数规则体系之中呢？当然，部分答案在于，一个
少数派总能期待成为一个新的统治多数派中的一员。而麦迪逊最
重要的答案是，鉴于无人甘愿生活在压迫政府（包括共和政体的
压迫形式在内）之中，所有人都会情愿同意住在一个由多数派联
合控制的政府之下，因为这样的多数派对任何个人或团体的权利

及自由并不构成真正的威胁。[12] 基础广泛的同意授予政府合法性，并且一个公认的合法政府也总被公认是一个公平的政府。

与联合政治同样重要的，或许是对于正义的追求，麦迪逊并不认为联合政治是实现正义的充分条件。例如，众所周知，他也会主张如分权这类"辅助性预防措施"（auxiliary precautions）的必要性。然而，至此显而易见的是，考虑到在美国实际上已经逐步发展起来的特定类型两党制，给《联邦论》简单地贴上反政党标签是种误解。麦迪逊对于派系的描述确实是在责难那些完全为单一利益或激情操控的政党。尽管很难下定论，麦迪逊似乎也确实既没有将广泛政治联合视为政党，也没有预见诸如民主党和共和党这种"有组织联合"的兴起。然而总有理由令人相信，他会支持美国当前的主要政党，因为从其组成和运作上看，它们与麦迪逊自己予以肯定的由"整个社会多数派的联合"进行统治的设想相差无几。

政党与制宪会议

《联邦论》中谢茨施耐德所谓"关于政党问题的宪法理论"并没有因为仔细考察著名的第 10 篇和第 51 篇内容而穷尽。在第 37、49、50 篇附带论题中，人们会发现下述内容：（1）政党在制宪会议中的角色；以及（2）政党在未来或许为了修改 1787 年宪法而召开的会议中可能扮演的角色。

首先，说第 37 篇中的附带论题，即政党在费城制宪会议中的完全缺席，似乎是准确的，因为麦迪逊毫无掩饰地主张"制宪会议必特别走运，绝无仅有，避免了党派敌对的瘟疫似的影响——

---

〔12〕《联邦论》第 51 篇，第 325 页。

这疾病在审议机构身上最常发生且最易污染它们的进程"。[13] 然而这一论断作为一种华丽的修辞出现在文章末尾,并且根据麦迪逊自己的话判断,这完全经不起推敲。

就连每一个学龄小孩都知道,制宪会议受到"大邦"和"小邦"之间关于新政府下如何分配代表席位论战的严重影响。其他竞争性利益也显而易见,当然包括"北方"与"南方"之间的不同利益。麦迪逊自己在第 37 篇中便提到,制宪会议代表们面对的诸多困难中,尤为突出的困难在于"较大和较小邦没完没了的要求"。并且尽管他在《联邦论》的文字中提到南北方时已经很小心了,他仍然在制宪会议发言中公开说了下面的话:

> 我们全国政府的主要危险来自大陆南北方彼此敌对的巨大的利益。看看议会中的投票,其中大部分基于国家地理而不是根据邦的大小而分立。[14]

诚如三分之二妥协和宪法中关于奴隶贸易的条款所显示的那样,"南北方巨大的利益"事实上积极影响着费城制宪会议。

那么,常识和麦迪逊关于制宪会议有幸"避免了党派敌对的瘟疫似的影响"的说法之间是否一定存在矛盾呢?最佳答案似乎是,"矛盾"是一个语气太过强烈的词,因为麦迪逊想要表明的意思是,竞争性利益并没有主宰制宪会议的伟业。论战有之,一些必要的妥协亦有之,但以麦迪逊的话:"真正的奇迹在于,这么多的难题居然以全体一致的方式得以解决,这简直前所未见,前所未料。"[15] 麦迪逊的意思是,代表们在诸如重建并强化国家政

---

[13]《联邦论》第 37 篇,第 231 页。

[14] 马克思·法兰德编:《1787 年联邦制宪会议记录》,耶鲁大学出版社 1966 年版,第 1 卷,第 476 页。

[15]《联邦论》第 37 篇,第 230 页。

府这类重要议题上达成普遍同意远比导致所谓"大妥协"的分歧来得重要。

然而最后必须要说的是，制宪会议中确实存在一些竞争性利益，在一段必须全文引用的文字中，麦迪逊指出，这些利益的出现并没有，也不能给会议带来益处：

> 在各种不同的问题上，出现相互对立的不只是大邦和小邦。由于所处地域不同、政策不同，其他组合一定会制造新的困难。正如每个邦都可能分为不同地区，每个邦的公民都可能分为不同阶层，由此产生利益的对立和地方之间的相互嫉妒；联邦的不同部分各树一帜，因千变万化的环境区别，在更大范围内产生一种类似效果。**尽管前篇文章已有充分论证，认为这种利益的千差万别对将要建成的政府的施政会带来有益的影响；但是，每一方都应该敏感地意识到相反的影响，这些影响在组建政府时都曾经经历过。**[16]（重点系笔者所加）

麦迪逊提到的"前篇文章"当然是第 10 篇。还要注意到他已表明，就制定一部宪法而言，他那著名的派系疗救方法并不奏效。这尤其意味着，鉴于一个多种利益的联合，或许可以安全地控制日常公共政策，这一联合对为一个国家制定基本法而言绝对没有"有益的影响"。并且，基于我们前述分析，似乎当然可以推论说，麦迪逊会对当前民主党和共和党试图参与从根本上修改宪法或制定一部新宪法的工作深感怀疑。事实上，考虑这两项职能问题时，他极有可能会将我们当前的主要政党视为"本质上是坏的"。

---

[16]《联邦论》第 37 篇，第 230 页。

然而仍然存在为什么的问题。为什么制宪会议上多种多样个别利益的出现和影响是坏的？麦迪逊说"每一个人都能感觉到"是为什么，但是原因似乎真的不是不证自明的。我们有必要探究麦迪逊自己的答案。

当麦迪逊在第 37 篇中做出关于大小邦之间的斗争之影响的最终评价时，他表明"制宪会议只好牺牲理论上的妥当，让位给外部的考虑"。任何一个熟悉马克思·法兰德《1787 年联邦制宪会议记录》的人都知道，麦迪逊是"大妥协"的"负隅顽抗者"。他认为那不必要，并且强烈反对国会两院席位不依人口数量分配的任何方案。对麦迪逊来说，问题不在于"利益"，而在于塑造政体的本质。该政体必须是"严格意义上的共和政体"，因为"显然，共和以外的制度不符合美国人民的天性；不符合革命的基本原则；不符合美国人的高尚决心，这种决心，激活了每个自由志士的心，把我们的政治经验融入人类追求自治的进程"。[17]

多种多样的利益导致妥协，然而因为建立政府的任务从根本上有别于管理政府的任务，在实际完成这些不同的任务时，妥协所扮演的角色亦不同。妥协通常可以调和公共政策——从而节制其对于个别团体和个人的影响。然而利益间的妥协不太有希望对关于如何最好地设计并分配政府的基本公职及权力这类问题的审议工作施加有益影响。政府的根本原则必须合情合理且前后一致，否则最终形成的政体将存在严重缺陷，并且将不能有效地反映人民的政治生活。用更为熟悉且更为现代的语言来讲，创建游戏规则不应该是将要参与游戏的各种不同团体行使的职能。看管得当的话，一旦规则前后一致且公平合理，该游戏就是安全的，然而如果允许那些在创建或修改规则时拥有先定利益的人进行创建或修改工作，该游戏将变得非常危险。

---

〔17〕《联邦论》第 39 篇，第 240 页。

麦迪逊关于制宪会议中利益和党派影响的观点在第 49 篇和第
50 篇中得以进一步阐明并扩展。这两篇文章非常复杂,然而两篇
都论及的一个问题是,是否可以通过不定时或定时召开制宪会议
的方式解决涉嫌违反宪法,或更确切说是涉嫌破坏分权体系的问
题。尽管表明"在某些重大和非凡的场合,应该标示通向人民决
定的宪政道路,使其保持通畅",麦迪逊竭力主张"不论什么情
况都用提议的重新诉诸人民的办法,以保持政府各部门的权力都
在宪法规定的各自的限度以内看来存在着一些难以逾越的障
碍"。[18] "难以逾越的障碍"之一在于,事先存在的政党对此种
议程施加有害影响。涉嫌违反宪法与政党的先期活动有关,并且
参与其中的政党不仅"陈述案情",还"极有可能成为他们自己
的法官"。[19] 十有八九,党派派性(partisanship),而非治国才能
(statesmanship)将操控制宪会议。麦迪逊指责说,这种情况已经在
宾夕法尼亚州成为现实,宾州已经召集了一个"审查委员会"来
"调查是否存在违反宪法的行为,以及立法和行政机关是否互有
侵犯行为"。[20] 麦迪逊将这种"重大而新奇的政治实验"的失败
描述如下:

> 这个委员会存续期间,成员分裂成固定且势不两立的两
> 党。他们自己也承认这个事实,并加以鞭笞。假如情况不是
> 如此,他们会议记录的表面就会展现一个同样令人满意的证
> 明。所有的问题,即使问题本身无足轻重,或相互无关,一
> 些相同的姓名无一例外地站在对立的两栏中,形成对比。每
> 个不存在偏见的观察者都可以保证不出错误地推断,同时用
> 不着指出是哪个党、哪个个人,不幸得很,他们的决定都是

[18] 《联邦论》第 49 篇,第 314 页。
[19] 《联邦论》第 49 篇,第 316 页。
[20] 《联邦论》第 50 篇,第 318 页。

激情的结果，不是**理智**的结果。[21]

因为麦迪逊此处在"派系"的狭隘意义上使用"政党"一词，他的话让我们想到的或许不是民主党和共和党，而是诸如"纳税者反叛"运动，又或许是支持或反对堕胎的狂热分子这类团体。但是他的论证似乎同样适用于我们当前的主要政党。麦迪逊所担忧的似乎是，不论什么样的事先已存在的政党，都会利用制宪会议将其过去的行动合法化并且/或者耍手段谋取未来的好处。转述第 10 篇的意思，开明的政治家或许将不被允许掌握大权。党派利益和激情甚至会感染制宪会议中的"领导人"，并且"当他们被一种共同激情支配时，如果问他们，他们的观点是一样的"。[22] 总而言之，政党不能对与制宪会议相关的工作产生"有益的影响"。

美国继 1787 年以后还没有召开过条件完全成熟的全国制宪会议，因此麦迪逊的论点尚未得到完全验证。然而考虑到数年以前33 个州的立法机关请求国会召集制宪会议时，许多当代政治专家发出了极度痛苦的抗议，我们似乎应该暂时停下来思考，为何此种运动导致了这样的忧虑。当然有必要注意，许多评论者只是反对那些制宪会议支持者们所提出的政策目标而已。再者，反对者们指责说，国家可能会面临一次"失控的"制宪会议。然而，不管用怎样的形式表达出来，任何对召集一次新的制宪会议怀有严重保留的人（也就是思考者）之所以这样想，难道不是显然因为他害怕参会代表共享一种危险的"共同激情"，或者因为他担心一次新制宪会议中利益和党派的叫嚣冲突，会导致会议的最终产物是一部与 1787 年宪法相比更没原则且更不耐用的宪法吗？

---

〔21〕《联邦论》第 50 篇，第 319 页。
〔22〕《联邦论》第 50 篇，第 319 页。

不管怎样，人们不应该留有麦迪逊试图将费城制宪会议的代表们塑造成"半神集会"的印象。在《联邦论》中，麦迪逊和汉密尔顿都不曾认为宪法完美无缺；相反，两人都认为它是"易犯错的人"所创造的不完美作品。"无关紧要的考虑"影响了工作，而且即便是在最为心平气和的代表中间也有重要的分歧有待解决。诚如麦迪逊所说："人们运用理性冷静而自由地思考各种独特问题之时，势必会在某些问题上陷入不同的观点。"[23] 然而，麦迪逊不可否认地声称费城制宪会议具有独特性。这种独特性之特别性质，以及随之而来的对于未来世代美国人之警告，可从下述麦迪逊谈论 1787 年宪法之前的各邦不同宪法的段落中记取：

> 我们应该记住：现存各种宪法，都是在危机之中制定的，危急压制了民众对秩序与和谐的不友好激情；对爱国领袖们的狂热信心，阻碍了人民对国家大事的正常意见分歧；由于对旧政府怀有普遍的怨恨和义愤，人们产生了一种普遍的、对新的相反政府形式的热忱；并且同时没有与改革相关的党派精神，也没有需要纠正的滥权行为，在制宪过程中混合发生影响。我们经常会面临的未来局势中却不会再呈现出同等的安全，以应付我们所担忧的危险。[24]

麦迪逊真诚地相信，"在某些重大和非凡的场合，应该标示通向人民决定的宪政道路，使其保持通畅"。但他也相信，除了其他的原因，政党使这条道路上的旅行变得危险，因而，不应该经常在这条道路上行进。

---

[23]《联邦论》第 50 篇，第 319 页。
[24]《联邦论》第 49 篇，第 315 页。

政党与分权制衡体系

如果《联邦论》教导我们说，政党在日常政治中是安全的，而在制宪会议上则是危险的，那么在关于政党与分权制衡体系的关系问题上，那部著作教会了我们什么依然存有疑问。谢茨施耐德和詹姆斯·麦戈雷格·伯恩斯等政治学家认为，麦迪逊在《联邦论》第 10 篇中提出的解决派系问题的方案使全国政府基本构架中的分权变得不必要。用谢茨施耐德的话说："如果大共和国中的利益多样性使专制多数变得不可能，那么分权的主要理论支柱便已经被摧毁了。"[25]

谢茨施耐德相信美国政治生活的多元特性（the pluralistic character of American political life）使政党政府成为完全安全的政府，并且由于坚持认为对抗多数人暴政之可能性的额外保障措施是必要的，麦迪逊是谨慎过头了，而且最终与他自己关于多元主义的论述前后矛盾。争论与多元主义是否总是有能力防止多数人暴政的问题相关。诚如下面来自《联邦论》第 63 篇的段落所述，麦迪逊给出否定答案：

> 或许有人会说：一个分布广泛的民族，不可能像一个挤在狭小地区的民族那样，受到暴烈激情的感染，陷入同时追求几个不义举措的危险。我不否认，这种差别具有极其重要的意义。相反，在前面的一篇文章中，我已经努力说明：这是我们需要建立一个联邦共和国的主要原因之一。与此同时，这个优势不能被夸大，认为不需要采取辅助性预防措施。甚至还要指出：幅员辽阔这一因素，能使美国人民避免

---

[25] 谢茨施耐德：《政党政府》，第 9 页。

小共和国易于发生的危险，却也会使他们暴露在更长时间的
不便之中，这不便即联合起来的利益中人成功在他们中间散
布失实陈述的影响。[26]

再一次，麦迪逊提到的前篇文章指的是第10篇，为了充分理
解麦迪逊所倡导的"辅助性预防措施"，回述那篇文章是有必要
的。诚如谢茨施耐德似乎相信的那样，如果麦迪逊已经将财产视
为派系（及政党）的诱因，那么似乎接下来他会认为，在一个扩
展的共和国中培育出来的多种多样的经济利益将有能力防止多数
人暴政；因为没有一种单一经济利益能够处于控制整个社会政治
的位置。然而谢茨施耐德的解释具有误导性，因为尽管麦迪逊将
财产视为"最普遍而持久的派系来源"，但他并没有将财产视为
派系的唯一来源。事实上，如果不存在私有财产权这样的东西，
依然会有派系，因为派系的根本诱因无外乎人的本性。而麦迪逊
自己的话最精当地判定了派系对市民社会造成的影响：

党派活动的潜在成因根植于人的本性；依文明社会的环
境不同、程度不同，我们到处都能看到党派活动。对宗教、
政府及其他许多观念的狂热追求，或沉湎玄想空谈，或付诸
行动；追随各路雄心勃勃、梦想升腾、争夺权力的领袖人
物；追随关怀各种人间激情的其他人物已经令人类分党立
派，使他们相互敌对，怒火中烧，使他们痛苦冲动，互相压
迫，而非合作实现共同利益。人类相互为敌的秉性如此强
烈，以致在没有实质性敌对因素时，最为琐碎、凭空想象出
来的差异就足以挑起人们的对立情绪，激发人们投入暴烈冲

---

[26] 《联邦论》第63篇，第385页。

突之中。[27]

注意，来自第 63 篇的前引段落与前面引文的共同之处在于，二者均深切关注一种被广泛感受到的暂时激情，以及/或聪明但不称职的政治领导人的阴谋诡计，可能对政治体造成的不可挽回的伤害。《联邦论》的作者们将此见解视为一项基本信条，即人民通常既希求好政府，也渴望他们自己最佳利益之实现，并且事实上两者之间不存在根本性的不平衡。然而这些人也相信，或是因为煽动政治家们的活动，或是因为某种普遍且暴力的激情的爆发，人民可能在一瞬间希求与"共同体永久且总体利益"相反的公共政策。这是一个关乎头脑（head）而非心肠（heart）的问题。人民本意良好，但并不总是能够成功地控制他们的激情。在人民失去理智的情形中，麦迪逊及其同道之人认为，应当指望总统或参议院或最高法院约束多数人，直到激情褪去，人民有机会进行一次"冷静的再思考"。

既然普遍认为美国的建国者对人性持无望观点，那么或许对某些人来说，得知这些建国者相信给予人民充足的时间考虑，人民便能够认同好政府是令人惊讶的。然而这样的观点为《联邦论》所证实。辅助性预防措施是必要的，但最终的结果不是止步不前；相反，最终的结果应该是明智而稳健的政策。两段话——一段来自麦迪逊论参议院，另一段来自汉密尔顿论总统——为该进程，为其必要性，也为出现一种愉快而公正结果的可能性提供了有力证明：

　　我所诉诸的民族，是个很少被偏见蒙蔽、被阿谀哄骗的民族，在此，我想斗胆再加一点：这样的机构［参议院］或

---

[27]《联邦论》第 10 篇，第 79 页。

许有时是必要的，它可以捍卫人民，对付人民自身的短暂错误或迷茫。所有的政府里，事实上，所有的自由政府里，冷静的、深思熟虑的群体意识，最终实际上必然会压倒统治者的意志；因此在公共事务中会出现特殊时刻，人民受到某些不正常激情的蛊惑，受到某些不正当利益的诱惑，受到利益中人刻意散布失实陈述的误导，会要求实行一些他们事后也会深恶痛绝的政策。在这种紧要关头，由一些稳健的、受人尊敬的公民组成的机构，为了制止这种误入歧途，阻止人民遭受他们自身的打击，挺身而出，直到理性、正义和真理重新控制公众的头脑，岂不是一件大好事吗?[28]

共和原则要求：民间的敏锐感觉应该支配他们选出为他们谋事的人；但不要求当选的人一味顺从民间激情的每一点风浪，每一滴细微冲动。这种风浪和冲动，可能来自蛊惑之徒，他们煽动民众的偏见，背叛民众的利益。……等到民众的利益取向存在分歧的时候，指定的人民利益的护卫者们就有责任顶住这些盛行一时的欺骗和迷惑，给人民提供冷却的时间和机会，镇静反思。这样的例证很多：这种行为拯救了人民，保护了百姓，避免人民犯错误，避免造成毁灭性后果，并且使护卫者们获得了人民持久的纪念碑式的感激，这些护卫者有勇气、有操守，在人民处于自身反感情绪高涨的危险之中时，足以为他们效劳。[29]

当人们将《联邦论》第 10 篇与后面明确表达并辩护分权制衡体系的篇目联系起来时，下面的论述似乎就会显现出来。扩展的美利坚共和国之多元特性将构成对抗多数派危险的充分疗救方法。这一观点就经济利益竞争而言尤其正确，因为，既然没有一

---

[28]《联邦论》第 63 篇，第 384 页。
[29]《联邦论》第 71 篇，第 432 页。

种单一利益可以构成整个社会的多数派，多种多样的利益便被迫加入建立联合的温和进程之中。然而，美国政治的多元特性有时会被煽动政治家们的"狡猾的失实陈述"以及/或被一种暂时却暴力的激情给丢到一边。当这种情况发生时，国家便会落入一个多数派/党的政治控制之下。如此情况不仅会导致对少数派的压迫，也会危及共和政体的本质和未来。在这些多元主义失败的危急关头，人们必须指望构成分权体系一部分的制衡原则发挥作用，直到麦迪逊所说的"理智、正义和真理重新控制公众的头脑"为止。更具体地说，因为众议院被设计成以一种方式对其成员施加影响，使其成员"习惯性地回想起他们依赖于人民"的机制，[30]《联邦论》的作者们强烈要求总统、最高法院和参议院应当"在这些紧要关头"或各自为阵，或联合行动，以处于"阻止人民遭受他们自身的打击"的位置之上。

到此为止，显而易见，事实上麦迪逊与（尤其是）谢茨施耐德两人就所谓"政党政府"与分权制衡体系之间的可能关系问题存在严重分歧。而且，与谢茨施耐德的论述相反，分歧与某种麦迪逊分析中存在的所谓的自相矛盾无关——麦迪逊并没有自相矛盾。再者，谢茨施耐德似乎相信美国社会的多元特性就是保护政体免受多数派暴力的充分条件；然而，麦迪逊则确信多元主义偶尔会失败。一方面，对谢茨施耐德而言，政党政府就是既安全又有效的政府。它自己就能保证多数人意志向公共政策相对平稳的转化。制度性制衡只能阻挠人民的合法志向和需求。另一方面，麦迪逊则深信，国家要想真正免受多数派疾病的侵害，就必须拥有一个组织起来以保证只有"共同体冷静而审慎的情感"才能占上风的全国政府。即使政党自身就是多种多样利益的广泛联合，单单有政党政府也不能完全提供这样的保证。

---

〔30〕《联邦论》第 57 篇，第 352 页。

结论

现代学术研究倾向于将《联邦论》视为一部完全无心同情政党的著作。这样的解释在一定程度上是不准确的，并且完全掩盖了一个事实，即詹姆斯·麦迪逊在一些最为重要的论证的字里行间，似乎非常赞同以联合为基础的政党在控制公共政策中扮演主要角色的观点。起码明说或暗示麦迪逊会将民主党和共和党视为派系是具有误导性的，倒不如说，他显然通常会将这些政党视为对派系的一种疗救方法。

然而，说麦迪逊和汉密尔顿都不愿意完全依赖于任何类型的政党实现控制公共政策，则是正确的。在某些关键场合，国家需要有辅助性预防措施，来对抗受激情鼓舞的多数派犯下的错误。此外，认为麦迪逊坚信任何类型的政党都绝不会对制宪会议的工作施加有益影响也是正确的。虽然他坚持说"宪政道路"应该总是"保持畅通的"，他极力警告，如果人民选择重现费城制宪会议这一戏剧性事件，一定要防范政党的危害。

似乎极有可能出现如下情形——一时间"单一利益"团体，国会召开修宪会议的请愿书，以及我们主要政党可能处于"停滞不前"状态的情况引人瞩目——类似《联邦论》这样的著作或许会为我们提供与此类问题相关的有价值的思考。但是如果我们想要从我们的建国政治家的政治思想中获益，我们就得首先下番苦功去理解它们，而《联邦论》似乎值得付出这样的努力。

学术论文

近代中国"法统"话语的终结：1924—1926

吴景键[*]

摘要： 以宪法为中心进行政治整合的"法统"话语在近代中国宪制发展过程中曾经扮演着相当重要的角色。1924 年 10 月，冯玉祥发动"首都革命"，意图推翻民国成立以来的"法统"政治。然而，近代中国的"法统"话语并未就此终结。从政界来看，与冯玉祥对立的北洋其他势力仍旧试图以"法统"话语实现整合；而从学界观之，"革命"思想虽渐成主流，但亦不乏学人从学理层面为"法统"话语辩护。直到 1926 年底，随着民族主义思潮进一步崛起与国民党北伐推进，"反赤"话语成为北洋势力新的整合手段以后，"法统"话语才彻底失去其政治整合力。

关键词： 宪法 法统政治 整合民族主义

---

* 耶鲁大学法学院法律科学博士（J.S.D.）候选人。本文写作要特别感谢章永乐、李启成两位老师的指导。

一、导论：在"法统"与"革命"之间

1924 年 10 月 23 日，原属直系阵营的冯玉祥临阵倒戈，控制北京城，囚禁大总统曹锟，并自命之"革命"。[1] 而这场"革命"的首要对象，便是中华民国建立 13 年以来的"法统"。所谓"法统"，是指建立在某一宪法正当性基础上的权力统治;[2] 它的背后，则是一套以宪法为中心进行政治整合（political integration）的话语/叙事。[3] 自 1912—1924 年，北洋政府先后经历四个"法统"时期：（1）"临时约法法统"（1912—1914）；（2）"民三约法法统"（1914—1916）；（3）"安福国会法统"（1917—1920）;[4]（4）"曹锟宪法法统"（1923—1924）。而冯玉祥"革命"的真正革命性，不在于其直接废除了"曹锟宪法法统"，更在于其意图根本在于推翻民国建立以来以宪法作为正当性基础的权力统治形式。换而言之，这是一场意图终结"法统"话语的"革命"。

可事实上，即便是冯玉祥本人也对究竟能否以"革命"彻底推翻"法统"并无把握，以致时论讥讽其"似革命非革命，似依

〔1〕 冯玉祥自称："国民军完全为改造国家而革命""此次革命完全为救国救民救无辜"。见中国第二历史档案馆编：《冯玉祥日记》（第 1 卷，1920—1924），江苏古籍出版社 1988 年版，第 624 页；孙中山亦称许其"为革命进行扫除障碍"，见《复冯玉祥等电》（1924 年 11 月 7 日），载中国社会科学院、中山大学历史系、广东省社会科学院合编：《孙中山全集》（第 11 卷），中华书局 1985 年版，第 288 页。

〔2〕 《现代汉语词典》对于"法统"的定义为，"宪法和法律的传统，是统治权力的法律根据"，见中国社会科学院语言研究所词典编辑室编：《现代汉语词典》（第 5 版），商务印书馆 2005 年版，第 371 页。

〔3〕 耶鲁大学法学院的保罗·卡恩（Paul W. Kahn）教授便指出，美国宪政的核心其实是一种以宪法为中心进行政治整合的叙事，see Paul Kahn, *Legitimacy and History: Self-Government in American Constitutional History*, New Haven: Yale University Press, 1992; Paul Kahn, *The Reign of Law: Marbury v. Madison and the Constitution of America*, New Haven: Yale University Press, 1997. 亦参见田雷：《宪法穿越时间：为什么？如何可能？来自美国的经验》，载《中外法学》2015 年第 2 期。

〔4〕 与其他时期不同，此一时期权力统治的正当性基础不在于某一宪法，而在于以制定新宪法为目标的"安福国会"。

法非依法"。[5] 就在发动"革命"后不久，他便推出黄郛组建摄政内阁。而该摄阁一方面依循《中华民国宪法》产生，另一方面却又在程序上漏洞重重，进一步凸显了冯玉祥在"革命"与"法统"两者间的暧昧不明。[6] 在奉系的压力之下，黄郛摄阁旋即倒台，北洋元老段祺瑞由各方"拥戴"出山收拾政局。段氏一方面沿着冯玉祥的革命姿态宣布"法统已坏，无可因袭"[7]，另一方面于 11 月 24 日就任中华民国临时执政，意图以召开善后会议的方式谋求统一。然而，段氏整合诸多政治势力的努力，终因其自身力量单薄而以失败告终。1925 年底，浙奉战争爆发，郭松龄不久后与国民军密谋反奉，奉直双方遂不计前嫌共同对付国民军，导致冯玉祥于 1926 年初下野，段祺瑞的临时执政地位岌岌可危，北洋政治中枢再度真空。面对此等时局，在吴佩孚、张作霖等实力派的鼓动之下，原已黯淡于"革命"旗帜之下的"法统"话语复又浮出水面，"护宪""护法"之声甚嚣尘上，直至1926 年底方告正式终结。

2011 年辛亥百年纪念以后，近代中国的"法统"话语已获得越来越多学者的关注。[8] 然而，无论是法学界还是史学界，对于"法统"话语的研究大多以 1924 年冯玉祥发动"首都革命"

---

〔5〕 危言：《北京通信》，载《申报》1924 年 11 月 13 日。

〔6〕 对黄郛摄阁合法性问题的分析，参见杨天宏：《"清室优待条件"的法律性质与违约责任》，载《近代史研究》2015 年第 1 期。

〔7〕《段祺瑞就任临时执政并发表国是主张通电》(1924 年 11 月 21 日)，载中国第二历史档案馆编：《中华民国史档案资料汇编》第三辑政治（二），江苏古籍出版社 1991 年版，第 1478 页。

〔8〕 对于近代中国的"法统"话语，最为重要的研究无疑来自章永乐教授。在《旧邦新造》一书中，章永乐对于 1911—1917 年间"法统"话语的政治整合力进行了非常深入的分析。参见章永乐：《旧邦新造：1911—1917》（第 2 版），北京大学出版社 2016 年版。亦参见陈煜：《1914："革命护法"的开端——民初法统之争及其启示》，载《南京大学法律评论》(2015 年春季卷)；吴景键：《"法统战争"：1922 年"法统重光"再审视》，载《新路集：第五届张晋藩法律史学基金会征文大赛获奖作品集》，陈煜主编，中国政法大学出版社 2015 年版，第 271—297 页；曹文娇：《法统抉择与政治妥协：从 1916 年民国约法之争说起》，载《政治与法律评论》(第 6 辑)，北京大学出版社 2016 年版，第 174—232 页。

为限，鲜有作品深入探讨"法统"话语因何迟至 1926 年末才彻底失去其政治整合力。[9] 这首先是因为北洋国会于 1924 年底即告解散，"法统"话语失去了现实载体。[10] 但更重要的原因是，1924 年国民党改组后，民国史研究的焦点即转向国民党一边。而在以后者为中心的革命史叙事中，自无"法统"话语太多余地。然而，这种对于"法统"话语的忽视，却多少有一点罗志田教授所谓"倒放电影"的意味。[11] 北伐的最终胜利使国民党对此时期的叙事成为正统，可就当时一般人的观念而言，自 1924 年国民党改组后到国民党象征性统一全国以前，南、北两政府间并没有哪一方是绝对的人心所向。[12] 从北方来看，冯玉祥、段祺瑞虽然相继举起"革命"大旗，但却既无彻底替代"法统"话语的"软实力"，亦无武力整合北洋的"硬实力"。一旦二人失势，北洋各派势力仍旧试图以"法统"话语进行政治整合。即使是从更加激进的知识界观之，1924 年以后主张革命的思潮虽然愈演愈烈，但亦不乏学人从学理层面为"法统"存续执言。由此可见，至少在 1924 年后相当长一段时间内，"法统"话语仍然是一种葆有吸引力的政治整合手段。

而本文认为，"法统"话语之所以到 1926 年末才彻底丧失其政治整合力，乃是三重原因共同导致的结果：一是主张"法统"话语的当权者（直系）自身行为与其所拥护之"法"（《中华民

---

〔9〕 如上所述，法学界对于"法统"话语的研究多集中于"临时约法法统"与"民三约法法统"。史学界对此时期民国政治的代表性研究。参见杨天宏：《革故鼎新：民国前期的法律与政治》，生活·读书·新知三联书店 2018 年版；罗志田：《激变时代的文化与政治：从新文化运动到北伐》，北京大学出版社 2006 年版。

〔10〕 对于中国国会政治消亡的分析，参见杨天宏：《走向衰亡的民初国会——历史过程重建与政治语境分析》，载《四川师范大学学报》（社会科学版）2001 年第 2 期。

〔11〕 所谓"倒放电影"，即指由于结局已知，而往往使失败的一方陷入"失语"状态，此点在民国史研究上体现得相当明显。参见罗志田：《民国史研究的"倒放电影"倾向》，载《社会科学研究》1999 年第 4 期。

〔12〕 参见罗志田：《转折：1924—1926 年间北洋体系的崩溃与南方新势力的兴起》，载《近代史研究》2011 年第 4 期。

国宪法》）有诸多扞格之处，这极大损害了"法统"所能提供的正当性；二是诸实力派之间（直系与奉系）就以何"法"来"统"（是《中华民国临时约法》还是《中华民国宪法》），始终无法达成有效妥协；三是在民族主义思潮高涨与国民党北伐推进的双重外部压力下，"反赤"成为一种更能有效整合北洋各政治势力的新话语。换而言之，"法统"话语的政治整合力主要取决于三点：一是要有"法"，即宪法要有最基本的约束力；二是该"法"要能"统"，即该宪法要能兼容各政治力量的基本认同；[13]三是唯有"法"能"统"，即同时期不存在比宪法或法律更为有效的整合手段。一旦这三点无法同时实现，"法统"话语便会失去其政治整合力。

二、"护宪"与"护法"："法统"话语与1926年的北洋政局

在冯玉祥发动"革命"、段祺瑞就任临时执政后的短暂时间内，"法统"话语除了仍为国会非常会议的一部分议员所坚持外[14]，确实在北洋政局中处于边缘地位。如若段氏的善后会议真能达到统一之效果，则"法统"话语自失其重要性。然而，段祺瑞所维持的均势政治在1925年便迅速被打破，直系与奉系开始联手对抗冯玉祥并迫使后者于1926年初下野，由善后会议过渡到国民会议的路线图自此宣告无望。此时，北洋势力原先所袭用的"法统"话语便再次兴起。北洋旧人孙宝琦即认为，"近一年来现象如此，若当局果有能力补偏救弊，维持到国民代表会议

---

[13] 此即迪特尔·格林教授（Dieter Grimm）所谓的作为宪法整合力前提的"高度包容性"（high degree of inclusivity），see Dieter Grimm, "Integration by Constitution", 3 *International Journal of Constitutional Law* 193, 200 (2005)。

[14] 对于国会非常会议的简要梳理，参见李学智：《第一届国会的最后一幕——1924年北京政变后的国会非常会议》，载《历史教学》2005年第1期。

解决一切，固属幸事；若不得已另寻轨道，自以恢复法统较为切近"。[15] 一时之间，"法统一说，声势浩大，在此一二日内，几无不谈及此二字者"。[16] 然恢复"法统"则又必然牵扯到恢复临时约法还是宪法、是否迎曹锟复位以及何人主阁等问题，从中更可见"法统"话语与民国政治间的复杂勾连，是所谓"政客议员之于法也，常各据其一，以为己之主张，无论其说之能行与否，必争之不已，绝不肯稍示退让，是以每次战争之后，此辈必大吹其法螺，以相号召"。[17]

（一）吴佩孚："护宪"与颜惠庆摄阁

自 1924 年 10 月在山海关溃败于奉军之后，吴佩孚被迫南下，一度在汉口组建起"护宪军政府"[18]，但因遭各方之反对而噤声。后又借靳云鹏、孙传芳之力，方得东山再起，于次年 10 月出任讨贼联军总司令，并通电称："恢复法统，依法律解决一切纠纷"[19]，再次揭出"法统"大旗。吴氏原定"联冯讨奉"，然而却因对冯之背叛始终耿耿于怀，遂转而"联奉讨冯"，共同迫使冯玉祥于 1926 年元旦通电辞职，随后"北京段政府即呈摇动之象，而恢复法统之空气遂弥漫于武汉京津之间"。[20]

对直系的吴氏而言，"法统"之"法"无疑是指 1923 年制订的《中华民国宪法》。盖其以为："《约法》如有效，则根据《约法》所产生之《宪法》不能无效，故护约即当护宪。"[21] 但随之

---

〔15〕《孙宝琦谈联省参议院》，载《申报》1926 年 1 月 7 日。

〔16〕《法统还魂说之由来》，载《真光》1926 年第 25 卷第 1 号。

〔17〕菱伯：《法统问题》，载《国闻周报》1926 年第 3 卷第 3 期。

〔18〕"护宪军政府"之历史，参见徐矛：《中华民国政治制度史》，上海人民出版社 1992 年版，第 140—141 页。

〔19〕《吴佩孚抵汉受总司令职发通电以法律民意为言》，载《申报》1925 年 10 月 22 日。

〔20〕《急转直下之时局》，载《申报》1926 年 1 月 13 日。

〔21〕政之：《北洋政局蜕嬗记（下）》，载章伯锋主编：《北洋军阀》（第 5 卷），武汉出版社 1990 年版，第 362 页。

而来的棘手问题则是，曹锟的大总统职位与贿选议员应当如何处置。早在吴氏再度出山之时，张謇便致信吴氏称："第一，公不可拥戴曹氏而出……第二，公不可为拥戴旧国会及一班政客议员而出……公若不察，误听护宪护法之说，作茧自缚，引狼入门，祸将无已，人且失望。"[22] 对于吴景濂等贿选议员，吴佩孚素无好感，但如何处理曹锟却对其至关重要。据直系将领王坦回忆，曹氏一度还以为有复职之希望，然王以之询于吴佩孚时，吴却回应称："三爷（曹锟）这人你不是不清楚，在前台他是唱不好的，我看还是请他在后台呆呆吧。等我把大局奠定，咱们再商量。"[23] 简而言之，吴氏一方面希望借"护宪"占据北洋中枢，另一方面则意图令曹锟辞职，转由"首都革命"时倒台的颜惠庆内阁摄政，以摆脱曹锟贿选之污名。时人对此亦猜测到："在吴氏之意，诚以为曹已自动辞职，虽护宪亦可告无罪于国人。"[24] 1926 年 4 月 25 日，吴佩孚之代表齐燮元抵京，一方面向在京的张学良提出护宪、颜惠庆组阁等主张，另一方面则请曹锟下野。[25] 然"护宪"一说却遭到主张"护法"的奉系之反对。后经北洋元老王士珍、赵尔巽调停，吴氏改主张颜惠庆内阁依照《大总统选举法》与《中华民国宪法》中所俱有的"大总统因故不能执行职务时，以副总统代理之；副总统同时缺位时，由国务院摄行其职务"一款复职摄政，以此搁置"护宪""护法"问题。5 月 13 日，在吴佩孚的强力支持下，颜惠庆内阁断然宣布复政，并摄行大总统职务。

（二）张作霖：从"护法"到消极反对"护宪"

与吴氏相比，奉系张作霖方面对于"法统"的态度更为复

---

[22] 《致吴佩孚电》，载《张謇全集》编纂委员会编：《张謇全集》（3，函电下），上海辞书出版社 2012 年版，第 1371 页。

[23] 王坦：《曹锟贿选总统始末》，载《文史资料选辑》（第 35 辑）。

[24] 政之：《呜呼护宪》，载《国闻周报》1926 年第 3 卷第 17 期。

[25] 《本馆要电》，载《申报》1926 年 4 月 25 日。

杂。虽然与直系处于合作关系，但张作霖对于当年自己反对贿选及"曹锟宪法"之旧事不能全然不计。故其对于"法统"初主"护法"（即恢复临时约法），反对"护宪"，并于私下运作由黎元洪补足因曹锟被驱逐出京而剩下的 83 天总统任期。[26] 对于此事，一直拥护黎元洪的章太炎自然十分支持，高呼"同人等患难余生，于民国既休戚与共，于约法亦捍卫不渝"[27]，而黎系旧人张绍曾在天津亦同旧国会议员进行"恢复法统"之活动。[28]

然而，奉系对"法统"之态度在后来却由积极运作"护法"转为消极反对"护宪"。其原因则如胡政之所言："盖以奉、直既云合作，不便明白反对护宪，而历史攸关，又不愿屈服自身政见，姑以不负责任之态度为消极反对之表示而已。"[29] 对于吴佩孚积极运作颜惠庆内阁摄政的电报，张氏仅漠然表示："对于政治法律问题，不便过问。一经表示意向，即与历次通电自相矛盾。"[30] 即使在颜惠庆内阁正式复政之后，仍言"与其高谈法律，而为法律家所利用，毋宁使海内名流，共同负责"[31]，隐微流露出对吴氏执意恢复颜阁的不满。而章太炎一方在获悉颜惠庆复政后，意识到黎元洪复位已不可能，投书大骂颜氏"本曹氏之佞臣、段氏之降俘，诈称摄政，不知耻数"。[32]

事实上，"护宪""护法"等"法统"话语的使用，不仅与北洋各势力的现实政治意图及历史源流密切相关，亦多少受外国势

---

〔26〕 参见《各方对于法统之意见》，载《申报》1926 年 1 月 14 日。

〔27〕 "辛亥革命同志俱乐部对时局通电"，载汤志钧编：《章太炎年谱长编》（下册），中华书局 1979 年版，第 860 页。

〔28〕 舜年：《复法派麕集京门》，载《申报》1926 年 2 月 18 日。

〔29〕 胡政之：《北洋政局蜕嬗记（下）》，第 359 页。

〔30〕 政之：《北洋政局蜕嬗记（下）》，第 363 页。

〔31〕 政之：《北洋政局蜕嬗记（下）》，第 366 页。

〔32〕 《辛亥同志俱乐部再致颜惠庆电》，载《申报》1926 年 5 月 21 日。

力之影响。〔33〕对于"护宪""护法"话语背后之外力，从批判帝国主义视角出发的共产党人瞿秋白倒是相较一般时人有着更为精到的观察："护宪的直系军阀，他们的目标是要使英国帝国主义在北京政府里占优势。他们所护的宪法是曹锟贿选的宪法；贿选国会的恢复当然可以帮助吴佩孚政治上的势力。因此，奉张方面便竭力反对，他的办法是要假借护法的名义，根据旧约法召集新的国会，如此，奉张和日本的势力才能有充分自由活动的机会。"〔34〕要而言之，至少从1925年底到1926年初，"法统"话语仍是北洋各方借以实现政治整合的重要手段，无论是派系纷争还是联结他国，依旧要包装在"护宪""护法"等名目之下方有其正当性。

三、"怎么办呢"：1924—1926年间思想界的"法统"论辩

"况且约法是废了，执政是一个临时执政，又不叫做临时制法，简直大法中断，执政固得放开手脚做事，或者非执政也放手闹花样，又怎么办呢？"〔35〕

——吴稚晖，《怎么办呢？》（1926年）

与政界相比，思想界对"法统"话语的不满无疑更甚。然真要一朝废除，难免还是会像吴稚晖一样有所犹豫。而与政界的"法统"论战不同的是，思想界对于"法统"问题的讨论更加关注于"法统"话语本身的正当性。在此时已趋激进化的思想

〔33〕　参见罗志田：《激变时代的文化与政治：从新文化运动到北伐》，北京大学出版社2006年版，第88页，注5。
〔34〕　瞿秋白：《最近中国之中央政府问题》，载《向导》第153期。
〔35〕　吴稚晖：《怎么办呢？》，载《现代评论》第1卷第2期。

界，[36] 主流意见虽是以彻底之"革命"替代腐旧之"法统"；然而，由于中华民国的诞生本身便与"法统"紧密相连，因此不乏学人秉持保守主义立场，主张保留临时约法"法统"。而论辩之焦点又可进一步区分为法理与政治两个层面：从法理上来看，冯、吴所谓"革命"以及此前的"曹锟宪法"是否已将临时约法的"法统"推翻？从政治上来看，存续临时约法"法统"是否仍有其价值？

（一）"革命"与"毁法"

对于"法统"的存废问题，早在段祺瑞出任临时执政时，为其出谋划策的章士钊就曾在学理上有所发挥。在《毁法辩》一文中，章氏提出："执政府者，乃乘无法之末运，开造法之初基。"所谓"无法"，意指临时约法之"法统"已因曹锟贿选、伪宪制成而告终结，贿选议员们"自鬻其身，自鬻其机关，兼自鬻其法统"，所以"伪宪布，《约法》销，法统以断，断矣……法可断而不可续"；因此，段祺瑞之临时执政实"为我国开新基、立新命，殆无便于斯役者"。[37]

时任北京大学法律系主任的燕树棠，虽与章士钊的政治立场殊不相同，然亦主张"法统精神上、形式上已经消灭，不惟无维持之必要，亦无维持之可能"。在其看来，"民国六年法统第二次破坏以后，变乱相循，各为私利，法统云云，适为厉阶，玩用之名"；而段氏此次通令"改新政治，与民更始"，"表示革新政治显标革命主义。其为革命，至为显明"[38]，故"法统"当为今日之"革命"所终结。而在同一期的《现代评论》杂志上，国际法

---

[36] 参见罗志田：《激变时代的文化与政治：从新文化运动到北伐》，北京大学出版社2006年版，第227页。

[37] 孤桐：《毁法辩》，载《章士钊全集》（第5卷），文汇出版社2000年版，第20—23页。

[38] 燕树棠：《法统与革命》，载《现代评论》第1卷第1期。

专家周鲠生亦认为："现今执政府就是从革命产生出来的……就是说这次革命要将民国十三年政治上糊涂的旧账一笔勾销。"[39]

而在主张保留临时约法"法统"一派学人看来，以"革命"断"法统"之说的问题有二：一是误将段祺瑞之建立临时执政府视作"革命"；二是误因"曹锟宪法"而废临时约法"法统"。对于段祺瑞临时执政的"革命"性质，持国家主义的醒狮派诸人便多有不同认识。曾琦认为，所谓革命，一则需"倒翻之而易以自身所信之政策"，二则需"标举其主张而定为共同之目的"，段氏未参加讨曹之役，亦未有明确政见却标榜"革命"，"虽三尺童子，亦知其妄矣"；[40] 而严灵光则进一步质问，段祺瑞"实质上既已毫无革命政府的资格，那么，他又有何等资格，来取消这个国民目前唯一的宪法的临时约法？"[41]

如果说段氏之"革命"未能消灭临时约法"法统"的话，那"曹锟宪法"的产生是否会导致临时约法"法统"中断呢？对此，为临时约法"法统"执言的学者多主张，非经合法之手段，临时约法之效力不能消灭，而"曹锟宪法"显然不属此例。如邱珍认为，"法的生命，除经合法之废止，当然失效外，其或遇非法之障碍，停止效力时，则障碍既去，效力当然回复"；[42] "负仓子"也质疑章士钊之《毁法辨》，"君苟认约法之修改，国会之解散，其程序为合法者耶？更认曹氏之贿宪为有取而代之之资格耶？倘不然者，奸人虽毁法，而约法固仍然存在，丝毫未损也"；[43] 祝平更是借章士钊所擅长之逻辑学反诘道："章氏既认曹锟毁法，则

---

〔39〕 周鲠生：《约法问题的解决》，载《现代评论》第 1 卷第 3 期。

〔40〕 曾琦：《异哉段祺瑞之革命!》，载《醒狮》1924 年 12 月 27 日。

〔41〕 灵光：《段祺瑞有取消约法的资格么?》，载《醒狮》1924 年 12 月 27 日。

〔42〕 邱珍：《论法统》，载《晨报》1926 年 1 月 15 日。

〔43〕 负仓子：《读毁法辨质疑》，载《甲寅》1926 年第 1 卷第 28 期。对此，章士钊回应称，大法与普通法之不同恰恰在于，后者存废可依既有秩序而行，然前者之废除必然以革命之手段，见孤桐：《论约法答负仓子》，载《章士钊全集》（第 6 卷），第 78 页。

必别有被毁之法存，今毁法者既去，则被毁之法当然无恙也，又安得遽谓'无法'？"[44]

(二)"法"与"力"

然就"法统"问题而言，法理层面尚属次要，更关键的是，在政治层面有无必要保留作为正当性根基的《中华民国临时约法》？对此，主废"法统"一派认为，临时约法已失去其背后势力，没有保存之价值；主存"法统"一派则认为，临时约法是中华民国之根本法，而一国的根本法断然不能轻易废除。

在《毁法辨》一文中，章士钊曾演绎英国史学家麦考莱之语称："宪法者，纸币也。纸币诚利于商，而无实币以盾其后，纸亦纸耳，何裨于用？惟宪法亦然。宪法之下，别有力焉，此力不行，宪溯于死。此力者何？亦吾民生长歌哭、久久相沿为用之种种法则而已。"章氏在此举出的"法"与"力"之对照颇为生动，在其看来，"力"才是"法"之根本。那什么是"力"呢？在章氏看来即"法"背后民众之"习惯"，"吾中国之以习惯力统御社会，仿佛似英，此习惯力不失，即国家不失。根本法云云，俱全外铄之词，倘或民元而无所号《约法》者出世，吾国积极方面安定决无逊于今日。"由此，章氏又进一步演绎出"横法"与"纵法"之区别，"是《约法》者横法也，而吾自有其纵法。《约法》者皮傅之法，而吾自有立命之法。横而皮傅者，时虽近而实远。纵而立命者，时虽远而实近"。[45]

当时尚在北京法政学校读书的张友渔对于废除临时约法"法统"的看法亦与章士钊相近，只不过章氏所承袭的是英国辉格派话语，以为临时约法与中国恒久之习惯相梗；而张氏则显受革命宣传之鼓动，昌言临时约法不符当下民众之利益。盖二人俱以

---

[44] 祝平：《法统论辩》，载《自强》1926年第1卷第4期。

[45] 孤桐：《毁法辨》，载《章士钊全集》（第5卷），文汇出版社2000年版，第20—23页。

"力"攻"法"，唯所恃之"力"或有不同。[46] 在后者看来，"本来一国的宪法，应为当时民意的结晶，故其背后所凭借以自固的势力，亦当为民众之势力；若宪法之存在，不由民众之拥护，而托庇于与民众立在反对地位之恶势力，则这宪法已失其宪法之性质与效力了"。[47]

然而在主张存续"法统"一派看来，首先，"人人心坎中，终究觉得在人类社会的根本组织上，是非有法律不行的，'法'的精神和威严，既有流行底余地，而没有根本地丧失；且时时在人们的心境上，表现其'历万古而长存'底坚性"[48]，且"国家之所以异于原始状态者，其唯一特征即法耳"。[49] 其次，"法"背后之"力"或本身就来自对"法"之维护，此即法治之要义，"一国之宪制固非可一蹴而即几于尽善尽美……然在未经适当手段修改之前，则一国之各机关各个人对于旧制仍当恪守，所谓法治之精神即寓于此"[50]，时任北大哲学系教授张颐亦认为，"一国政治之良否，要视其宪法之推行如何耳。故欲得良好政治，则实行上之良好习惯与好先例，实重于宪章上之优美条文"，而此先例无它，即"武力与法统战，法统卒得最后之胜利也"。[51]

而维护"法统"一派最为根本的论点或在于，力主以渐进政治对抗激进政治。在这一点上，仍是张颐谈得最为透彻。深受黑格尔历史哲学影响的张氏认为，试图通过取消"法统"将"中华民国的糊涂账"一笔勾销，"重新创造一个局面"，"其结果必将

---

[46] 然两者又多少共享了一些唯物主义的论证思路，盖章氏主张代议制不符合，是因为中国乃"农业国"而非"工业国"。参见郭双林：《20世纪20年代章士钊对代议制的批评与改造方案》，载《安徽大学学报》（哲学社会科学版）2015年第3期。

[47] 张友彝：《约法可否恢复？》，载《孤军周报》第72期。张友彝即为新中国著名法学家张友渔（1898—1992）曾用名。

[48] 益增：《废除约法问题平议》，载《孤军周报》第72期。

[49] 祝平：《法统论辩》，载《自强》1926年第1卷第4期。

[50] 祝平：《法统论辩》，载《自强》1926年第1卷第4期。

[51] 张真如（张颐）：《法统问题之我见》，载《现代评论》第1卷第10期。

演成莫大之悲剧"。原因在于，政治进化如同民族精神之生长，实为一缓慢过程，不可强行陡变，法国之历史即可为反证。而在此过程中，难免有种种波折，亦难免有人假"法统"之名以为私用，然而数十年以后人们却只会记得"法统"得胜，不会记得其间的种种乱局。

但迅速变动的时局并没有给张颐留下检验其预断的机会。随着民族主义思潮崛起与北伐所带来的外部压力增强，民国政治的话语模式亦发生变迁，而关于"法统"问题的种种思想界讨论也失掉了现实政治中的根基——一种全新的苏俄政党模式的出现，解决了吴稚晖在"法统"政治末期所抛出的疑问。而令人玩味的是，"怎么办"恰恰也是列宁曾经使用过的著名标题。

四、从"法统"到"反赤"："法统"话语的终结

如前文所述，1924—1926年间，"法统"话语在政学两界仍具有相当影响力；而其在民国政治中的真正消亡实则始于1926年中旬。从北洋政局内部来看，这首先与1926年5月中旬吴佩孚仓促拥护颜惠庆内阁上台有关。由于时间紧迫，颜氏上台过程中多有不合法之处，这首先导致倡言"法统"者自身便在合法性上有亏。而在奉系与支持黎元洪一派看来，颜氏所代表的终究还是吴佩孚的"护宪"势力，因此拒予承认，这表明北洋各主要势力在以何"法"来"统"的问题上亦未达成妥协。不过，最为主要的原因还是来自外部。五卅以后，民族主义思潮迅速崛起，而冯玉祥的国民军与北伐的国民党对于北洋诸势力而言，更意味着苏俄威胁的具体化。因此，北洋各派转而试图以民族主义的"反赤"话语进行更加有效的整合，"法统"话语遂告终结。

（一）内：无"法"无"统"的"法统"

从法理来看，吴佩孚在1926年采取护宪拥颜这一方案甚有可

非议之处。首先，曹锟在 1924 年正式辞职前便已将颜惠庆免职。颜氏若复职，则需指曹氏当年命令因受胁迫而无效，如此则必然连带出一系列棘手问题，因为"国家政务含有连带性，无论承认与否，皆宜概括全部，如强指某事为有效，某事为无效，则标准无从而定，纠纷更不可言矣"；[52] 其次，无论是依照《大总统选举法》第 5 条第 3 项还是依照 1923 年《中华民国宪法》第 76 条，俱明令"副总统同时缺位，由国务院摄行其职务"，可见摄政权是由作为机构的国务院行使而非国务总理一人行使，而颜惠庆此时实际上并无所谓内阁，也无权代表国务院接受政权，盖"大总统依法律以政权授予内阁摄行，非曹仲珊个人可以转移政权也，反之颜阁之摄行职务，亦以国务院之名义接受政权，非颜骏人个人可以接受"；[53] 最后，颜氏复职通电中"本院依法自本日起摄行大总统职务"所依究竟是何法暧昧不明。对此，章太炎便明白指出："足下摄政导源于民二大总统选举法，则谓摄阁为护法可，护宪亦可，愚弄天下，有同儿戏……言约法则别无正统，言宪法则多为罪人，此足下之复职，在法律为无据也。"[54] 此外，在外交层面上，日本、比利时、美国等国亦因为颜惠庆摄阁的合法性缺失而相继表露出不欲承认北京政府之意，这无疑也是对"法统"话语的一个沉重打击。[55]

而从政治妥协的角度来看，吴氏对于"护宪"的固执己见，导致奉系及支持黎元洪一派殊难接受，这也使"法统"失去了基本的政治包容力。针对这一局面，《晨报》曾发表评论称，"在今日情势之下，无论何方皆无独揽中央之实力，无实力而强为之，

---

〔52〕《颜阁之法的问题》，载《申报》1926 年 5 月 23 日。
〔53〕《颜阁之法的问题》，载《申报》1926 年 5 月 23 日。
〔54〕《再致颜惠庆电》，载汤志钧编：《章太炎年谱长编》（下册），第 869 页。
〔55〕 参见王建伟：《民族主义政治口号史研究》，社会科学文献出版社 2011 年版，第 78—79 页。

即使对方一时不持异议，结局终难有圆满之办法。"〔56〕6 月上旬，直、奉于天津再度就"法统"问题进行磋商，对于颜惠庆的"依法"摄政，"奉方表示，苟能撇开一'法'字，则任何人选组阁奉方皆可赞同"〔57〕，足见双方对于"法统"名目分歧之大。最后虽勉强达成以海军总长杜锡珪替代颜惠庆的妥协方案，但双方在"法统"问题上终究还是无"统"可言。盖如李大钊对此次天津会议所评论的那样，"关东胡子雄心并不弱于秀才，故表面以法律、政治问题公诸国人，里面进行另辟门径达登大宝之目的，所以护法呼声高唱一时，现在本身问题僵而又僵"。〔58〕而支持黎元洪一派亦以为，吴佩孚将"法统"与直系之政治利益过度捆绑，以致难圆其说，"咸谓约、宪之争，法律问题其名，政治问题其实。而谈政治方面，则试问民国十三年十月二十三日之政变，与民国十二年六月十三日之政变，有何区别？"〔59〕

然而，颜阁非法上台、奉直意见不一尚属北洋内部之事，仍不足以令北洋各势力彻底抛弃"法统"话语。对"法统"话语终结有着最直接影响的，还是另一种民族主义竞争性话语的兴起。

（二）外：民族主义思潮与"反赤"话语的兴起

在《中国近代思想史中的激进与保守》一文中，余英时先生曾提出，在近代中国，"一个政治力量成功还是失败，就看它对待民族情绪的利用到家不到家。如果能够得到民族主义的支持，某一种政治力量就会成功，相反的就会失败"。〔60〕因此，讨论"法

〔56〕《天津会议大体决定》，载《晨报》1926 年 12 月 10 日。
〔57〕《吴佩孚有修改津议说》，载《申报》1926 年 6 月 21 日。
〔58〕列武（李大钊）：《天津会议与时局的将来——六月十九日北京通信》，载《向导》第 161 期。
〔59〕政之：《北洋政局蜕嬗记（下）》，载章伯锋主编：《北洋军阀》（第 5 卷），武汉出版社 1990 年版，第 365 页。
〔60〕余英时：《中国近代思想史中的激进与保守》，载《钱穆与中国文化》，上海远东出版社 1994 年版，第 203 页。

统"话语的终结必然要关注外部民族主义话语之影响。

民族主义思潮在中国的大规模兴起与五卅运动密切相关，因为后者第一次向时人展示了帝国主义威胁的现实存在，并使北方政治力量意识到运用民族主义话语之重要性。自此以后，各种民族主义口号盛行一时，而在北洋方面尤以"赤化"与"反赤化"为著。"赤化"一词初为国民党内反对派攻击国民党"联俄容共"政策时所使用，后则被英日等国用于谴责苏联插手五卅运动。而其第一次被北洋势力所用，则是 1925 年底由奉系李景林部借来声讨冯玉祥，以"反赤"旗帜为自身军事行动正名。自此以后，冯玉祥及其国民军便与南方之国民党成为北洋势力口中所谓"南北二赤"。[61]

奉直两方推翻临时执政府以后，虽如上文所述，就"法统"问题始终无法达成一致，然军事形势上的外部压力却使二者"尽捐夙嫌，合力对冯，而共树讨赤之大旗"。[62] 而拥护黎元洪承继"法统"、民族主义情结甚重的章太炎也开始将"反赤"看得比"护法"更加重要，认为"护法倒段，题目虽大，而以打倒赤化相较，则后者尤易引人注意。十余年来之战争，尚系内部之争，今兹之事，则已掺入外力，偶一不慎，即足断送国家主权，此与历次战争绝对不同"。[63] 要言之，在原先所袭用的"法统"话语陷入无"法"无"统"之僵局时，"反赤"的民族主义话语恰逢其时地为北洋各方提供了一个重新整合的标帜。套用李剑农先生的话来说，原先北洋各派争"法统"，现在则开始争"反赤"之大统了。

---

〔61〕 参见王建伟：《民族主义政治口号史研究》，社会科学文献出版社 2011 年版，第六章。

〔62〕 《新鸿门宴：吴张之今昔》，载《顺天时报》1926 年 6 月 28 日。

〔63〕 "章太炎与梁士诒之时局观"，载汤志钧编：《章太炎年谱长编》（下册），第 849 页。对章太炎"反赤"思想的详尽分析，参见罗志田：《乱世潜流：民族主义与民国政治》，上海古籍出版社 2001 年版，第 288—297 页。

而随着国民党北伐的逐步推进，吴佩孚实力大为削减，对于"法统"话语本就不甚热心的张作霖在北洋体系内的话语权进一步上升，所导致的结果便是"反赤"话语进一步压过"法统"话语。在1926年底出任安国军总司令时，张氏便公然提出"设临时内阁于总司令之下""对过去诸事不取连续意味"。当时即有论者认为，这一做法沿袭了段祺瑞中断"法统"的先例。[64] 1927年6月，张作霖在就任中华民国军政府海陆空大元帅时更明确废除"法统"，表明"此后海内各将帅不论何党何系，但以讨赤为标题，即属救亡之统治，不特从前之敌此时已成为友，即现在之敌将来亦可为友"。[65] 这在某种象征意义上便代表着以"法统"话语为基础的民国早期政治的终结。正如作为旁观者的晚清遗老郑孝胥所言，"宪法、约法皆废除，共和民国以今日亡"。[66]

五、"政式"转移：从"法统"到"党统"

早期民国政治一个最大的悖谬在于，现实政治运作与法律相违者虽比比皆是，然其政治话语却始终围绕"法统"而展开。对于"法统"话语在民国政治中的这一独特地位，反对存续"法统"的章士钊曾有一段颇为精辟的分析。在《论宪》一文中，章氏便指出："宪法者，十余年来一至不祥之政治散名也。全国人不解此物，全国人不需此物，而全国人又为此物而战，杀人流血，在所不计。骤尔视之，天下之怪事不可以常理论者，宜莫逾此。"为何会有这种既厌之又难离之的心态呢？章士钊以为，最根本上是出于"利"之驱动，盖"吾人入政，各有其所自以为利者之基因，而自利之事每不便于公告，则广搜政式之有符于吾利者立为

---

〔64〕 悖序：《安国军的出现》，载《孤军周报》第102期。
〔65〕 政之：《北京改制记》，载《国闻周报》第4卷第24期。
〔66〕 《郑孝胥日记》（第4册），中华书局1993年版，第2149页。

标揭，一以自张其军，一以开敌党之口而夺之气"。而在当时传入中国的种种"政式"之中，"宪法者，乃标揭之至明亮而有力者也。人假其名以行，安怪其哉？"因此，章士钊最后提出，无论是"法统"还是宪法，俱是一"假名"也，"盖天下未有为假名而争假名者也。以宪法言，未有为宪法而争宪法者也"。[67]

除了利益驱动以外，章氏此处所揭出的政治势力对于"法统"这一"假名"或"政式"的依赖亦与当时的文武格局有关。如杨天宏所言，由于第二次直奉战争造成国人普遍的反战情绪，中国政治当时重新出现了由"尚武"到"右文"的回归趋势。作为赳赳武夫的军阀反而更加重视"文斗"，相互间以"电报战"互相攻击之时间往往数倍于实际之作战时间。[68] 而对"法统"话语最为坚持的吴佩孚，便是所有北洋武人中最有"文人"情结的一位，被时人称为可以统一中国的"三个秀才"之一。[69] 由此不难理解，吴佩孚何以在南北双线作战的同时，对于"护宪"这种"法统"话语仍如此不舍；而与之相对的是，继吴佩孚之后占据北洋中枢的张作霖则因从边缘地位崛起，对于"文治"最无心理包袱，而北洋政局也恰是在其手中彻底抛弃"法统"话语而走向"反赤"话语。

不过，假若没有北洋以外的压力，"法统"话语也并非不可能有更长的政治寿命，亦不排除由"假名"而转为"真名"之可能。正如张颐所说，人们几十年后只会记得，"武力与法统战，法

---

〔67〕 行严：《论宪》，载《章士钊全集》（第4卷），第320—322页。

〔68〕 根据美国学者白鲁恂（Lucian W. Pye）统计，在当时督军彼此之间相互攻击的300份通电中，没有一份为军人干政辩护，而呼吁道德规范的有30份，拥护民主共和的有38份，要求实施宪政的有19份，反对专制独裁的有26份，主张联省自治的有11份，呼吁文官政治的有10份，反对"黩武主义"的有32份，要求废督裁军的有27份，呼吁国家统一的有38份，主张建立法律秩序的有37份，主张实践民权的有9份，几乎每一份电报都提出了某种类型的"文治"主张。参见杨天宏：《北伐前夕中国政治中文武关系的变化》，载《社会科学研究》2001年第5期。

〔69〕 另两位分别是陈炯明与赵恒惕。

统卒得最后之胜利也"。以"宪政之母"英国为例,《大宪章》在发布后的几百年时间里,亦只是一"假名"而已。贵族以《大宪章》为旗帜伸张一己之权利,而国王亦只是借助对《大宪章》的重新发布来博取政治认同。但是,这并不妨碍《大宪章》最终仍由"神话"成为一种现实的宪制实践。[70]

然而,中国"法统"政式发展的历史语境却与英国有着极大差异。其中最为关键的不同在于,英国的"法统"政治在其发展的同时,并未出现强有力的可与之竞争的"政式";而在1924—1926年间,中国却出现了多种新旧"政式"同时相互竞争之局面。因此,若单从北洋政局来看,"法统"话语是为民族主义激起的"反赤"话语所替代;然从更宏观的角度来看,却是北方旧的"法统"话语在与南方新的"党统"话语的竞争中败北。而这种"新"对"旧"的胜利,罗志田教授曾精到地将之称为"新的崇拜"。[71]

这里的"新"与"旧",从宪制的角度观之,实又是两种不同的正当性叙事。"法统"话语的正当性路径在于由人民选举产生议会代表,继而由议会代表讨论产生出宪法,并视此宪法为人民之意思表示;"党统"话语则认为,议会代表无法真正传递人民之意志,而政党的主张才是人民利益所在。正如有学者所指出的那样,"在20世纪20年代,阶级话语兴起并且成功建构之后,'抽象代表'的观念就替代了代议制的'具体代表'的观念。所谓'抽象代表'的观念并不是说'代表者'不再宣称其代表'被代表者'的利益,恰恰相反,'抽象代表'尤其强调其'更

---

〔70〕 参见李红海:《历史与神话:800年的传奇》,载《中外法学》2015年第6期。

〔71〕 参见罗志田:《权势转移:近代中国的思想、社会与学术》,湖北人民出版社1999年版,第63—81页。

好地'代表了'被代表者'的利益"。[72]

而与"法统"话语相同的是，"党统"话语亦有其内在危机。首先，党内各派同样会对"正统"展开争夺（如蒋介石与汪精卫的"党统"之争），以致有党而难"统"；其次，由于缺乏宪法文本之依凭，政党更需在意识形态上时刻论证自身的正当性，否则便无法证明自己代表了人民的意志。因此，在"新的崇拜"之下，也逐渐开始出现些许怀"旧"之音。1929年，胡适的老师、曾经激烈反对旧"法统"的老同盟会员马君武便感慨道，"无论国会怎样腐败，总比没有国会好"；甚至进一步提出，要"以宪法为号召，恢复民国初年的局面"。[73]

然而，此时更为主流的意见却是在看到"新"势力有滑向"旧"之趋势时，便转而寻找更"新"的势力——它不仅能更好地解决对于"党"内的整合问题，从而建立起更为坚固的"党统"；同时亦拥有更为强大的意识形态能力论证其自身的正当性。而这种"新"力量的崛起恰也正是中国近现代史下一阶段的关键议题。

---

〔72〕 尹钛：《代议制观念的消退与政治合法性叙事的重建》，载上海世界观察研究院主办：《大观》（第4期），法律出版社2010年版，第187页。

〔73〕 曹伯言整理《胡适日记全编》第5卷（1928—1930），1926年6月26日条，安徽教育出版社2001年版，第403页，转引自杨天宏：《走向衰亡的民初国会——历史过程重建与政治语境分析》，第14页。

论近代日本国家资本主义道路的二重性

张佳俊 *

摘要：19 世纪与 20 世纪之交，日本走上了一条有别于自由资本主义的、具有浓厚征役主义性质的国家资本主义道路，呈现为两条线索的互动演变：一方面，作为前资本主义传统的延续，以明治集权和暴力殖民为特征的征役主义机制，对日本资本原始积累起着重要的推动和保护作用；另一方面，在国家褓襁中迅速成长的资本主义，进一步刺激了日本征役主义的扩张乃至极化。随着内外矛盾的激化，二者最终由有机互动陷入恶性循环，终至崩溃。这一过程脱胎并深嵌于资本主义与征役主义并存的近代世界体系二元结构之中，并与近代世界体系从扩张走向危机的宿命相一致。今天，世界体系又面临着类似于百年前的危机时刻，分析和回顾近代世界体系中的日本模式，对于我

* 中国社会科学院美国研究所助理研究员。感谢北京大学法学院强世功教授、北京大学马克思主义学院宋朝龙研究员、中国政法大学人文学院史学研究所赵国辉副教授对本文写作给予的评议指导。

们把握历史规律，洞察当下世界秩序症结及其可能演变，具有一定的现实意义。

关键词： 近代日本国家资本主义　二重性资本主义　征役主义

每当人类社会遭遇转折时刻，历史的场景往往会展现出某种相似性。今天的世界正经历着"百年未有之大变局"，[1] 全球政治经济秩序在持续动荡中已然进入新一轮重组过程。伴随着第四次工业革命的兴起，传统力量与新兴力量的高强度竞争、技术飞跃与社会剧变的冲击性共振、上层建筑与经济基础的结构性失衡等因素在全球范围内交叠迸发，仿若百余年前人类历史的重现。在这样的背景下，重温近代世界体系变迁的历史记忆，探寻历史的内在规律，颇有现实意义。作为近代世界体系结构性演变的典型例证之一，近代日本在特定条件下所形成的国家资本主义发展模式及其盛衰之变，如同一面历史的反光镜，与当前世界所争议的全球化、民族主义、经济危机、政府干预、战争风险等种种政治经济问题遥相映射，值得重新审思和讨论。

与我们所处的这个过渡时代相仿，近代世界体系也具有浓厚的过渡性质。不同的是，在由前资本主义转向资本主义的历史进程中，近代世界体系的过渡性集中表现为一种资本主义与征役主义并存的二元结构：一方面，有别于前资本主义时代以区域性帝国为主要形态的世界体系，它建立在社会分工和经济控制的基础上，具有生产资料私有、经济基础和上层建筑分离、国家和社会分离、暴力作为私有制的保护机制等资本主义特征，最终呈现为

---

〔1〕　新华社：《坚持以新时代中国特色社会主义外交思想为指导努力开创中国特色大国外交新局面》，载《人民日报》2018 年 6 月 24 日，第 1 版。

由中心区、边缘区和半边缘区构成的世界体系。[2] 然而，另一方面，近代世界体系又是以全球性殖民帝国为基础的，[3] 殖民主义与霸权主义战争"在资本主义世界经济体的历史生成中扮演了意义重大的角色"[4]。就此而言，近代世界体系很大程度上保留乃至扩大了帝国形态的暴力面向，即征役主义性质。作为前资本主义时代的典型特征，征役主义在传统自然经济基础上通过暴力征服而建立世界秩序，相对于自由资本主义，它具有人身依附、经济基础和上层建筑结合、国家和社会不分、暴力是所有制的产生者兼保护者等特点，对内表现为绝对君主制、军事帝国等形式，对外则表现为殖民主义。[5] 随着资本主义经济的兴起，征役主义原本赖以存在的历史根基逐渐消退，然而征役主义却并未退出历史舞台，它附着于资本主义的经济基础和技术革命之上，变成资本主义原始积累的主要手段。正是二者的相互作用，形塑了近代世界体系的基本面貌："一方面中心地带的资本主义具有浓厚的征役主义性质，另一方面尚处于自然经济和宗法制度下的外围地带，成为殖民主义的猎获物。"[6]

近代日本就处于近代世界体系不断巩固、扩张直至爆发体系性危机的阶段。这一阶段跨越了第一次和第二次工业革命，彼时全球范围内的"中心-外围"态势已基本明朗，随着世界主要资本主义国家对外扩张的加速，资本主义与征役主义的二元结构也趋于成熟，但资本主义内部新旧势力的矛盾也日益尖锐，逐步从

---

〔2〕 参见［美］沃勒斯坦：《现代世界体系（第 1 卷）》，罗荣渠等译，高等教育出版社 1998 年版，第 12—50 页、第 460—473 页。

〔3〕 参见强世功：《超大型政治实体的内在逻辑："帝国"与世界秩序》，载《文化纵横》2019 年第 2 期。

〔4〕 Immanuel Wallerstein, *The Politics of the World Economy*: *The States, The Movement and the Civilizations*, Cambridge: Cambridge University Press, 1984, p.39.

〔5〕 有关征役主义的详细讨论，参见宋朝龙：《边缘社会主义的起源》，中国政法大学出版社 2007 年版，第 1—41 页。

〔6〕 宋朝龙：《边缘社会主义的起源》，中国政法大学出版社 2007 年版，第 3 页。

局部性冲突转向了帝国主义争霸。在这一历史背景下，身处外围地带的日本走上了一条国家资本主义的赶超型道路。这条道路是如何形成以及演变的？它有什么特点？与近代世界体系之间如何相互影响？本文从近代世界体系的整体视野出发，考察近代日本的国家资本主义模式，就这些问题展开讨论。

一、暮日维新：近代日本国家资本主义的生成条件

一般认为，近代日本国家资本主义的生成，主要是外部压力冲击的结果。诚然，外部因素的刺激构成日本近代历史转折的关键因素，但日本自身独特的政治传统及其转变中的社会经济结构，也一直顽强地贯穿其近代历史始终，进而对国家资本主义模式的塑造起到了顺水推舟式的重要影响。可以说，内外因素的共同作用，促使日本走上了国家资本主义这一历史道路，并且决定了道路的特性和方向。

（一）内部条件

近代前后，日本自身已显现出两种不同的社会形态。一是日本的前资本主义传统，其历史作用一直延续到了近代时期；二是日本内部已出现若干资本主义因素，并有一定程度的发展，但总体上仍处于萌芽初露的"小营业"状态。前资本主义传统与资本主义萌芽的过渡性联结，具体表现在：

1. 前资本主义传统的延续性

近代以前，日本统治者通过幕藩双层统治结构和武士集团体制，牢固确立了封建人身依附性质的政治经济关系。到了近代早期，日本的生产力水平还十分低下，经济上仍以农业为主，大多数人口还被束缚在土地及封建剥削制度上，而传统的政治秩序也具有极强的历史惯性，整体日本社会仍处于前资本主义阶段。值

得注意的是，古代日本的对外征伐传统，也延续到了近代。从历史上看，日本自古即有强烈的向外开拓的欲望。从 4 世纪末至日本进入锁国时期之前，日本与其近邻的朝鲜半岛、中国大陆之间的交往基本上和少战多，而且日本曾多次主动挑起侵略战争，但都归于失败。就其对外征伐的思想源流而言，从神功皇后征讨朝鲜的传说到"皇国"理念，从丰臣秀吉的"大日本"构想到江户时代的"南进论""南方经略论"，古代日本已初步形成了对外征伐的基本构想；特别到幕府统治末期，以佐藤信渊的"宇内混同秘策"和吉田松阴的"保国策""补偿论"为代表的对外思想，更是直接成为近代日本积极推行对外侵略扩张政策的思想来源。[7]

2. 资本主义萌芽的滞缓性

17、18 世纪，日本仍以小农经济为主导，但彼时已经产生了若干资本主义因素。[8] 随着城市化和商品化的发展，"到了 19 世纪，几乎每个日本家庭都在某种程度上参与了立足于城市的商品经济，而且都受到了这一结果的影响"[9]。此外，早期的资本主义因素也从城市蔓延至农村，在一定程度上改变了农业生产的传统模式。[10] 然而那时的资本主义萌芽仍处于以商业和手工业为主的"小营业"状态[11]，相对于同时代西方资本主义的发展而言，日本资本主义先天不足且发育滞缓，这也影响了近代日本的

---

〔7〕 关于日本近代以前对外征伐思想源流的梳理，参见臧运祜：《近代日本亚太政策的演变》，北京大学出版社 2009 年版，第 3—21 页；张经纬：《日本的甲午战争研究与"二元外交"问题》，载《史学理论研究》2014 年第 4 期。

〔8〕 参见管宁：《中日两国近代工业化道路分歧浅析》，载《日本研究》1996 年第 3 期。

〔9〕 [美] 詹姆斯·L.麦克莱恩：《日本史》（1600—2000），王翔、朱慧颖译，海南出版社 2009 年版，第 44 页。

〔10〕 [美] 詹姆斯·L.麦克莱恩：《日本史》（1600—2000），王翔、朱慧颖译，海南出版社 2009 年版，第 48 页。

〔11〕 关于"小营业"的考证分析，参见堀江英一：《封建社会中资本的存在形态》，载《堀江英一著作集》（第 2 卷），青木书店 1976 年版。

道路选择：商品经济和手工业的存在，使得日本在被迫开国之后，并不十分困难地接受了西方的现代生产方式；然而，正因为自身经济基础弱、起步晚，日本并没有完全追随英美资本主义模式，而是在延续自身政治传统的基础上，从一开始就选择由国家主导资本主义发展，来扶植和保护本国产业的基本国策。这就意味着，近代早期日本资本主义的发展还远远没能达到彻底突破传统政治社会结构的程度，相反，前资本主义的生产方式及政治社会传统扮演了"守夜人"的角色，并且会在相当长的时间内形塑近代日本的资本主义形态。

3. 前资本主义与资本主义的过渡性联结

德川幕府统治末期，一方面，随着全国性商品经济市场的逐渐形成，原处于萌芽状态的资本主义始有扩大趋势，但在自身力量不足的情况下，它不得不依附于前资本主义结构，并从中吸取扩张生产方式所需的各种资源。然而，德川幕府的各种限制政策却直接阻碍了这一趋势，因而新兴商人群体特别是少数大商业资本家需要为自己重新物色政治上的利益代理人。另一方面，封建统治阶级内部也出现明显分化，原本维护幕藩体制的中坚力量——包括多数贫困化的下级武士和部分藩僚在内的势力，也对幕府统治越发不满，开始走向幕府的对立面。这两种利益诉求的交汇，成为旧统治阶级内部离心力量与新兴大商业资本家群体实现"历史性联合"的坚实基础。[12] 这一方面表明了日本社会内部正孕育出改变旧统治秩序和所有制关系的革命性动机，另一方面也自始决定了这一动机的不彻底性：它只是前资本主义与资本主义两种因素相互靠拢、利益妥协的产物。[13] 在这种情况下，

---

〔12〕［加］诺曼：《日本维新史》，姚曾廙译，商务印书馆1992年版，第52—71页。

〔13〕参见何芳川：《近代东方的沉沦和日本的崛起——19世纪日、中成败的比较》，载《世界历史》1988年第3期；尹保云：《什么是现代化——概念与范式的探讨》，人民出版社2001年版，第196页。

旧秩序不仅不会轻易退出历史舞台，反而会通过与新机制的结合，实现自我强化。这预示了近代日本所要走上的国家资本主义道路，势必具有浓厚的前资本主义色彩。

（二）外部刺激

从外部因素来看，近代世界体系二元结构的扩张，直接刺激近代日本选择了国家资本主义的发展道路。18 世纪下半叶，英、法、美等国已率先通过资产阶级革命和工业革命实现了本国资本主义的巨大发展，进入世界体系中的核心位置，并且相继迈出对外殖民扩张的步伐；及至 19 世纪下半叶，德、意、俄等国也先后通过国内统一战争或自上而下的改良方式，各自确立起以土地贵族和大资产阶级的联合统治为基础的资本主义政治经济秩序，随即加入到争夺殖民地的行列中来。而在东方，随着清王朝的没落和西方列强的入侵，以中国为核心的东亚朝贡体系逐渐解体。总体而言，当时世界体系的"中心-外围"态势已基本明朗。此时，在日薄西山的幕府统治之下、处于闭关锁国状态的日本，也开始受到列强侵扰，面临着沦为殖民地的民族危机。这些都加重了日本社会从政治精英到普通民众的危机感。[14] 前已述及，近代前夜的日本社会内部，已孕育出破旧立新的革命性动机，但它长期处于蛰伏状态；当幕府统治危机与民族存亡危机相汇合，这一动机才真正被点燃，进而触发了具有历史转折意义的明治维新。

受外部威胁的刺激，明治维新之初，一方面，日益高涨的民族主义成为社会思潮的主流，而另一方面，"求知识于世界"、向西方学习也成为热潮。在遍访欧美主要国家之后，维新精英们认为，德意志帝国以政府为主导的政治、经济和军事体制最适合于

---

〔14〕 参见何芳川：《近代东方的沉沦和日本的崛起——19 世纪日、中成败的比较》，载《世界历史》1988 年第 3 期。

日本,[15] "可效法者，当以德国为最"。[16] 两种思潮共同导向了以国家强盛与地位提升为核心追求的国家主义。"奉行国家主义的人，决心扫除一切障碍，以实现工业化。"[17] 表现在政治上，维新政府决意加强集权体制，统一支配国家资源和全社会的力量；表现在经济上，为了"经济自给自足和赶超西方",[18] 维新政府以强制性的国家权力主导工业化建设，加强对国家战略性产业直接扶植和控制，并且不惜一切代价保护本国资本主义的发展；[19] 表现在对外政策上，明治政治家们从西方争霸的历史教训中意识到，"在从属国地位和蒸蒸日上的胜利帝国的地位之间是没有折衷道路的",[20] 而当时以帝国主义原则为基础的国际关系也构成对外扩张战争的"合法依据"。[21] 如此，帝国扩张模式被其奉为圭臬，并且在后来逐步确立起以改变日本国际地位、谋求区域霸权为要旨的基本国策。

总的来说，近代日本一开始是作为边缘国家被纳入近代世界体系的，其后明治维新政府意识到自身的危机和资本主义世界弱肉强食的竞争法则，自觉地将西方资本主义生产方式和殖民扩张机制内化为本国的国家资本主义模式，进而确立了一条既通过加

---

〔15〕 明治维新政府于 1871 年至 1872 年间派出以岩仓具视为特命全权大使、一百多人组成的重臣使节团，历时 21 个月遍访欧美主要国家。使团成员都是新政府的中坚官员，不仅包括副使木户孝允、大久保利通、伊藤博文等新政府的核心人物，而且新政府各部门也派出负责官员参加，这些人后来都成为近代日本的政策设计者或实施者。当时使团重点考察德国，对其政治军事体制高度肯定，并认为德国"有酷似我日本之处，研究德国之政治、风俗，比研究英法之事更为有益"，可将德国模式作为日本效仿的主要样板。参见［日］久米国武编：《特命全権大使米欧回览实记》（第 3 编），岩波书店 1980 年版，第 298—340 页。

〔16〕 ［日］久米国武编：《特命全権大使米欧回览实记》（第 3 编），岩波书店 1980 年版，第 340 页。

〔17〕 ［美］斯梅尔瑟：《经济社会学》，华夏出版社 1989 年版，第 158 页。

〔18〕 Ryutaro Komiya, *Industrial Policy in Japan*, Orlando, Fla: Academic Press, 1998, p. 173.

〔19〕 参见管宁：《中日两国近代工业化道路分歧浅析》，载《日本研究》1996 年第 3 期。

〔20〕 ［加］诺曼：《日本维新史》，姚曾廙译，商务印书馆 1992 年版，第 197 页。

〔21〕 殷燕军：《近代日本政治体制》，社会科学文献出版社 2006 年版，第 119 页。

快本国资本主义工业化来增强抵御外侮和向外扩张的能力，又借助对外征伐来为资本主义原始积累拓展资源和空间的发展道路。外部环境对日本近代初期的影响与作用，一方面表现为向日本提出了发展国家资本主义的新命题，另一方面也为其提供了解决这一命题的参考路径。这也决定了，近代日本的国家资本主义道路脱胎于近代世界体系的二元结构，同时又深嵌于这一结构之中。

二、盛衰之变：近代日本国家资本主义的阶段分析

明治维新开始以后，日本国内政局实现了以维新力量为主导的新旧势力重组。以大商业资产阶级为盟友的下级武士精英掌握了主要实权，而居于旧式权力金字塔顶尖的天皇、将军和旧大名等也在新政府中找到了各自的位置，这就是日本土地贵族与大资产阶级的联合专政，其基础就在于两者都具有大私有制的性质，都以建立一种剥削性质的财富积累系统为目的。[22] 具体来说，旧式土地贵族虽然盘踞在权力格局中，但其也开始将资本主义元素纳入其逐利活动之中，他们中的一部分人正转变成资产阶级；同时，作为新兴生产力代表的大商业资产阶级出于维护其利益垄断机制的需要，也认同这种新旧混合的权力格局。[23] 在兼容统治阶层内部不同政治、经济利益主张的基础上，近代日本开创了一条由关键战略工业的国家统制与其他产业领域的私人垄断相结合的国家资本主义道路。[24]

此前，对于近代日本的历史发展阶段，学界曾有三种划分：第一种是根据近代日本国家资本主义的经济形态变化，辽宁大学

〔22〕 宋朝龙：《边缘社会主义的起源》，中国政法大学出版社 2007 年版，第 40—41 页。

〔23〕 参见武寅：《论日本近代民主制的建立》，载《中国社会科学》2002 年第 2 期。

〔24〕 [加] 诺曼：《日本维新史》，姚曾廙译，商务印书馆 1992 年版，第 207—209 页。

韩毅教授将其划分为国家资本主义的创立阶段（1868 年至 1880 年）、调整时期（1880 年至 1894 年）和军事国家资本主义阶段（1895 年至 1945 年）三个阶段，其中，军事国家资本主义阶段包含 1905 年以后从国家资本主义过渡至国家垄断资本主义的过程；[25] 第二种是根据近代日本政治体制的变化，日本关东学院大学殷燕军教授将其划分为日本式体制与西式体制的混合形态时期、日本特有的以西方近代政治与本国天皇制结合为基础的专制君主政体时期、专制君主制下的军国主义体制时期三个阶段；[26] 第三种是根据近代日本对外暴力扩张的变化，南开大学米庆余教授将日本近代过程划分为对外政策的雏形阶段（1868—1874）、形成阶段（1875—1890）、实践与发展阶段（1891—1936）以及崩溃阶段（1937—1945）四个时期。[27]

　　基于学界已有研究成果，本文认为，对于近代日本国家资本主义的阶段性分析，应以整体性的国家资本主义模式为前提，进而需要统合经济形态、政治体制以及对外暴力扩张机制三个维度。这是因为，仅就狭义上的经济形态而言，近代日本的国家资本主义，一方面意味着国家资本直接控制着重要产业部门，并在国家总资本中占据较大比重，对国民经济的发展起着制动作用；另一方面也意味着国家资本与私人金融垄断资本相互结合，共同主导政治经济的总体发展。但从更为宏观的角度考察，近代日本国家资本主义作为一种整体发展模式，不仅表现为经济上的国家资本主义形态，还包括支撑国家资本主义发展的集权政治体制，

　　〔25〕　参见韩毅：《近代日本国家资本主义问题浅析》，载《日本研究》1988 年第 4 期，第 36—40 页；韩毅：《论日本国家垄断资本主义经济制度的起源及形成》（1968—1938），载《日本研究》1991 年第 3 期。

　　〔26〕　参见殷燕军：《近代日本政治体制》，社会科学文献出版社 2006 年版，第 1-2 页。

　　〔27〕　参见米庆余：《近代日本"大陆政策"的起源及其形成期的特征》，载中国日本史学会编：《中国日本史学会第二届学术讨论会——日本史论文集》，辽宁人民出版社 1985 年版，第 209—227 页。

以及起着保护和向外拓殖功能的军事暴力机制——如马克思所言，正是明治政府"利用集中的、有组织的社会暴力，温室般地助长从封建生产方式到资本主义生产方式的转化过程，缩短它的过渡期"，[28] 日本国家资本主义才能迅速成型。从这种整体视角出发，本文将近代日本国家资本主义的演变路径划分为起步与奠基、加速与转型、极化与崩溃三个阶段。

（一）起步与奠基（1868 年至 1894 年）

近代化初期，日本明治政府确立了"富国强兵"的基本国策，强有力地主导启动了国家资本主义进程，奠定了国家资本主义在整个经济发展过程中的基础地位。以 1875 年日本侵朝之战为分界点，这一阶段又可分为两个时期：

从 1868 年到 1874 年，明治政府通过军事斗争，巩固了维新政权下的政治秩序，继而实施资本主义工业化方针，以国家资本主导国民经济，以国家权力推动资本积累过程。

维新政权建立以后，无论在其内部还是外部都潜伏着一定的利益矛盾，这些矛盾不久即通过各种形式再度爆发。如以 1877 年西南战争为典型的士族叛乱，就多次警示新政权必须加强中央集权和军事暴力机制，以维护政局与社会的稳定。"在日本走向近代国家体制、建立维新政权的过程中，军事斗争具有绝对重要的意义。"[29] 此一"绝对重要的意义"，在于暴力机制的运用，较大程度上打破了旧的封建所有制，为新的资本主义所有制的发育创造了条件。事实上，在维新之后的一段时间内，日本国内封建残余浓厚，外国势力迅速渗入，而新兴资本主义依然势弱，尤其需要暴力机制作为保护。因此，明治政府很早就启动了军队和警察制度的近代化建设，并采取强硬措施压制下层民众的抗争，

---

[28] 马克思：《资本论》（第 1 卷），人民出版社 1963 年版，第 828 页。
[29] 殷燕军：《近代日本政治体制》，社会科学文献出版社 2006 年版，第 71 页。

成功平定一系列士族叛乱，消除了维新政权的重要威胁。与此同时，政府也从制度入手，积极制订政治纲领，实行废藩置县，推进包括建立新型政法制度、新型教育制度及废除等级身份制等在内的各项改革。对外政策方面，从理论方针上的"耀皇威于海外""征韩论"到实践中的出兵侵台，日本已经出现了"军国主义的早熟"现象，[30] 大陆政策初现雏形；但明治政府也意识到，"日本始终因其登上国际政治舞台为时过晚和经济发展的不充分而受到限制"，[31] 因而采取了灵活而又相对保守的对外政策，从而顶住了外来侵略。

这些努力，为近代日本开展经济建设创造了相对平稳的社会政治环境。为了改变工业化水平低下的落后局面，明治政府开始实施"殖产兴业"政策，即由国家政权主导，利用国家资本集中兴办重点企业（以军工、矿冶、机械等领域为代表），扶植资本主义成长。[32] 到 1875 年时，国家资本在日本全国资本中所占的比重已高达 81.7%。[33] 为了加快资本原始积累，明治政府相继实施了颇具前资本主义色彩的土地改革和地税改革，依靠对农村和农民利益的盘剥机制，确保了政府的财政基础；[34] 又实施了武士俸禄改革和劝业政策，建立了近代货币与金融机制，从而涌现了一大批国立银行和私人资本企业。[35] 通过这些举措，近代日本国家资本主义得以在形式上和地位上初步确立下来。

以前一阶段为基础，从 1875 年到 1894 年，日本国家资本主义实现了方向性调整：国家资本通过向私人资本让渡空间，发挥了更

---

[30] 远山茂树：《日本近现代史》（第 1 卷），商务印书馆 1992 年版，第 13 页。

[31] ［加］诺曼：《日本维新史》，姚曾廙译，商务印书馆 1992 年版，第 7 页。

[32] 王铭：《"殖产兴业"与日本资本主义的发展》，载《辽宁大学学报》1997 年第 6 期。

[33] ［日］江见康一：《长期经济统计·资本形成》，东洋经济新报社 1971 年版，第224—225 页。

[34] 参见汤重南：《日本明治维新后的地税改革》，载《世界历史》1979 年第 6 期。

[35] 参见吴廷璆：《日本史》，南开大学出版社 1994 年版，第 370—399 页。

大的经济引擎作用，私人资本亦被充分激发起来，共同推动日本资本主义整体进入快速发展时期。具体而言：明治政府以保有部分战略性军事工业为前提，对大部分国营企业实行了"官业处理"，将其廉价地转让给私人财阀，辅以政策上的优先扶植、重点保护以及资金上的巨额财政补贴和优惠贷款。[36] 这一措施实施之后，国家资本与私人资本各自在日本国内产业总资本中所占的比重发生了颠覆性变化[37]，集中表现为国家资本规模及国营企业数量明显缩减，而以三井、三菱、川崎等传统财阀为代表的私人资本则迅速成长起来。受此刺激，日本民间兴起了全国性的投资兴业热潮。[38] "这种在政府奖掖鼓励下促使各种前期性资本和社会余资迅速向近代产业资本转化的策略，可以说是日本资本原始资本积累初期的最主要特征之一。同时也是日本资本主义经济迅速起飞的秘密所在。"[39] 而在这一过程中，国家资本和私人资本很大程度上成为利益同盟，二者实际上构成了日本国家资本主义模式的一体两面，因而更具有扩张性。[40] 此外，作为资本积累的另一个重要来源，这一时期明治政府对农村的税费汲取也有增无减。

---

〔36〕 例如，明治政府将高岛煤矿、佐渡金银矿、生野银矿和长崎造船厂以低价"处理"给三菱；将三池煤矿、新町纺织厂、富冈缫丝厂"处理"给三井；将足尾铜矿、院内银矿、阿仁铜矿"处理"给古河市兵卫；将深川水泥厂"处理"给浅野一郎；将小坂银矿"处理"给久原庄三郎；将兵库造船厂"处理"给川崎正藏；将品种玻璃工厂"处理"给西村胜三；等等。又如，明治政府投资62万日元的长崎造船厂，"处理"价为45.9万日元，25年分期付款，连同4.4万日元的库存，仅以9.1万日元一次支付就交给了三菱；投资59万日元的兵库造船厂，"处理"价18.8万多日元50年分期付款，仅以5.9万日元一次支付就交给了川崎；投资18.9万日元的品种玻璃工厂，只作价大约8万日元，采取从第六年起50年分期支付的办法，交给了西村；等等。参见王铭：《"殖产兴业"与日本资本主义的发展》，载《辽宁大学学报》1997年第6期。

〔37〕 这种颠覆性变化可从一组数据中窥见一斑：1875年，日本国家资本在其国内产业总资本中所占比重为81.7%，1880年为57.5%，到1890年已降至29.8%。具体参见[日]江见康一：《长期经济统计·资本形成》，东洋经济新报社1971年版，第224—225页。

〔38〕 参见[日]石井宽治：《日本近代经济史研究的现状与问题》，载南开大学日本研究中心：《日本研究论集》，南开大学出版社1996年版，第52页。

〔39〕 管宁：《中日两国近代工业化道路分歧浅析》，载《日本研究》1996年第3期。

〔40〕 参见万峰：《日本资本主义史研究》，湖南人民出版社1984年版，第171—172页。

在大力发展工业经济的同时，面对被统治阶层此起彼伏的反抗，明治政府一方面强力压制，另一方面有限度地妥协，基本维持了藩阀专政的权力格局。1880—1884 年间日本自由民权运动的潮起又潮落，很大程度也是明治政府防范、压制乃至破坏的结果。这一运动有其进步意义，但它也直接刺激了统治集团，促使其更加倚仗暴力机制来维护政治秩序，并通过推进内阁建制、颁行绝对主义的教育管理体制、实施限制政党的保安条令及制定 1889 年宪法等一系列制度化手段来强化国家权力，[41] 使得明治中央集权体制得以最终确立。[42] 同样值得注意的是，由于日本自身资本体量和市场规模有限，已无法满足其工业化的高速发展需要，彼时已出现了向外扩大资本原始积累规模的新要求。[43] 表现在对外政策上，明治政府的对外扩张意图开始抬头。19 世纪 80 年代以后，日本开始狂热地扩充海军实力，为实施大规模殖民征掠、扩大原料来源和海外市场进行前期准备。尤其在侵朝战争胜利后，日本初尝对外征伐的甜头，它不仅从中直接掠夺了大量财富，而且也为本国资本主义开辟了新的原料来源和商品倾销市场。从这一时期开始，军事征伐和殖民扩张已成为日本国家资本主义所急切企望的出路了。

(二) 加速与转型（1895 年至 1918 年）

19 世纪 90 年代之前，日本国家资本主义的发展空间仍限于国内，其主要任务是集中利用以土地收益为大宗的国内资本来实现资本主义工业化，同时推动全国统一市场的形成和充分运转。彼时日本国内资本主义的发展水平与国内市场化条件基本相适应，尚能借助国内市场消化产品和积累资本；然至 1990 年代初，

---

〔41〕 [加] 诺曼:《日本维新史》，姚曾廙译，商务印书馆 1992 年版，第 185—190 页。
〔42〕 殷燕军:《近代日本政治体制》，社会科学文献出版社 2006 年版，第 86—119 页。
〔43〕 参见 [日] 坂本太郎:《日本史概说》，汪向荣、武寅等译，商务印书馆 1992 年版，第 479—486 页。

日本基本完成了"第一次产业革命",[44] 由于外国竞争压力加大，加之国内市场狭小且原始资本有限，日本经济陷入困境，单靠本土资源已无法解决资本积累问题。更具刺激性的是，此时资本主义中心国家先后向帝国主义过渡，随之掀起了瓜分世界、争抢海外殖民地的世界性狂潮。因此，加入殖民争霸行列、开辟海外市场便成为日本资本主义突破瓶颈的最大指望，这集中体现了自维新以来政治经济地位不断上升的金融贵族和产业资本巨头迫不及待的要求。[45] **在这种背景下，近代日本国家资本主义进入了加快对外扩张和向国家垄断资本主义转型的关键阶段。**

经济层面，自19世纪90年代末开始，日本资本主义即已启动了向垄断资本主义的转变过程。19世纪90年代末至20世纪最初若干年，从工业领域生产加速集中的势头，到金融系统逐渐为财阀集团所占据的趋向，[46] 均表明了日本已为实现这一全面转型做好了准备。日俄战争以后，日本经济迎来了高速增长期，在产业化水平大幅度提高的同时，几乎所有经济领域内都激烈地进行着生产和资本的垄断过程。[47] 大量实力脆弱的中小资本在这一过程中或被少数财阀资本直接兼并，或沦为其附庸，而财阀资本已在控制主要产业的基础上建立起庞大的金融王国，至此垄断资本主义已基本形成。从第一次世界大战起，日本进入了资本主义的黄金发展时期，无论是产业规模还是资本积累都获得了空前的扩张，金融资本与产业资本已紧密地结为一体，垄断资本主义

---

[44] 吴廷璆：《日本史》，南开大学出版社1994年版，第467页。

[45] 如1889年日本棉纺业出现垄断趋势以后，资本家代表井上甚太郎等人就在其论著中纷纷提出，应把中国和朝鲜的产棉区纳入日本的势力范围，以求得资本主义的稳定发展。参见吴廷璆：《日本史》，南开大学出版社1994年版，第473页。

[46] [日] 守屋典郎：《日本经济史》（中译本），周锡卿译，生活·读书·新知三联书店1963年版，第146页。

[47] [日] 小山弘键、浅田光辉：《日本帝国主义史》（第1卷），丛山、王敦旭译，生活·读书·新知三联书店1961年版，第196页。

得以全面强化。这一垄断资本主义之准备、形成与强化的过程，凸显日本国家资本主义的转型轨迹：一方面，国家资本直接作为经济主体，不断加强对基础性、战略性产业部门尤其是军工产业的投入力度，成为典型的军事国家资本主义，由此实现向国家垄断资本主义的过渡；[48] 另一方面，国家资本作为引导和间接辅助力量，在资金和政策上给予与军工产业相关的私人资本和金融财阀一系列特权，从而促进了日本资本主义的整体垄断化。因此，国家资本主义的转型与整个日本的资本主义转型是同步进行的，前者对后者产生了有力的刺激和推动作用。

为了适应这一经济转型，日本在政治层面调整了旧有权力秩序，对外政策也发生了重大转变。这一时期，经过政治制度与权力分配上的一系列交替更迭，日本出现了政党内阁轮流执政的相对稳定的政治局面，并且在统治集团内部形成了由官僚、政党和军部势力相互斗争、妥协及联合对外的政治格局，而这一格局又以他们在扩张性"大陆政策"上最终所达成的利益共识为基础。[49] 在此共识的牵引之下，民族主义与外征野心混为一体，

---

〔48〕 19 世纪末至 20 世纪初，日本军事工业资本在国家总资本中所占的比重逐年上升：1890 年占 28.5%，1895 年占 47.6%，1905 年高达 50.8%。参见 ［日］ 江见康一：《长期经济统计．资本形成》，东洋经济新报社 1971 年版，第 224—225 页。

〔49〕 参见 ［日］ 坂本太郎：《日本史概说》，汪向荣、武寅等译，商务印书馆 1992 年版。需要说明的是，有关日本兴起大陆政策的历史缘由，日本学界一直争议不断。日本战后一代学者如中塚明、藤村道生等认为，明治政府为实现西式近代化，重建东亚国际秩序被其视为不可缺少的一环，因而一直推行以此为目的的侵略性政策，日本近代化与"大陆政策"密不可分。这种观点一度成为主流观点。然而新一代学者如高桥秀直、大泽博明等认为，彼时明治政府内部存在两条路线的斗争，主张大陆扩张的一派处于劣势，主张非大陆国家化的一派曾占据主导地位，但后来受多方面因素影响，后者转而采取强硬政策，断然走上对中国开战、扩张"大陆政策"的道路。综合来看，明治政府在大陆政策上存在共识，而且在当时的历史条件下，日本走向扩张侵略也是必然趋势。参见 ［日］ 大古正：《甲午战争》，张经纬译，载《大连大学学报》2015 年第 2 期；张经纬：《日本的甲午战争研究与"二元外交"问题》，载《史学理论研究》2014 年第 4 期；［日］ 中塚明：《日清战争研究》，青木书店 1968 年版；［日］ 藤村道生：《日清战争》，岩波新书 1973 年版；［日］ 高桥秀直：《日清战争への道》，东京创元社 1995 年版；［日］ 大泽博明：《近代日本的东亚政策与军事》，成文堂 2001 年版。

成为从统治阶级到下层民众都高度认同的主流意识形态，由此极大地助推了日本军事实力的急速膨胀。同时，这一阶段的国际环境，总体上也有利于日本。帝国主义阵营内部既勾结又对抗的状态，使明治政府认识到"列强间的目的和行动的一致性绝不能维持很久"，其间的矛盾亦可为己所用，因而便立下"忍耐、准确的判断和随时去作稳而且狠的打击的决心"。[50] 凭借自身实力准备与外部机遇，该阶段日本一共主导或参与了四次大规模的征伐侵略战争，其对外政策也打上了殖民主义的烙印，变得愈发强硬。由日本挑起并取胜的甲午战争（1894—1895）作为其大陆扩张政策由理论到实践的明确转折点[51]，打破了由中国所主导的传统东亚朝贡体系，近代日本由此成为"以向大陆扩张为国家目标的军国主义国家"[52]。其后，日本作为主力参加了八国联军侵华战争（1900年），乃是其转变为帝国主义殖民者、进入世界列强行列的重要步骤。而在赢得日俄战争（1904—1905）之后，日本作为亚太地区主导力量之一，其地位进一步得到西方列国的承认。最后，通过参加第一次世界大战（1914—1918），日本完成了从侵略个别国家，到加入多国殖民瓜分行动，再到参与世界性霸权战争的全过程。从历史使命、军事意图、战争规模等方面来看，这一时期日本的对外征伐模式已实现了重大转变。

（三）极化与崩溃（1919年至1945年）

1919年以后，日本战时资本主义热浪逐渐退潮，欧美资本主义卷土重回亚洲市场，以及日本自身生产结构与资本配置、资源供给的严重失衡，构成其进一步发展的两大挑战。[53] 在这种情

---

〔50〕 ［加］诺曼：《日本维新史》，姚曾廙译，商务印书馆1992年版，第7页。

〔51〕 ［加］诺曼：《日本维新史》，姚曾廙译，商务印书馆1992年版，第199页。

〔52〕 ［日］高桥秀直：《日清战争への道》，东京创元社1995年版，第521页。

〔53〕 参见［日］石井宽治：《日本近代经济史研究的现状与问题》，载南开大学日本研究中心：《日本研究论集》，南开大学出版社1996年版，第52页。

况下，日本已无法仅靠自身经济系统来突破发展瓶颈，继续扩大对外军事殖民几乎成为其必然选择。因此，彼时的日本虽然在表面上鼓吹和平外交，但实际上却在为新一轮侵略计划做准备。特别是世界性经济危机爆发以后，国内经济问题、社会矛盾以及外部竞争压力同时迸发，促使日本提前迈出了侵略步伐。然而，对外侵略的扩大化反过来又使国家资本主义以军国主义为导向，结果是国家资本主义模式逐渐走向极化，整个社会经济都被迫吸附于这一模式并服务于对外侵略活动，最终形成了绝对化的国家垄断资本主义形态。

具体来说，从 1919 年至 1929 年世界性经济危机爆发前，日本经济一直处于萧条状态之中，1923 年关东大地震的爆发，更是加剧了这种颓势。压力之下，日本国家资本主义呈现出三种趋势：一是政府大规模动用国家资本，紧急出台一系列政策，直接推动建立了一批托拉斯和卡特尔组织。这一做法极大地满足了金融垄断财阀的利益需求，进一步加深了日本经济的垄断程度，也使得私人垄断直接依赖于国家垄断。[54] 二是国家资本与私人资本一道，大量输入海外殖民地，财阀成为对外经济掠夺的急先锋，增强了对殖民地资源与利润的掠取。[55] 三是在扩军备战形势下，日本政府不惜背负巨额财政赤字，不断扩大军工业来拉动整个国民经济，从而巩固了国家资本的绝对主导地位。经济危机爆发以后，日本进入战时统制经济时期，三种趋势进一步合流，随着对外战争的长期化和扩大化，国家权力强行组织社会经济力

---

〔54〕 参见吴廷璆：《日本史》，南开大学出版社 1994 年版，第 638—641 页；[日] 石井宽治：《日本近代经济史研究的现状与问题》，载南开大学日本研究中心：《日本研究论集》，南开大学出版社 1996 年版，第 62—64 页。

〔55〕 参见韩毅：《论日本国家垄断资本主义经济制度的起源及形成》（1968—1938），载《日本研究》1991 年第 3 期；王键：《日本政府干预经济论》，载《中国社会科学院研究生院学报》2003 年第 3 期。另外，有关近代日本对外侵略和殖民过程中的国家垄断与私人垄断的统一与联合，详见 [日] 石井宽治：《日本经济史》（第 2 版），东京大学出版会 1991 年版。

量来为战争服务，形成了战时官、商、民协调一致的统制经济局面。[56] "到 1930 年代末期，独立政党、商人团体、生产者合作社、工会、佃农协会，这些组织通通不见了。取而代之的是各种国家大型机构，希望能在对华'圣战'中发挥总动员作用……"[57] 彼时日本国家资本主义已经发生了狂热性的畸变，成为绝对的国家垄断资本主义，结果是强行掩盖了经济失衡的内在矛盾，迫使国家经济完全脱离了正常轨道。

与国家资本主义的极化趋势相一致，日本的内外政策也逐步滑向极端。经济危机以前，日本官方在国内有意识地宣扬对外侵略思想，在国际上则展开"二元外交"，即以外务省和军部作为"推进侵略政策的两翼"，[58] 一方面通过历次外交谈判与欧美列强瓜分殖民成果——如凡尔赛会议与华盛顿会议；另一方面通过军事手段加强对殖民地的控制或扩大殖民范围——如镇压朝鲜三一运动、三次出兵山东、武装干涉中国革命、出兵西伯利亚等，保护既有的殖民掠夺成果。经济危机以后，随着一系列政治暗杀与军事政变的发生，日本政治生态出现严重倒退，政党政治沦为法西斯式军阀政治的附庸，"军人及官僚在整个政治体制内已攀至权力高峰"。[59] 此后日本全面展开了历时十五年的对外侵略战争，从以"九·一八"事变为起点的局部侵华，到全面侵华、挑起二战东亚战事，从疯狂掳掠东南亚殖民地，到发动珍珠港事件、扩大亚太地区战局，日本的对外征伐行动在剧烈扩张之后，

---

〔56〕 参见雷鸣：《论日本战时统制经济与战后经济体制的关联——以组织与市场结合为中心》，载《日本学论坛》2000 年第 4 期；[日] 原朗编：《日本的战时经济·计划和市场》，东京大学出版会 1995 年版，第 71—78 页。

〔57〕 [美] 安德鲁·戈登：《日本的起起落落：从德川幕府到现代》，李朝津译，广西师范大学出版社 2008 年版，第 224 页。

〔58〕 吴廷璆：《日本史》，南开大学出版社 1994 年版，第 652 页。

〔59〕 [美] 安德鲁·戈登：《日本的起起落落：从德川幕府到现代》，李朝津译，广西师范大学出版社 2008 年版，第 242 页。

最后以惨败告终。

三、国家主导：资本主义与征役主义的二重互动

透过历史的阶段性演变，我们可以看出，**近代日本国家资本主义道路始终贯穿着两条基本线索：其一，国家资本主义是近代日本的主导型经济组织形态；其二，集权政治体制与军事暴力手段，对日本资本主义工业化及其资本积累过程具有极为重要的推动和保护作用，是日本国家资本主义模式的必要组成部分**。就前者而言，作为资本主义的一个变体，国家资本主义不仅促进了资本主义生产方式与组织形态在日本的确立，更重要的是，它帮助近代日本克服了先天不足的劣势，使之通过调整国家资本在整个国民经济中的地位与角色，来高效率地配置资源、引导工业化方向，从而一度实现了近代日本的弯道超车。[60] 就后者而言，作为日本前资本主义传统的延续，集权政治体制与军事暴力手段具有强烈的征役主义色彩。一方面，近代日本资本主义是建立在内外暴力作用的基础上的新生产方式与所有制关系，并且它也在暴力手段与集权政治的双重保护下得以不断发展。另一方面，居于日本国家资本主义外围而作为其资本积累渠道的殖民帝国体系，也是一系列对外侵略战争的产物。在殖民帝国之内，日本建立的是一种以经济剥削为目的、以暴力和政治控制为基础的军事专制统治。正是内外暴力手段和集权政治体制的共同作用，促成了近代日本的征役主义路线。总体而言，**正是这两条线索的历史互动，促成了以国家为主导、融资本主义与征役主义二重性质于一体的日本国家资本主义模式**。我们有必要深入其内部，分析这种

---

[60] 参见汤重南：《浅谈近代日本的国体——军事封建帝国主义》，载《日本研究》1999 年第 4 期。

二重性演变的历史规律。

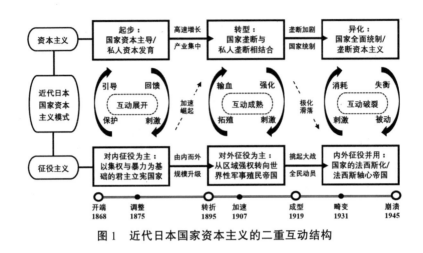

图 1　近代日本国家资本主义的二重互动结构

（一）二重互动的基本结构

循着近代日本国家资本主义的历史演变，资本主义与征役主义的二重互动结构呈现为展开、成熟直至破裂的动态变化过程。

互动结构的展开。在日本国家资本主义的起步与奠基阶段，征役主义起着保护和引导资本主义的作用，而资本主义则反过来回馈发展成果，并刺激征役主义进一步扩张。1875 年以前，以集权体制和暴力机制为基础的征役主义，对内有效地发挥了强制作用，为日本国家资本主义道路以及国内资本主义生产方式的初步确立，提供了极为重要的政策支持和政治军事保障；资本主义则主要表现为国家资本独大，资本原始积累借助征役主义手段，建立了从农村到城市的一整套剥削体系。此时二者之间互动的范围还局限于日本国内，而且征役主义的作用更为明显，资本主义则尚未成为征役主义的助推器。1875 年以后，日本开始迈出侵略步伐，而其国内工业化已有一定积累，初步形成了关键战略工业的国家控制与利益关联性工业的私营垄断相结合的发展态势，这既构成巩固征役主义机制的物质基础，也为其实现由内而外的扩张提供了驱动力。这意味着两者从最初的单向关系转变为双向互补，互动范围也从对内扩展至对外，从而为下一阶段的充分互动设定了基本框架。

互动结构的成熟。在日本国家资本主义的加速与转型阶段，无论资本主义还是征役主义都表现出向外扩张的显著趋势，二者之间的利益互补性越发浓厚，互动机制日益成熟。一方面，资本主义大大强化、刺激了征役主义扩张。此前近三十年积累的工业化成果，为日本巩固政局、强化军事能力提供了坚实基础。进入垄断资本主义阶段后，日本在政治与经济利益上都越来越依赖于征役主义手段，金融资本的一大部分都被用来扩充军工及其他战略性产业，这是日本在甲午战争、八国联军侵华战争、日俄战争、日本吞并朝鲜、第一次世界大战等一系列军事行动中取得累累战果的重要原因。另一方面，征役主义在向外拓殖的过程中，源源不断地为日本垄断资本主义"输血"，从而扩大并保护了资本主义的积累机制。前述历次战争都是"以比较小的力量获得了其他经济力量比较强大的国家历经长期战争、挫折甚至失败之后方才得到的成就"[61]，诸如废除与欧美列强的不平等条约、与英国结盟共同钳制沙俄等，最终的意义就是使日本在短期内急速蹿升至帝国主义的核心阵营，从而为本国资本主义的发展和殖民征掠体系的运行构筑了稳固的防线。不仅如此，每次大规模对外军事行动都会带动日本工业的新一轮发展，直接刺激军工资本的飙升，从中产生的巨额利润又转化为金融垄断资本，并带动其所控制的相关产业的发展。[62] 战争手段还使日本侵占了涉及中、俄、朝等国领土的广大殖民地，从而建立起了庞大的军事殖民帝国体

〔61〕［加］诺曼：《日本维新史》，姚曾廙译，商务印书馆1992年版，第7页。

〔62〕参见汤重南：《浅谈近代日本的国体——军事封建帝国主义》，载《日本研究》1999年第4期。

系。在该体系之内，日本殖民者以勒索赔款、收取赋税和劫掠原料等直接剥削方式，不断积累财富，其中一部分用以巩固和扩大对外征役机制，另一部分则被输往日本国内，进入资本增值环节。这在很大程度上满足了垄断资本对原料补充、商品倾销及资本输出的急切需求，"侵略战争变成了少数大资产阶级进行资本积累和增殖的泉源"。[63] 总的来说，二重互动结构的成熟，使日本进入了快速发展的"黄金时期"，但也内含隐忧：无论是资本主义的逐利性，还是征役主义的暴力性，都具有无限扩张的内在特性，它们的紧密结合与有机互动，在充分释放各自特性的同时，也潜藏着绝对化的危险。

互动结构的破裂。在日本国家资本主义的极化与崩溃阶段，资本主义与征役主义都发生了极端性的畸变，二者之间的矛盾不断积累，原本趋于成熟的互动结构转而一步步走向终结。彼时，由于国内经济遭受了世界性经济危机的重创，日本垄断资本更加希望通过对外殖民战争来积极扩大海外市场，以缓和国内日益激化的社会矛盾，度过经济危机。[64] 之后，在军国主义的刺激之下，日本资本主义虽取得了暂时性的反弹增长，但在其完全归于国家控制之后，资本与资源的配置已集中于满足侵略战争的需要。这就迫使整个国家经济完全脱离正常的发展轨道，使得日本资本主义陷入严重的结构失衡状态。同时，日本政治社会在军事法西斯的左右下也失去了平衡，对外军事征伐开始无节制地膨胀，然而却没能再像 20 世纪初时的对外战争那样，给日本带来巨额回报，反而使其陷入战争泥潭。随着战事节节败退、海外殖民掠夺空间的逐步丧失，征役主义机制事实上已严重消耗了日本资本主义的历史积累，使之在极度失衡的状态下难以为继。在愈

---

〔63〕 吴廷璆：《日本史》，南开大学出版社 1994 年版，第 492 页。

〔64〕 参见张经纬：《对 20 世纪 30 年代初期日本经济危机的再认识》，载《史学理论研究》2009 年第 2 期。

演愈烈的矛盾之中，这种互动结构终归破裂。

（二）二重互动的突出特点

在近代日本走向现代化的过程中，国家资本主义作为其发展主脉，构成了日本资本主义区别于英、法、美等先发国家的资本主义模式的总特征。然而，以国家资本主义为母体，并成其两翼的资本主义机制与征役主义机制的互动结构，却并非日本的特有发明。众所周知，近代世界体系内的中心国家在其崛起及竞争性发展的过程中，均不同程度地包含了资本主义与征役主义的二重性；它们综合运用资本主义机制与征役主义机制，逐步扩大了资本原始积累的广度和深度。随着两次世界大战的爆发和全球民族解放运动的兴起，它们都无法继续维持这一双重机制，而极富剥削性质的世界殖民体系也走向终结。这是日本与其他中心国家的共性所在。然而，作为历史传统根深蒂固的后发国家，近代日本与其所效仿的近代德国一样，同其他核心国家存在显著区别：它起步虽晚，却在国家主导下以最快的速度——短短数十年时间——实现了其他先发国家耗费数百年才完成的资本主义工业化。这背后是一个高强度运用资本主义与征役主义两种机制——尤其是后者，将二者的互动结构作用发挥到最大化甚至极端化的过程。这一突出特点主要表现在两个方面：

1. 从逼仄到膨胀：基于双重逻辑的互动结构

为什么近代日本能够如此迅速地形成资本主义与征役主义的二重互动结构，又如此迅速地发生变异、滑入极端？通过上文论述可知，这是近代日本内外政治经济因素共同作用的结果。究其根本而言，先进与落后、从属与自主的双重逻辑，始终左右着日本国家资本主义从逼仄走向膨胀的历史过程。

近代日本开国以后，面对近代世界体系的中心-边缘支配结构，它在试图摆脱欧美列强从属地位、实现独立自主的同时，也寄希望于成为支配者。当时，欧洲列强在中国划分势力范围。
"英国完成了它对印度次大陆的控制，荷兰完成了它对印度尼西
亚群岛的控制。在 19 世纪末，非洲也被欧洲列强瓜分了。日本
对这些事件的反应特别强烈。日本的领导人认为，他们的国家的
独立受到了威胁；他们认为，他们的对手由于推行殖民主义而变
得更加强大。他们一心想赶紧攫取那些可能还没有被瓜分掉的地
区。日本作出这种反应是国际环境造成的"。[65] 不仅如此，随着
以中国为核心的东亚朝贡体系的衰落，东亚古国的落后与欧美新
霸的先进形成了鲜明对比，日本精英一方面不满本国落后的现
状，艳羡西方文明，意欲"脱亚入欧"；另一方面试图彻底改变
与中国的传统关系，建立以日本为核心的东亚新秩序。然而，当
日本赢得甲午战争，民族自信心和优越感大为增强之后，俄、
德、法三国干涉还辽等一系列事件的发生，使日本顿时醒悟过
来，确信"国际体制实质上是敌视他们的利益的"。[66] 特别是到
了 1920、1930 年代，日本在历次重大国际谈判中几乎都被欧美
诸强所压制，其实力扩张过程备受挫折；而日本所占殖民地的民
族抗争风起云涌，也对其既得利益构成威胁。这一切所形成的外
部压力，不仅没有起到遏制作用，反而进一步刺激了日本对外扩
张的野心。

正是在先进与落后、从属与自主的双重逻辑支配下，作为当
时从边缘逐步走向中心的唯一一个东方国家，日本具有强烈的
"大国情结"，[67] 其国家行为呈现出显著的两面性：面对欧美发
达国家，日本始终处于被动地位和巨大压力之下，既忌惮其强大

---

〔65〕 ［美］西里尔·E. 布莱克等：《日本和俄国的现代化——一份进行比较的研究报告》，周师铭、胡国成等译，商务印书馆 1984 年版，第 179 页。

〔66〕 ［美］西里尔·E. 布莱克等：《日本和俄国的现代化——一份进行比较的研究报告》，周师铭、胡国成等译，商务印书馆 1984 年版，第 170 页。

〔67〕 参见钱乘旦：《资本主义体系下的"世界强国"问题》，载《世界历史》2004 年第 6 期。

实力、欲仿效其先进之处，又对其一贯的优势地位与霸占绝大多数殖民地的现状感到强烈不满；对于亚太落后国家与地区，日本则持有优越心理和迫切的征服欲望，以至于它对殖民地征掠的残酷性远甚于其他老牌资本主义列强。这是为什么，近代日本将摆脱中国文明而融入西方文明的思想转换作为必要任务，[68] 将摆脱自身从属地位、与西方并列称雄作为主要目标，[69] 进而通过政府主导下的国家动员来高效学习欧美经验，迅速实现资本主义工业化，同时又保持着对欧美的警惕和对某些不适于本国的因素的抵制[70]，以保持自身的独立性和独特性；也是为什么，日本认为时刻存在着威胁民族生存的因素[71]，其民族主义意识形态不断膨胀并发生畸变，终而助长了军国主义，使得整个国家的发展越来越服务于对外征役主义的需要。正如学者所总结的，日本"以双重标准考虑问题，通过对亚洲国家的全力蔑视、诋毁，努力把自己与其他亚洲国家区别开，并以此作为其对亚洲扩张侵略合理化的依据，以'文明开化'为借口，趁机侵略已经被欧美列强削弱了的中国、朝鲜等国家，以达到称霸东亚的目的"。[72]

2. 从政治到经济：对征役主义的依赖及其滥用

近代日本国家资本主义的二重互动结构，从一开始就以征役主义为基础，对内表现为对工农群体的盘剥和榨取，对外表现为

---

〔68〕 参见石井刚：《反思日本现代"中国认识"与历史的"内在理解"》，载《开放时代》2019 年第 1 期。

〔69〕 参见焦润明：《论近代日本的从属资本主义改革》，载《日本研究》2008 年第 2 期。

〔70〕 例如对于日本政治体制建设，明治政府主要领导之一大久保利通就主张："所谓政体者，虽有君主民主之异，大抵随土地风俗人情时势而自然成立之，……普鲁士之政体不能行于英国，英国之政体不能用于美国，美国、英国、普鲁士之政体不能用于我国，因此我国也必须根据本国的土地风俗人情时势，来建立我国之政体。"［日］由井正臣等编：《官僚制·警察》，载《日本近代思想大系》（第 3 卷），岩波书店 1990 年版，第 76 页。

〔71〕 Andreas Dorpalen, *The World of General Haushofer: Geopolitics in Action*, NY: Farrar & Rinehart, 1942, p. 36.

〔72〕 殷燕军：《近代日本政治体制》，社会科学文献出版社 2006 年版，第 82 页。

殖民征掠。[73] 作为日本资本原始积累的主要手段，当征役主义的作用被发挥到最大时，日本资本主义实现了高速跨越，盛极一时；当它趋于极端时，日本资本主义又迅速陷入困境，直至崩溃。这凸显了先天不足的日本资本主义对征役主义的严重依赖，且依赖的程度远甚于其他殖民列强。相比日本，多数欧美列强都具有较为成熟的工业化基础和殖民征掠基础，在运用征役主义机制时也更有回旋余地，它们在确保既有利益的情况下"较为愿意从其帝国主义底线让步，……然而日本则顽固到底"。[74] 纵观近代日本国家资本主义发展的全过程，其对征役主义的依赖性主要表现为两个方面：

就政治层面而言，建立在征役主义基础上的政治军事体制，是日本国家资本主义赖以存在和发展的基石。在日本内部，征役主义的功能在于革新和巩固国家政权体制，确保国内政局的稳定性与连续性，以维持既成的剥削体系。通过征役主义的暴力手段，日本成功地建立了明治集权体制，平定了部分旧势力的叛乱以及社会抗争运动，为整个明治时代奠定了政治基础。这一时期，"不论日本政府的正式结构是什么样的，实际上，它是有才华的领导人的寡头统治"。[75] 这种集权统治一以贯之地主导了国家资本主义的发展，但其本身固有的一些弊端也逐渐显露，[76] 明治时代结束之后，经过短暂的政治震荡，军部势力借机主导政权，使得日本政治逐渐法西斯化。而在日本对外政策中，征役主

---

〔73〕 参见汤重南：《浅谈近代日本的国体——军事封建帝国主义》，载《日本研究》1999 年第 4 期；徐平：《战前日本现代化进程的"中断"》，载《世界历史》1993 年第 5 期。

〔74〕 ［美］安德鲁·戈登：《日本的起起落落：从德川幕府到现代》，李朝津译，广西师范大学出版社 2008 年版，第 222 页。

〔75〕 ［美］西里尔·E. 布莱克等：《日本和俄国的现代化——一份进行比较的研究报告》，周师铭、胡国成等译，商务印书馆 1984 年版，第 197 页。

〔76〕 参见陈晓律：《论不同国家的发展模式及其转轨》，载《历史教学问题》1999 年第 4 期。

义的功能在于改变日本被动的边缘地位，在亚太地区建立起国家安全防线和从属于本国利益的殖民剥削体系。当时欧美列强掀起瓜分世界狂潮，日本领导人深受刺激，从一开始就决定"学习西方拼命保卫主权的榜样，……把军事上的需要及其所需的支援力量放在特殊的优先地位"，[77] 对外征役主义由此逐渐成为日本实现国际目标的首选手段。随着日本接连取得对外侵略战争的胜利，所控制的殖民地范围越来越大，日本与殖民地之间、欧美列强之间的冲突也不断升级，这反过来加重了日本对征役主义机制的依赖，最后甚至导致了整个国家的军事法西斯化。

就经济层面而言，由征役主义所开辟的资本原始积累空间，为日本国家资本主义提供了物质源泉，但也为其埋下了祸根。由于日本资本主义的先天不足，在工业化的起步阶段，征役主义起到了保护工业化成果、维持对农村的剥削体系的作用；反过来，为了实现"强兵"目标，发展军事工业被置于绝对优先地位，因而其整个产业结构从一开始就是"颠倒的和不均衡的"。[78] 当日本国内已无法满足工业化发展和垄断资本主义扩张的需要，而转向海外寻求出路时，对外征役主义也顺势扩张，为日本赢得了广阔的殖民地资源和极为丰厚的战争赔款收入。依靠这些外源性的"输血"，日本垄断资本主义得以飞速发展，但这又在客观上加剧了经济结构失衡和社会贫富分化，加上世界经济危机的沉重打击，日本社会经济矛盾日益激化，[79] 本国已没有足够的回旋空间来化解危机，结果是导向了更大规模的对外军事征掠，直至演变为全球性的帝国争霸战争。这种战争—经济军事化—更大的战

---

〔77〕 ［美］西里尔·E. 布莱克等：《日本和俄国的现代化——一份进行比较的研究报告》，周师铭、胡国成等译，商务印书馆1984年版，第187页。

〔78〕 ［爱］乔恩·哈利戴：《日本资本主义政治史》，吴忆萱等译，商务印书馆1980年版，第4页。

〔79〕 参见高增杰：《日本近代社会问题的基本特征》，载《日本学刊》1992年第4期。

争—经济更加军事化的"恶性循环",[80] 使得近代日本的工业化成果被用以满足征役主义的扩张要求,即资本主义在很大程度上"作为服务于、从属于征役主义的'量'在发挥作用",[81] 从而导致日本社会经济结构特别是产业结构的不平衡,加剧了二重互动结构的破裂。因此,征役主义既是近代日本国家资本主义的助推器,也是其掘墓人。"日本拿它的一切去冒险,结果丢掉了一切。"[82]

(三) 二重互动的历史影响

近代日本国家资本主义道路从开端到终结,历时 78 年。这期间,资本主义与征役主义的二重互动经历了三个阶段的演进过程,堪称近代世界体系二元结构的日本浓缩版。这一过程对日本的现代化进程和近代世界体系的演变,都产生了深刻的历史影响。

1. 对日本现代化进程的影响

在日本现代化的前半段,即本文所讨论的日本近代时期,二重互动结构促成了日本的古今之变。它支配着日本资本原始积累的全过程,使得日本在经济上顺利实现了资本主义工业化,在政治上维护了国家稳定与国际地位提升,在社会文化上实现了一定程度的现代化变革。到第一次世界大战结束时,日本虽与西方列强相比仍有差距,却已成为非西方国家中第一个摆脱了西方欺凌、顺利走向工业化的国家。[83] 此系其推动作用。但这种互动

---

[80] 参见汤重南:《浅谈近代日本的国体——军事封建帝国主义》,载《日本研究》1999 年第 4 期。

[81] 宋朝龙:《边缘社会主义的起源》,中国政法大学出版社 2007 年版,第 40—41 页。

[82] [美] 埃德温·赖肖尔:《日本人》,孟胜德、刘文涛译,上海译文出版社 1980 年版,第 107 页。

[83] 钱乘旦:《资本主义体系下的"世界强国"问题》,载《世界历史》2004 年第 6 期。

结构完全围绕资本原始积累而展开，本身具有强烈的扩张性，经由大国情结的催化，更是进一步演变为侵略性；[84] 在缺乏有效的内部控制和外部约束的情况下，[85] 最终发展为资本主义和征役主义之间的恶性循环，造成了日本现代化过程的严重畸变。1945 年以后，日本开始了现代化过程的后半段，此时二重互动的总体结构虽已不复存在，但其所确立的现代化基础及其遗留的诸多要素却依然发挥了重要影响。一方面，尽管战后日本社会在美军占领下发生了一系列新变革，但是，"当美国人在 1952 年打道回府时，旧日本帝国原来部分体制以及战时动员政策所作的改变依然存在。"[86] 除了军部法西斯势力以外，经由二重互动结构所形成的、曾起到支配作用的金融垄断财阀、官僚阶层以及代表前两者利益的政党制度都得以延续，并形成了"新型的政、官、财三角关系"，成为主导战后日本政治经济生态的主要力量。[87] 另一方面，从 1950 年代到 1970 年代，日本之所以迅速实现了由衰转盛的经济奇迹，"部分是源于市场自身的转化能力，不过其市场模式稍有不同，它是个管理下的奇迹，由日本国家本身主导"。[88] 这意味着，国家从未离场，近代以来的经济市场化和国家控制模式都转化并融于战后日本发展路径之中，成为一种具有日本特色的"组织性市场经济"[89] 模式，甚或"巧妙安排的计

---

〔84〕 钱乘旦：《资本主义体系下的"世界强国"问题》，载《世界历史》2004 年第 6 期。

〔85〕 参见汤重南：《揭秘日本军国主义的"武力崛起"》，载《人民论坛》2007 年第 1 期。

〔86〕 ［美］安德鲁·戈登：《日本的起起落落：从德川幕府到现代》，李朝津译，广西师范大学出版社 2008 年版，第 298 页。

〔87〕 参见雷鸣：《论日本战时统制经济与战后经济体制的关联——以组织与市场结合为中心》，载《日本学论坛》2000 年第 4 期。

〔88〕 ［美］安德鲁·戈登：《日本的起起落落：从德川幕府到现代》，李朝津译，广西师范大学出版社 2008 年版，第 304 页。

〔89〕 ［日］樋渡展扬：《战后日本的市场与政治》，东京大学出版会 1991 年版，第 11 页。

划经济"[90] 模式。

2. 对近代世界体系演变的影响

就东亚范围而言，近代日本凭借资本主义和征役主义的双重手段，一方面打破了原先以"华夷秩序"为基础的东亚传统国际秩序，一度建立起日本帝国主义主导下的殖民体系;[91] 另一方面也极其严重地摧残了周边落后国家的现代化过程，使这些国家在近代世界体系中退至更加边缘的地位，而彻底沦为资本主义列强的附庸。如学者所言，"近代日本不同于欧美国家，亚太政策始终是其对外政策的几乎全部内容。"[92] 而日本的亚太政策，又以中国为主要侵略目标。通过甲午一战，日本在事实上打破了"华夷秩序"，使中国陷入遭受列强共同蚕食的危机之中。此后日本取胜日俄战争，压制了沙俄在东北亚的势力扩张，一定程度上减弱了征服中国的障碍。第一次世界大战期间，日本加紧向中国渗透，在一战后欧美列强重返亚洲的背景下，表面上维系国际均势，暗中则积极扩军备战。1931 年"九·一八事变"爆发以后，日本加快对外侵略步伐，将战火从中国延烧至整个亚太地区，试图建立起"大东亚共荣圈"。[93] 尽管这一过程以失败告终，但却大大加速了东亚落后国家的殖民地化，使之承受了巨大的战争伤痛和发展代价;更重要的是，这在根本上改变了原本相对独立的东亚国际体系，最终使这一体系成为世界殖民体系的一支，被完全纳入了近代世界体系二元结构之中。

---

[90] [日] 高桥龟吉:《战后日本经济跃进的基本原因》，辽宁人民出版社 1984 年版，第 10 页。

[91] 臧运祜:《近代日本亚太政策的演变》，北京大学出版社 2009 年版，第 335 页。

[92] 臧运祜:《近代日本亚太政策的演变》，北京大学出版社 2009 年版，第 4 页，前言。

[93] 关于日本二重性互动结构改变近代东亚国际秩序的过程，参见米庆余:《近代日本的东亚战略和政策》，人民出版社 2007 年版，以及臧运祜:《近代日本亚太政策的演变》，北京大学出版社 2009 年版。

就世界范围来说，上述历史过程在增强中心国家的总体力量、强化近代世界体系二元结构的同时，也加重了资本主义列强从均势失衡到恶性争霸的局面，加速了近代世界体系的转型与崩溃。在日本崛起之前，世界范围内，中心国家和边缘国家的分化、征役主义和资本主义的分化态势尚不突出。[94] 由于地理和文化的隔阂，欧美列强对东亚地区的势力渗透尚未达到完全征服的程度。日本崛起之后，它顺势成为世界帝国主义集团在东亚的前沿阵地，由此显著增强了中心国家的总体征役能力，特别是在东亚建立殖民掠夺体系的能力。然而，当世界范围内的殖民地被瓜分完毕，加之世界经济危机的巨大打击，列强之间的矛盾日益激化，均势已无法维持，战争成为重新分配殖民利益的唯一选择。在这个过程中，日本因为长期遭受其他列强的挤压和限制，越发希望以武力征伐改变传统利益格局，遂与德、意等国遥相呼应，主动挑起了世界大战。其结果是严重削弱了中心国家的势力，而处于边缘地位的广大殖民地国家则兴起了民族解放潮流，整个近代殖民体系最终土崩瓦解。

余论

我们现在可以清晰地看到，近代日本走过了一条具有浓厚征役主义性质的国家资本主义道路。在这条道路上，征役主义与资本主义在共享剥削性质的基础上达成了历史性的联结，呈现为以政权集中和暴力殖民为特征的征役主义始终保护并牵引着资本主义的发展，而在国家襁褓中迅速成长的资本主义进一步刺激征役主义的扩张和极化，二者最终由有机互动陷入恶性循环的历史过

---

〔94〕 宋朝龙：《边缘社会主义的起源》，中国政法大学出版社 2007 年版，第 5 页，序言。

程。这一过程尽管体现着日本自身的能动性和特殊性，但总体而言，它与近代世界体系从扩张走向危机的宿命是一致的。故而反思日本走过的弯路，也是反思世界变革的历史教训。

第二次世界大战以后，随着全球性殖民帝国体系的瓦解，全世界展开了对殖民主义、帝国主义、法西斯主义、国家干预主义等诸多问题的批判性反思，推动了世界体系的当代转型。但整个世界体系的帝国性质并未根本改变，"这种世界帝国的帝国治理模式也在不断升级和转变，即不再单纯依赖对殖民地的掠夺，而是着眼于在科技和金融主导下对其经济命脉的控制"。[95] 换言之，在核威慑和国际机制的约束下，大规模的军事征伐战争逐渐退却（局部霸权欺凌战争依然存在），但这并不意味着剥削机制的终结；相反，中心国家以军事霸权为后盾，依赖科技领先、金融控制、法律工具、意识形态输出等更为隐蔽的方式，继续维护并扩大了资本主义的全球化大生产，继续保持着相对于边缘国家的优势地位，继续主导着全球利益的再分配过程。从这个意义上来说，近代世界体系的二元结构形散而神未散。然而，这种去暴力化的"合法"剥削机制，事实上加剧了全球政治经济的不平等。在 21 世纪初接连发生的恐怖主义威胁、世界金融危机和新冠肺炎疫情全球大流行三波危机的催化下，这一机制越发失衡，正面临前所未有的挑战：反对资本扩大剥削的社会保护浪潮与反对霸权支配的国际利益博弈再次汇聚到了一起，而传统霸权内部的分化也越发显著，世界范围内再次出现了民族主义抬头、经济保护主义泛滥、民族国家矛盾激化的浪潮，这与 20 世纪两次世界大战之前的情形，呈现出惊人的相似。

"历史从不重复自己，但它会押韵。"今天，尽管像近代日本

---

[95] 参见强世功：《超大型政治实体的内在逻辑："帝国"与世界秩序》，载《文化纵横》2019 年第 2 期。

那样依靠战争转嫁危机、谋求利益重置的做法已为世人所警惕，但霸权逻辑并未退出历史舞台，战争风险也依然存在，况且无论战争发生与否，全球性的冲突和失序已势所难免。面对来势汹汹的全球危机，在找到有效的破解方法之前，我们透过历史规律反观当前世界秩序症结，对可能到来的变化和风险做好预备，尤为必要。

评论

司法的现实与理想：读赵耀彤法官《法治的追问：基层司法观察笔记》[*]

凌　斌^{**}　王　硕^{***}

"谢谢佩琳。"这是赵耀彤法官这本新书《法治的追问：基层司法观察笔记》（中国法制出版社 2020 年版）的最后一句话。这也是我在起笔写这篇书评时想到的第一句话。王佩琳是本书的责任编辑。感谢她把赵法官在司法一线的点滴思考集结起来，给有心了解中国法治现状的学生学者、法律同行，提供了一个从本土基层洞悉中国法治内在逻辑和变革诉求的视角与契机。

窗口

从一个大学老师的视角来看，法学院校的学生和学者尤其应当读读这本书。书中讲到的

---

　* 本文由凌斌写作初稿，王硕参与修改，并最终由凌斌定稿。
　** 北京大学法学院教授、博士生导师。
　*** 北京大学法学院博士研究生。

许多问题，比如法官遴选、司法腐败、审判公开、司法权威、法官责任、法官思维、裁判说理、自由心证、事实认定、庭审技巧乃至诸如"命案必破"这类司法文化，以及容易上升为意识形态、实际上有着细致考量的女性保护等，都属于法学院校师生最需要了解然而又了解最少的问题。

作者对于法官思考和裁判说理的看法就是一例。赵法官基于多年的审判经验写道："对于法官判断形成过程的一般说法是'法官要根据事实和法律作出判断，反对先入为主的主观判断'，这种说法其实是机械的、教条主义的论调。事实的真相却是法官的判断都是先入为主的，都有一种本能反应的'法感'。"（第66页）而"这种法感又基本上决定着法官'找法'的方向"（第67页）。在此基础上，"如果法官对法律的理解能够支持他的法感，这个思维过程便可结束；相反则要开始一个新的过程，直到法官视域中对法律的理解和对事实的判断能达成一致。这个过程是灵感式的，是跳跃的，不是按照逻辑上的三段论进行的。但是，……无论法官得出结论的真实过程是什么样的，它都必须表述为一种逻辑的三段论"。（第66—67页）"也就是，判断在先，说理在后。"（第78页）显然，这都和法学院校师生的通常认知截然相反：法官怎么想（思维）和法官怎么写（说理）是两码事；并且，往往是先定后审。

而赵法官仿佛预见到了读者的错愕与震惊，马上又补了一刀："没有亲自审理过案件、处理过纠纷的法律人，只能从实际处理纠纷的法官提供的司法产品（判决文书）中获得法律判断形成的认知，而文书显示的认知过程其实隐藏了真实的思维过程。所以，我们不难理解，司法判断的外部人为何会倒果为因地秉持机械三段论。"（第67页）也就是说，关于法官思维过程的不同理解，本质上是外行和内行的差别：外行看到的热闹，不是内行看到的门道。

法学院校的师生普遍属于赵法官所说的"没有亲自审理过案件、处理过纠纷的法律人"，因而总是从结果即"从实际处理纠纷的法官提供的司法产品（判决文书）中获得法律判断形成的认知"。这个认知是平面的，而不是立体的；是逻辑的，而不是经验的。一个有过特别是像赵法官这样有着丰富的审理案件、处理纠纷经验的法律人，从一份裁判文书可以大致还原整个诉讼场景，甚至通过"脑补"推想出大致的诉讼过程。但像大多数法学院校的师生甚至很多执业律师，从裁判文书的寥寥数语中往往只能看到枯燥、干瘪的事实罗列和条文引用。

因为法官的司法产品并不会把所有"思维过程"都写成"裁判理由"。比如书中所举的一个例子："强奸案的定罪标准是违反妇女意志，在很多时候，是否违反妇女意志是一个很难用语言说清楚的问题。"要确认这一构成要件，法官往往要预设"一个疑问：被害人为什么要同意这样的性行为？在这个预设疑问下，思考该案发生的各种现实场景，……但是，这个预设其实是违反刑事诉讼所谓'无罪推定'前提的，这些理由能说出来吗？"（第78页）

作者还举了两个生动的例子说明，一份好的裁判文书，不能为了符合三段论而无视说理的效果。法官"不能当话术的奴隶，如果一个契合常识的判断无法用言语表达出来，那就不要表达"。（第77页）很多时候，不仅形式逻辑会添乱，社会科学也帮不上忙："如果法官被迫在说理中使用概率这样的科学概念，也不会增加辩方的接受程度，而只会带给他更多的攻击点。"（第78页）所以"如果我们凭借良知和经验能够确信的案件事实非常难以用语词表达出来，我们之所以采信的道理很难讲出来，这时最好的办法就是不要说理。……这并不是逃避说理的司法专横，而是认

识到言语表达真相的天然不足"。(第 78 页)

更何况，说理是为了说服，但很多时候"说"是没法令人"服"的。因为"说理都是有限度的，纵然判决书的逻辑和修辞功夫都用到极致，利益相关方就是坚决不接受，你同样毫无办法"。(第 45 页)

因而，书中直截了当地指出，尽管"我们对司法裁判的基本要求依旧是'说理'，说理的基本要求是符合形式逻辑；而且把裁判文书的'说理'当成裁判是否公正、是否具有公信力的起码标准"，这实际上是"偷换了'说理'与'有理'的基本概念，从而在整体上导致我们裁判工作走入误区"。因为让人信服的是"有理"而不是"说理"："判决书的正当性基础是'有理'，一方面指事实方面的客观性，另一方面指处理纠纷的公平性。"(第 71—72 页) 不论是客观真实还是裁判公平，本质上都与"说理"无关。一个违背客观真实、结果有失公平的判决，就是说理再符合形式逻辑，也无法让当事人乃至一般公众信服。

作者还进一步指出："说不出道理，并不等于没有道理。"究其根源，这是审判和说理之间巨大的信息不对称造成的："法官判断某一事实成立，判断某一方'有理'，需要综合裁量大量信息，这些信息在用语言表达出来的过程中，必然伴随着几何级的信息缩减；再加上表达在判决书上的文字需要符合相当严谨的形式逻辑，各级法院甚至为此专门制作了裁判文书样本，这种逻辑化的'半数理'语言所能涵摄的信息只会进一步缩减。"(第 81 页) 反而，作者敏锐地看到，"信息载体的图像化、视频化，大大降低了信息传递过程中的真实性递减，防止了文字表述中的有意误导"，甚至预见："在更先进的信息传递手段出现时，语言由于其信息传递功能的先天不足必然会逐渐让位"。(第 87 页)

书中的这类论述还有很多，并且相比于学院派的论著，那些鲜活的例证和生动的分析每每启人深思。就笔者自己的研究而言，常常会有不期而遇的相互印证、激荡与共鸣。比如笔者在一些文章中也曾讲过，法官的推理过程和说理过程是两码事（凌斌：《法民关系影响下的法律思维及其完善》，载《法商研究》2015 年第 5 期），裁判说理有其限度，受到预先防卫、综合判断乃至事前沟通和当事人导向（笔者称之为"法民关系"）等重要因素的制约（凌斌：《法官如何说理：中国经验与普遍原理》，载《中国法学》2015 年第 5 期）。特别是书中关于法官与当事人关系的许多详细描述，对于笔者所谓的"法民关系"都有很大的启发（参见凌斌：《当代中国法治实践中"法民关系"》，载《中国社会科学》2013 年第 1 期）。

读者不必立刻接受或反对作者的这些观点和道理。这些例证的意义在于，为法学院校的"没有亲自审理过案件、处理过纠纷的法律人"提供一个了解实践、反思自我的窗口。我们一直强调"纸面上的法律"不同于"行动中的法律"。然而"行动中的法律"如果不落到"纸面"上，就很难进入法学院校的课堂，成为大学知识系统的组成部分。这固然需要学者的努力，但外在的观察毕竟代替不了亲身的经历。赵法官的这本书是把"行动中的法律"落在了"纸面"上。读这本书，可以借助一个基层法官和基层法院领导的眼光和眼界，深入了解从而反思真实世界的法律运作。

学术

书中的文字恳切平实，又不乏妙笔。比如"蒙眼的正义女神是西方法治文明的元叙事之一，但是在中国，人们却用'瞎了眼'来骂一个头脑昏聩的家伙"（第126页），"'程序'是可以空转的，不但可以空转，还能够把坏人'洗白'，甚至包装成好人！"（第133页），"我们传统的报应教化体系遇到这种问难时所做的回答是进一步拉长报应的时间轴"（第182页），"我们的微信阅读其实已经是海量了。发明纸张的民族，很可能最先超越纸张"（第215页），等等，可以看到作者的才思与才情。再如书中把《我不是潘金莲》看作"官场现形记"的"极端现实主义的真实'表演'"的精彩解读，更是关于这部电影甚至可以说是关于法律电影的少有的佳作。

但更重要的，还是书中展现出的理论洞察。这些理论洞察遍布全书的各个章节，已经足以将作者谦称的"观察笔记"提升为一本学术著作。因为作者的每个结论，尽管常常基于（宝贵的）个人经验与人生智慧，但最终都是来自于学理分析。这当然不等于作者的每个观点都正确，都令人赞同。笔者对书中的一些结论也会持保留态度，比如作者说，如果"出现专业思维与生活思维的对立，此时即便当事人不满意处理结果，我们也应当按照证据规则给予案件正面评价"（第28页），"公开就是我们树立权威的最佳手段"（第37页），以及关于"陪审员票决实事的制度"设想（第88页），就多少有些"本位主义"，不那么令人信服。但是不论我们赞同与否，赵法官都是在讲道理，并且都有他自己的道理，都是在分析、辩驳了一系列观点之后，以论证的方式来说服读者，令人产生思考，甚至使人禁不住要与之辩论。这就是学术，而且是敏锐的洞察力、理性的思辨力和娴熟的修辞能力才有的那类优秀的学术。

比如书中关于司法的腐败、公正与公信（以及权威）之间关系的分析，就很见功力。这些概念，不管是在课堂里还是饭桌上，都常常挂在法律人的嘴边。但这些词说的究竟是什么意思，相互是何种关系，却往往没有那么清楚的界分。由此导致的结果就是，错失了问题的真正要点。而从本书中可以看到，赵法官对这些概念都有着清楚的界分。正是基于这一点，他批评了两种颇为流行的社会观念和司法政策：一种是以为法官收受贿赂（腐败）会直接影响个案的裁判质量（公正）；另一种是以为可以通过提高个案裁判质量（公正）从而提升公众对司法的满意度（公信）。

赵法官首先区分了腐败（即法官受贿）和公正（即个案结果）："公正是一回事，腐败是另一回事"（第35页）。由此反驳"司法人员如果收受贿赂，那么必然会作出对行贿人有利的决策，从而影响司法公正"（第23页）。在他看来，真实的情况是："腐败与公正在很多情形下是奇怪的共生体，有点像大夫收红包与做手术的关系。"（第24页）

为了更为直观清楚地理解赵法官的意思，我们不妨以法官行为和个案结果为经纬，画一张腐败与公正关系的二维表：

腐败与公正关系表	腐败（法官）	清廉（法官）
不公（结果）	腐败，不公	清廉，不公
公正（结果）	腐败，公正	清廉，公正

可见，不是只有"腐败导致不公"这样一种情况。问题的复杂性在于还有另外两种情况：法官清廉，但结果不公，就是赵法官所说的"错案中未必就有司法人员腐败"；法官腐败，但结果公正，就是赵法官所说的"腐败未必就一定导致不公正"（第25页）。正是这两种关系的存在，使得把腐败简单等同于不公的流行观点变得过于肤浅（背后引出的问题，是合法与腐败的关系，参见凌斌：《论相对权力与相对腐败》，载《桂海论丛》2016年第2期；凌斌：《村长的困惑：〈秋菊打官司〉再思考》，载《法

律与政治评论》2010 年第 1 期）。

同理，公正和公信也不一样。公正是对个案结果的公众评价，而公信是对司法系统的公众评价。个案结果不一定影响系统评价，正像赵法官所讲，有时候"司法的公正就无助于司法公信力的提高"（第 27 页）。书中进而写道："司法的公信力不高、人民群众对司法工作的满意度不高是本轮司法改革的原动力之一。但如果把公信力不高的问题生硬地转化为公正度不高，则既会导致对司法系统现有工作成绩的不恰当否定，也会掩饰影响司法公信的其他因素，从而使致力于司法公信力提高的技术方案失灵。"（第 27 页）实际的情况是："绝大部分公正合法的司法产品并没有获得同样高的正面评价。如果公信力也有指数，那么它并没有公正指数那么高。"（第 28 页）

个案结果的不公当然也会危及司法公信力。俗话说，一条臭鱼腥了一锅汤。但是在赵法官看来，这并不是最严重的问题。一方面，"错案中未必就有司法人员腐败，比如呼格案"（第 25 页）。另一方面，"错案毕竟是小概率事件"（第 27 页）。要想杜绝，防范的成本可能高不可攀。对司法公信力危害最大的是司法腐败。司法腐败的确未必导致个案意义上的结果不公，也就是未必改变没有腐败情况下原本可得的裁判结果。但是，腐败必定会导致系统意义上的公信力受损，降低人民群众的满意度。

由此，基于赵法官的剖析，腐败、公正和公信的关系，并非一个简单的直线逻辑：腐败影响公正，公正又影响公信。真实的逻辑在于，司法腐败未必影响司法公正，但却一定会危害司法公信。而司法公信力一旦遭到破坏，就会给整个司法系统以及每一位人民法官带来严重的危害（更为详尽的学理分析，参见凌斌：《公正司法的公信基础》，载《华东政法大学学报》2013 年第 6 期；凌斌：《法律与情理：法治进程的情法矛盾与伦理选择》，载

《中外法学》2012 年第 1 期）。

一个突出的表现就是公信受损后的权威丧失："尽管这些年来我们在法院基础设施、队伍和工作的规范化等方面付出了极大的努力，但司法权威的现状还是不能让我们满意。……以当事人、代理人闹庭、骂庭等现象为代表的不尊重法官、法庭以及其背后的法律秩序就是其中之一。开庭时，有些当事人一见到对方当事人就破口大骂甚至纠打，法官如果制止，矛头就会对准法官：'你为何向着他们，给你送了多少礼？……'这种场景，处理案件的法官尤其是基层法官都不会生疏。"（第 37 页）更为极端的是当事人挟私报复乃至杀害法官（见《司法权威不能用法官的血肉铸就》一章）。

不论具体针对的是哪位办案法官，其挑战的都是法院乃至司法系统的整体权威。丧失权威的司法系统很容易导致当事人关于个案公正的负面评价（亦即对法院权威的挑战）。而长期承受负面评价的不白之冤，欠缺应有的尊严感和工资之外的荣誉补偿，又会令少部分法官感到得不偿失，因而多多少少会产生潜在的寻求腐败等额外补偿的不良激励。显然，这远比"腐败一定影响公正"的简单逻辑错综复杂得多。真实的逻辑是圈套圈的：（个别当事人与个别法官行贿受贿的）腐败影响（一般公众对司法系统的）公信；公信影响（司法系统对特定当事人的）权威；权威影响（当事人和公众评价特定法官裁判是否）公正，反过来进一步影响（个别法官是否容易产生）腐败。

这样，赵法官在书中分析的各类情形，实际上完整呈现了当代中国"法民关系"的四个方面：腐败（个别当事人与个别法官）、公正（一般公众与个别法官）、权威（个别当事人与司法系统）和公信（一般公众与司法系统），以及彼此之间的复杂影响（积极法民关系）。我们可以再列一个法民关系二维表：

当代中国的积极法民关系	（个别）当事人	（一般）公众
（个别）法官	腐败（与否）	公正（与否）
司法（系统）	权威（高低）	公信力（高低）

正如公正是一般公众对个案结果的整体评价，而公信是一般公众对司法系统的整体评价，按照这一分析框架，权威是个别当事人对司法系统的个体评价（用韦伯支配社会学的概念来说，亦即司法系统对个人的支配，或者个人基于正当性评价对司法系统的自愿服从），而腐败是个别当事人对个别法官的个体评价。因而，腐败影响个案公正，涉及的只是个别法官和个别当事人；而腐败伤害公信力，则会波及每一位法官和全体公众。因为公信力受损的司法系统，会导致公众对每一位法官的"有罪推定"。这就是一种"负外部性"：少数腐败分子得利，而多数正直法官受损，并且降低整体社会福利。

赵法官当然不会像笔者这样职业病式地堆砌学术概念。但他的作品往往能够契合并因此可以反过来印证乃至检验一般性的学理分析。

现实

但这自然不是说赵法官特别钟情于学术和理论。而是从他的作品中可以看到，他近乎本能地专注于现实，以期探究并最终理解司法乃至社会的真实运作。这样，不论讨论的具体题目如何多样，整本书中都隐含着一个共同追求，那就是揭示这个潜藏在司法实践背后的——笔者姑且称之为——现实主义逻辑。

文中讲述的案件，很多法院都遇到过类似情形：当事人（徐某）对已经终审的案件不满，一再纠缠、威胁曾经的主审法官

（胡某）："你出去怎么死都不知道""我保证肯定有人会修理你""肯定有人会把你做掉""法院会被炸掉"，甚至"下班铃声响后，胡某要去学校接女儿回家，并告知徐某明天可以再约谈，徐某仍缠着不让走，并称：'你接小孩，我跟你去接，正好熟悉下。'"在家人受到威胁之后，胡法官最终忍无可忍，愤然把徐某摔倒在地。后续便是公安介入、媒体报道，这里不再赘述。赵法官提出并且着重分析的问题在于，为什么法官对于当事人的骚扰和威胁只能依靠私力救济，而得不到应有的公共保护。

赵法官并没有对这一现象做任何道德批判，反而是给予了最大限度的"同情的理解"。首先，他否定了法律人最常给出的答案："法律不完善。"甚至法律不完善本身也只是结果，而不是原因。法律上的确没有明确的规定，但是仍有一定的余地：依照《民事诉讼法》第 111 条规定："诉讼参与人或者其他人有下列行为之一的，人民法院可以根据情节轻重予以罚款、拘留……（四）对司法工作人员、诉讼参加人……进行侮辱、诽谤、诬陷、殴打或者打击报复的。"然而最高人民法院作了限缩解释，把侵害的对象从"司法工作人员"转换为"人民法院工作秩序"："对扰乱人民法院工作秩序的，可依照治安管理处罚法的规定，交由公安机关对其进行处理，如果构成犯罪的，可由公安机关立案侦查，依法追究其刑事责任。"（沈德咏主编：《最高人民法院民事诉讼法司法解释理解与适用》，人民法院出版社 2015 年版，第516 页）问题因此不是法律为什么没能更完善，而是为什么法律会这样规定以及法院会这样解释。赵法官揭示和分析的，正是这背后体现出的法律实施中（进而也体现在法律制定中）的现实主义逻辑。

从现实主义的逻辑来看，给法官个人以公力救济，也就意味着势必要面对由此带来的一系列问题：例如，赵法官提到的"法官到公安机关报警是公事还是私事？以后协助公安机关调查占用的时间算是完成工作吗？伤情鉴定、打车停车等相关费用由个人还是组织承担？如果这边有案子需要处理，那边公安机关需要调查，产生矛盾怎么办？算不算因私废公？如果被人炒作，又会是什么结局？"，都是不可避免会遇到但却难以处理的问题。

更不用说，法院内部管理也已经被这个现实主义逻辑所扭曲："法官受到的屈辱，到了法官管理者那里可能就不是个事儿，有些管理者甚至说出更加伤害法官的话，比如'为何你总是给我惹事？''为何当事人不骂别人，偏偏骂你？'，而让法官自己退却。这也不是因为管理者有多么坏，同样是因为他们有着自己的利益衡量而不愿意引火烧身。当事人同样可以骂他，可以到上级单位告他、访他，采用各种手段黑他，他自己也没有什么办法。不要以为院长就有多么了不起……"

而且，即便法官向公安机关报了警，公安机关也得遵循这个现实主义逻辑："把案子报到公安机关，是不是就能得到迅速有效的处理？……公安机关的生存环境也好不到哪里去。他们敢不敢下决心惩处一个在法院闹得翻天覆地的恶人？恐怕不敢，因为他们也要衡量这样做的后果：如果把这种当事人拘留几天，出来以后他们自己难免引火烧身，无穷无尽的上访闹事就会成为梦魇。即便他们不好意思公然拒绝法院兄弟的求助，也会选择做更多的说服工作让法官不跟对方一般见识。生活的逻辑是一致的，法官怕恶人，警察同样也没有办法。"

那么，法院自己能不能直接采取强制措施——"为什么不把这些侮辱、诽谤、威胁法官的行为人予以拘留？"——还是不行。因为还是逃不开这个现实主义逻辑："实际工作中，拘留所收费怎么办？……还有，拘留所一般都有几乎苛刻的体检要求，你必须领着被拘留人跑到正规医院里正儿八经地体检，血压高一点也可以成为不收人的理由，这个费用同样得是法院自己掏，唯一一点好处就是医院开具了发票。……不是说拘留所的警察兄弟们在刁难法院，他们同样是被执法环境所逼，如果被拘留人在拘留所里出点头疼脑热之类的毛病，家属同样找他们闹。"

这么一看，法院轻易不动用拘留手段，看似窝囊，反而是一个"理性选择"，归根结底还是动用拘留手段"不划算"："拘留要花钱（想想这个拘留费用法院出得有多不情愿），拘留以后心情更加紧张，拘留出来之后矛盾还可能更加激化，被拘留人有可能到上级机关甚至进京上访，那给法官和法院带来的恐怕就是相当长时期的精神折磨……种种情形都告诉法官，拘留会带来一时的精神振奋，也会带来长期的精神紧张。"

那么，由此还能得出什么结论？只能是"法官在威胁、辱骂的时候只能在心里默诵寒山拾得，让自己化烦恼为菩提。当对方触痛内心深处最看重的东西时，维护自己起码尊严的只有自己的拳头。拳头说明他很彪悍和粗暴吗？不，他可怜得让人心酸"。

在这个"理性选择"的现实主义逻辑、赵法官所称的"生活的逻辑"中，每个人都身不由己："法官怕恶人，警察同样也没有办法"，"拘留所的警察兄弟们……同样是被执法环境所逼"，也"不是因为管理者有多么坏，同样是因为他们有着自己的利益衡量而不愿意引火烧身"。

要是再多想想，其实那个骚扰威胁法官的当事人同样"可怜得让人心酸"。甚至，像赵法官这样，因为"长期的法院问题应对，已经让我下意识地养成了后果导向（更多的是恶果避免）的思维方式，我总是考虑到现实生活中最坏的结果"（第4页），不免于"现实主义者很难不染上的悲观情绪，很难免除的妥协绥靖的乡愿"（第5页），难道不也是"可怜得让人心酸"？而作者在书中屡屡批评的"官僚主义""形式主义"，究其根源，也是现实主义逻辑的另一种版本。而立法者在很多时候的选择（表现为"法律不完善"）也不过是因为知道因而默认了这个"生活的逻辑"。是的，每个人都有各自可以理解的原因，每个人都在趋利避害，每个人都有委屈，每个人都必须服从这个"生活的逻辑"。

由此导致的现实主义逻辑的必然结果，用个学术名词来说就是"囚徒困境"：每个人都在趋利避害，但最终得到的是一个对每个人和对所有人都是最坏的结果。这是制度的问题吗？任何制度，如果每个行动者遵循的都是纯粹的现实主义逻辑，结果就都是囚徒困境。而现实主义逻辑的囚徒困境，根源就在于这个现实主义逻辑。套用尼采的那个表达："现实，太现实。"所有人都不落好，是因为所有人都太算计、太现实了。最终的结果，正是赵法官解读《我不是潘金莲》时讲的那个"极端现实主义的真实'表演'"。

理想

赵法官揭示了这个现实主义逻辑，报之以理解，但并未因此与之妥协。揭示现实主义逻辑，不等于赞同现实主义逻辑：这个差别，是最大的关口，是天渊之别。很多人都看到了这个现实主义逻辑。这个世界从来不缺少聪明人，但每个人的选择并不相同。有的人选择顺应现实，成了一个彻底的机会主义者。有的人则选择改变现实，为此而奉献自己的热血与忠诚。

赵法官很少谈及"理想"，甚至对理想保持着高度警惕，担心背后隐藏着"道德讹诈"和"道德盘剥"（第16—17页），拒绝"空谈理想的制度"（第32页），强调"脚踏实地比理想设计更重要"（第34页）。然而，用他在注释中所作的区分，"理想"和"幻想"是不同的："理想是一种对现实进行批判性改造的积极力量，而幻想只能是幻想。"（第 17 页）赵法官反对的是不切实际的幻想和异化为大词的空谈。他本人则是通过他的这本书，把多年来的思考和反思变为"一种对现实进行批判性改造的积极力量"。

因此，我们也就对赵法官的学术追求有了更多理解。他不是为学术而学术，甚至不仅是出于个人趣味和智识偏好。这里隐含的是一个法官的忠诚与信念："如果连'真'都不能作为一种事业上的追求，我们如何能够把法治和正义这样的顶端价值观念联系起来呢？"（第 128 页）要"对现实进行批判性改造"，就要科学地、理性地、不存幻想地也就是学术地研究现实，从而正视、揭示和反思现实背后的真实逻辑——那个现实主义逻辑以及由此导致的囚徒困境。比如，正是基于腐败、公正和公信三者关系的学理分析，赵法官才一再强调，应当把提升司法公信力的努力方向，从强调个案公正（也就是减少错案）转向遏制司法腐败："司法腐败对我们提高司法公信力的影响是独立而重要的，它不但不应该被有意无意地隐藏在司法公正框子后边附带，反而应该被放到首要位置。"（第 29 页）

因此，他的文字每每体现出那种"爱之深、责之切"的坦率针砭。文中随处可见类似的批评："我们耗资甚巨的，以减轻老百姓诉累、进一步解决'立案难'为目的的网上立案，反而吊诡地促成了增加老百姓诉讼成本的局面"（第 92 页），看到"强迫网上提交上诉状就会成为上诉人从诉讼技巧的角度拖延时间的帮凶"（第 93 页），因而一针见血地指出："这些后果是司法信息化本身造成的吗？不是，它是形式主义式的强迫信息化造成的。"（第 94 页）这些批评是在"揭法院的短"吗？不是。这是对祖国、对司法的忠诚和热爱。

当然，基于学术的剖析和批判，赵法官也在书中提出了很多建议。对于法官"辞职潮",他指出,根本原因在于法官的"尊严",在于"尊重与自我实现",并且委婉地提出:"当办案能力成为司法管理层的考察标准时,会办案的法官的上升空间也就更加广阔,他们也会觉得留下会有更多的希望。"(第21页)而在另一篇本书没能收录的文章中,赵法官把办案积极性看作一个"法院系统中优良政治生态的表现",同时也隐含指出了法院工作改进的方向:"法院系统中优良政治生态的表现是多方面的,笔者认为这至少要包括的一点就是:司法系统内从上到下的办案积极性高涨。……因为办案才是法院工作的主业,这是国家设立法院、人民养活法院的目的所在。积极办案的政治生态,需要领导们带头示范。"(《高度重视"入额领导伪办案"现象》,原文载《南风窗》2017年第1期)

他也写出了自己的期待:"法官既然不是因为邻里纠纷等私人事项与他人产生矛盾,而是因为履行职务而被人侮辱甚至构陷,组织就应该承担起保护法官、为法官实现公道的义务。……对法官人身威胁甚至攻击的行为,侵害的显然不仅仅是法官个人的权利,更是法院的权威、法律的尊严。""尊严"也是赵法官在书中经常提到的一个词。

而在《〈我不是潘金莲〉在说什么》中,作者写道:当代司法现实中的那些不足"是因为我们在法治化转型过程中过多地强调了科层体制的力量,过多地强调了法统的力量,而忽视了我们曾经倚重的党的基层动员力量,缺少对这种动员人才的关注与培养"(第174页),并且由此导致了那个现实主义逻辑的囚徒困境。

在这里,赵法官看到并诉诸的正是那个"对现实进行批判性改造的积极力量":"在法治作为我们治国基本策略的前提下,让党的基层组织继续发挥好它传统的动员教育作用,在党内给予这种基层动员智慧,给予这种基层动员人才更好的上升空间,或许

依旧是我们应该致力的工作。"（第175页）

致敬

尽管赵法官在后记中把笔者列入了他感谢的"学者友人"之列，让笔者"与有荣焉"，实际彼此之间的直接交往并不多，大约只是会议上碰过面，微信里拜过年。说到共同的交集，除了智识上的同好，或许还有经历上的重叠：赵法官在法学院挂过职，笔者也在法院挂过职——想来是因为这个原因，我们对这两个行当都会有一些由衷的、自发的亲近与关切，也都会格外珍惜这份不咸不甜的"淡水之交"。

正如前文所说，书中的许多论述让笔者有"所见略同""惺惺相惜"之感。这不是因为我们预先阅读了彼此的文章或者有过彻夜深谈。而是因为，我们生活在同一片土地上，身处同一个司法系统和法治环境，并且面对的是同样的官员和百姓。

当然，更为重要的是共同的对"法治的追问"。笔者曾经想把挂职期间的日记整理出来，把基层法院和一线法官面临的许多现实的、迫切的，却往往不为学界和高层注重的问题反映出来，但是终究停留于想法，迟迟没有付诸笔端。如今，看到赵法官的文字，笔者会格外有一种"心有戚戚"，感到那就是笔者也想说的心里话，以及想说却不好说或说不好的肚里话。更感到，我们还需要更多像赵法官这样务实求真的局内人，需要更多像王佩琳编辑这样慧眼卓识的出版人，把这些来自司法实践和法治前沿的鲜活思考，作为可贵的学术作品发表和刊印出来。

因此，笔者从心底里始终把赵法官看作自己的同行，并以本文向他致以一个"老战友"的敬意！祝愿他的这次"半途列炮"，成为下一段人生中的"后翼弃兵"！

早期国家形成的深度历史

黄锦辉[*]

　　作为一名政治人类学者，詹姆斯·斯科特同时受到来自两个学科的理论视角影响。其中，人类学的范式变迁与其分析议题和方法的转变密不可分。在最早的研究中，斯科特通过对马来西亚公务员的访谈，试图探讨精英的政治意识形态。然而，从《农民的道义经济学》开始，他转向关注底层政治，尤其是农民行为。随后，在《弱者的武器》中，他基于田野考察更深入地讨论了农民的日常抗争，分析范式也随之经历从政治经济学范式、过程范式到后现代范式的转变，以回应葛兰西等学者对权力的新讨论。同一时期，斯考切波等学者掀起"将国家带回来"的理论思潮。尽管斯科特以底层政治现象和大众行为为关注核心，他也开始回应这个思潮。从《国家的视角》开始，他将国家作为自己的主要分析对象，而不只是将其看作底层社区运作的政治背景或容器。

　　然而，人类学范式的熏陶让斯科特得以从

＊　武汉大学政治与公共管理学院教授。

不同于"国家中心论"的视角去讨论国家理论问题。早期的人类学讨论曾经对一些经典的政治议题做出解释（比如文明、官僚制、现代性、等级制度、抗争、部落政治、暴力和战争等），而这些议题与国家这个政治实体息息相关；但是，20世纪较晚时候兴起的新兴人类学讨论的政治化却将经典人类学讨论扔到一边，转向讨论一些时代性更强的议题（比如全球化、公民身份、军事化、人权、后自由主义）。受到政治学思潮影响的斯科特并未全然接受这个人类学知识转向，而是重拾古老的人类学议题。他转而去关注国家与其他社会力量之间的张力和冲突，研究国家和农民的日常关系、国家和自然的关系、国家和部落的关系等问题。

其中，《反谷：古代城邦的深刻历史》（*Against the Grain：A Deep History of the Earliest States*，2017）是斯科特最新的研究成果。通过对最新历史和考古学研究成果的再阐释，他提出了一个关于人类驯化自然、早期国家形成及与其腹地人民之间关系的深度历史叙事。进而，斯科特重新思考了国家形成的意义以及国家形成现象对于人类和生态的双重后果。

关于国家起源的文明叙事提供了一个线性历史发展的叙述，认为人类从无国家的原始社会到有国家的政治社会是一个线性的文明化进程，我们的祖辈一心扎进国家和文明的牢笼乃是政治发展的自然进程。然而，斯科特不认可这一叙事，并提出批判：一方面，早期国家形成的条件比文明叙事所述说的要更为严苛，高度依赖生态区位和对集中农业人口的控制。严苛的国家存续条件决定了其脆弱性，而国家权力的积累本身加剧了这种脆弱性。另一方面，无国家人群也在持续演化，而非如文明叙事那样一直只是落后的历史遗留物。农业国家的扩张与收缩也推动了一个由无国家人群构成的部落的形成，野蛮人以这种方式开启相对于国家统治的黄金时代。走进国家形式的人类得到了很多，却或许失去了更多。

斯科特指出，早期的国家形成是谷物农业体系与集中定居人口的人口-农业生态综合体，他的写作也是围绕着这两部分展开。在书的前四章中，斯科特围绕固定农耕体系的特征以及谷物制造国家的论点展开论述，并在第五章中思考早期国家控制集中人口的治国之道；随后，他在第六章论述了国家崩溃的人为因素，并将其视为政治秩序的重组而非衰败。最后，作者在第七章重新定位了"野蛮人"的历史地位。

一

斯科特的分析是从作为国家基础的人口-农业生态综合体的起源开始的。固定农耕体系是前国家历史的文明成就。这个体系致力于在耕地周边消除大多数与栽培作物竞争的变量，将简化的农业土地从更丰富多样的生态气候环境中解放出来。它的发明代表了人类对自然环境进行简化管理的实践。从此，人类开始走进一个标准化的生产空间中，涵盖定居模式、社会结构、建筑环境以及大部分仪式生活。

正是这个生产空间构成了国家形成的基础，构成了国家的属性。一方面，农耕体系构造的标准化生产空间为国家形成提供了基础；另一方面，农耕体系隐藏的负面文明效应也暗示了其构成国家的脆弱性。这个效应最典型的例子就是人畜共患疾病带来的流行病风暴。斯科特认为，许多早期人口中心的突然崩溃是由毁灭性流行病造成的。动植物与人类前所未有的混合集中体系所产生的拥挤环境成为疾病的温床。历史上前所未有的疾病——霍乱、天花、流感等的出现都是文明效应，即城市化开始的结果。

可以说，所有人类文明的成就——定居、灌溉、农业和城镇，都在国家出现前就实现了。斯科特并不试图找出一种国家形成的严格因果机制，而是去发现在人类历史上哪些因素与国家形成有着密切关联。他将国家性看作一个或多或少而不是非此即彼的问题，指向领土和专门化国家机构的特征，比如围墙、税收和官员。通过观察早期国家形成的考古和历史证据，他指出，没有一个国家不是建立在冲积层的谷物种植人口之上的。进而，斯科特提出最初国家形成的关键论点——谷物制造国家（grains make states）。

早期国家的形成取决于对谷物和人力集中的控制，那么早期国家如何能够支配这些人口和谷物呢？斯科特提供了一种区别于魏特夫的"灌溉制造国家"的理论解释。突然的干旱气候变化使得灌溉需求和劳动强度越来越大。随之而来的是水运系统和奴役制度的发展，这将聚居的人口和谷物运送到了一个处于胚胎状态的国家形成空间。人口的集中有利于国家的形成，人口的分散则阻碍国家的形成。就构建一个国家形成的"胚胎"而言，干旱被认为是不可或缺的好帮手。

国家建设的关键就是将这个核心空间作为其农业生产基地，不断扩充其规模，增加基础设施，最终构建一个集约化的农业体系景观和生态。从国家形成的农业地理学看，古代国家最开始都是农业国家，它需要足够的剩余农牧产品养活国家中心的非生产者（例如官员、贵族和士兵）。基于对可征收的生产剩余的需求，国家形成的地理条件被极大限制了，只有单位产量较高的肥沃土地才能维持密集人口的生存。然而，仅满足人口集中的条件是不能够形成国家的。湿地丰富的生态资源足以形成早期的城市化和商业，但却没有导致国家的形成和大规模的谷物种植。

那么，谷物对于国家形成的重要性是什么？许多其他的粮食也能够满足密集人口的生存，却不具备谷物的政治价值。斯科特敏锐地指出，只有谷物适合作为征税的基础：谷类作物在地面上的生长和成熟时间大致相同，也只有谷物易于在国家的同一时间灌溉中生存。因而，谷物具有简单化的管理优势，谷物粮食是可见的、可分割的、可估价的、可储存的与可运输的。谷物无疑是早期国家的肌腱，对谷物税的征收构成了早期国家权力的基础。这也是为何在大规模灌溉谷物农田种植的生态和政治中心地带以外活动的流动人群被污名化为"野蛮人"。他们的生产方式难以被征税，也未进入国家的管理版图。从谷物与国家的关联看，选择固定谷物种植与否，是一种政治选择，和是否进入国家统治的选择密不可分。

在谷物之外，城墙和书写也制造了国家。一方面，控制人口流动是早期国家的重要挑战。城墙既可以保护国家中心人口不被无国家人群骚扰，也有利于防止人口流失；另一方面，国家也是一台记录和测量的政治机器，通过原始文字来记录它的统治对象——土地和臣民。对大规模集中人口的记录是不可能仅靠口头表达完成的。国家统治职能的执行依赖于对劳动、粮食与土地的标准化和抽象化，这需要统一的文字记录达成。斯科特认为，中国的秦朝正是这样一个标准化管理的、秩序至上的典型政权。

简言之，早期国家形成与发展的三大要素分别是：更大规模的谷物种植土地、数量更大的集中人口以及让加强粮食、土地与人口的控制成为可能的信息管理系统。早期国家的治国之道就是基于这三个要素展开的。

二

国家形成是一个问题，能否维持国家形态又是另一个国家建设的问题。更好地控制上述的人口-农业生态综合体是国家建设的基础模块。谷物国家的总人口是一个可靠的财富和军事力量的指标，也是国家兴衰的关键指标，国家的兴旺与崩溃取决于能否在中心形成集中人口的控制。

基于集中农业人口对于早期国家存续的重要性，人口控制成为早期国家的核心治国之道。将人口聚集并让他们留在国家权力的中心，让他们生产超出自身需要的剩余物质，是国家能否持续发展的关键。然而，显而易见的是，在没有任何强制或资本主义积累机会的情况下，人们是没有动机去生产超出自身需要的产品的。因此，在早期国家的历史中，只有依赖各种形式的强制奴役制度才可能形成剩余。

斯科特指出，没有奴役就没有国家。如同定居等人类文明成就一样，奴役制度在前国家社会就出现了，但国家精心设计并扩大了奴隶制的规模，以最大限度地增加其生产人口和可支配的生产盈余。强制劳动对于维护国家的谷物粮食体系是必要的。奴隶制既为纺织业提供劳动人口，也为水利等繁重工作补充人力，还是精英地位和早期国家社会分层的象征。在早期人类文明中，奴隶制是古代工业的基础，是资本积累的有力工具。

奴隶制运行是否健康对于维持国家精英更大的需求和野心必不可少：奴隶对采集矿产资源的贡献既满足经济需求，也满足了政治需求。正是奴隶提供的劳役，使得更多的臣民免于劳役，从而减低了国内叛乱的压力。进而，由于对奴隶制及奴隶人口的依赖，国家不得不通过对外战争来不断补充奴隶人力资源，早期战争大部分是旨在掠夺人力的军事行动。简言之，早期国家统治的巩固关键在于对中心人口的控制，而人口控制的核心制度则是奴隶制。

由此，斯科特完成了对于早期国家形成的理论构建。然而，他的意图不止于此。与传统的国家起源理论不一样，斯科特将国家形成看作一个可逆的过程，早期国家文明是易于崩溃的。斯科特再一次回到国家的构成，从作为国家统治基础的人口-农业生态综合体去研究国家崩溃的影响因素。国家愈是试图扩张并巩固其统治，愈是可能破坏其统治基础。

国家与其赖以生存的农业生态体系都持续面临着解体的风险，这些风险可能来源于自然因素，也可能是人为因素（如气候变化、资源枯竭、疾病、战争和人口迁移）。从狭窄的形成生态区位可以看出，国家形成在结构上就很容易受到生存问题的影响，而这与统治者统治的熟练程度或无能程度几乎没有关系。国家的精英和非精英都无法预见可能的生态、政治和流行病风险，也无法预见自身的文明活动如何加剧了这种风险。有四个方面的国家效应（state effect）可能加剧国家因解体和崩溃的风险。

第一，国家加剧了自身因流行病解体的风险。首先，建立在谷物与动物的混合农业体系之上的国家天然地受到更多流行病的威胁。其次，国家为生存而推动的大规模长途贸易也促进了疾病的传播。最后，基于掠夺人口目的的战争带回来的俘虏也加剧了流行病的风险。一旦流行病在城市中心蔓延，人口的直接回应就是离开文明和国家中心，逃往分散的乡村。

第二，国家对粮食生产盈余的巨大需求也加剧了生态破坏风险。密集的人口-农业综合体对周边环境产生的物质需求是空前的。这种负担导致了两个最重要的环境破坏——滥伐森林和土地盐碱化。一方面，当国家腹地的木材已不能满足需求，人们就不得不到城市上游进行森林砍伐，进而产生一系列生态问题，包括水土流失、灾难性的洪水以及疟疾传播；另一方面，农业生产的灌溉需求因为灌溉水含有的溶解盐，进一步导致土地盐碱化和枯竭。

第三，国家可能因其自我掠夺和对外战争而崩溃。战争并非国家的发明，但是国家却将战争的规模前所未有地扩展了。持续不断的战争和对人力的争夺进一步加剧了早期国家的脆弱。无论是战胜国抑或战败国，都因为战争加剧了自身解体的风险：一方面，战胜的国家增加了中心聚集的财富和人力资源，间接提升了内战或反叛的收益，因而促成了国家的内部不稳定；另一方面，战败的国家不可避免地面临人口的流失和中心的衰落。

第四，早期国家缺乏应对气候变化等自然因素的手段，不当的行政管理也会加速国家崩溃。一个农业王国总是易受降雨、天气、虫害、人和作物疾病等变化无常的因素的影响。在所有的农业经济中，阶级关系的关键议题都是如何应对凶年不可避免的冲击，如何在歉收中保障自身的经济安全。由于早期国家行政管理水平的低下，国家经常会在凶年对其臣民过度征税，这无疑是杀鸡取卵的行为。农民处于饥饿之中，中间税收人从中牟取暴利，王国无法达成足够预期的税收，这一切景象都可能预示着叛乱、起义和政治秩序的失败。

早期国家的崩溃往往将中心人口推向了外围，人口流向更小的政治共同体。相比将国家的稳定视为常数，斯科特更倾向于将国家的崩溃视为常数。在古代历史中，国家崩溃的政治秩序重构是很常见的。基于对人类历史和生存状况的深刻解读，他指出，正是政治化本身才是国家崩溃的直接原因。国家为了执行其统治职能不得不对其臣民实行征税和压榨，对外进行战争，这些都是其治下之民所不欲的负担。逃离国家，就是逃离统治，逃离压榨，逃离暴力。

三

那么，国家崩溃对于人类历史意味着什么呢？通常而言，我们会关注历史上的农民起义，并认可国家对农民的剥削是叛乱的重要原因。然而，我们鲜有注意到这种剥削并非特定王朝阶段的特殊事件，而是内含于国家这种统治形式的本质矛盾。国家的扩张与收缩周期性地影响着人类文明的进程，并重构了国家中心与外围流动人群的关系。

斯科特指出，我们需要重新理解国家形成与崩溃的叙事：一方面，崩溃意味着国家和文明中心的衰落，随之象征国家统治的事物——高层精英、伟大建筑、识字、大型贸易和再分配、专业工艺生产等都会减少和消失；另一方面，这样的崩溃并不意味着人口减少或者人类福祉的下降，以及人类文化的消亡，反而可能是一种发展和提高。因此，我们更应该将文化中心的崩溃看作文化的重组而非解体，将国家的崩溃看作政治秩序的重构而非解体。国家只不过分解为更小型的政治共同体。过去我们被文明中心的历史记录与考古记录所迷惑，以至于认为城市和国家的权力中心正是人类文明的顶点，却忽视了国家边缘的破碎地带的非国家历史。

最后，重新反思一个问题，我们如何看待所谓文明叙事中作为国家前身的原始社会及其"野蛮人"呢？斯科特从回答这个问题中得出了国家形成的深层意义。首先，必须指出我们被国家的宏伟表述所迷惑了。在人类文明的历史长河中，即便规模巨大的超级国家，其有效控制范围也是有限的，大多数人类生活在无国家控制的区域中，并在不同生产方式之间转变。人类世界是由一个国家统治的核心地区，一个由部族组成的破碎地带以及完全不受国家控制的区域组成的。当我们重新以非国家的视角看待这些"无国家人群"时会发现，关于政治演化的表述是错误的。传统表述认为，这些野蛮人是在文明进化过程中被遗留下来的原始人群。而事实上，国家先于部族形成，而非部族早于国家产生。部族只是国家的行政虚构，一个被建构的影子社会。

部族乃是国家建构出来对自身产生巨大威胁的力量。换言之，野蛮人并非原始化石，他们也不断经历政治演化，而这个演化过程直接受到国家的影响。斯科特指出，在早期国家和现代国家对非国家人群宣示霸权的阶段之间，是属于野蛮人的黄金时期，部族对于国家多数情况下居于优势地位。而国家本身既推动了这一优势，又助长了野蛮人的生活方式的吸引力。

由于生态区位的差异性和互补性，国家和非国家人群是天然的贸易伙伴。以国家的范围来划定所谓文明和野蛮区域的物理边界是错误的。事实上，蛮族和国家是相互构建的：一方面，蛮族不断通过突击式的掠夺从国家中心抢夺资源，并依靠战争取得控制贸易的政治优势；另一方面，国家的扩张本身加剧了人口流动。人类进入国家统治区域与逃离国家统治的理由都非常多。人类在接受国家提供的安全的同时，也需要承受对应的劳役和税收负担。在漫长的人类史中，人们不断在无国家社会与国家社会之间流动。许多野蛮人并非被留下的原始人类，而是逃离由国家导致的贫困、税收、奴役和战争的政治和经济难民。

粮食、牲畜和人口高度集中的生产空间既是国家权力的来源，也是它的致命缺点。野蛮人通过其分散与流动的生活方式不断侵扰固定的国家财富，以掠夺作为他们的固定收入。对于野蛮人而言，"掠夺就是他们的农业"。从某种意义上，国家所依赖的定居社区产生的财富也是蛮族的生存基础，国家和蛮族都对其进行掠夺，并施行一种长期性的、常规性的保护与掠夺行为。

简言之，"野蛮人"和"文明人"在现实中和符号意义上都是孪生兄弟。蛮族构成了一个"影子帝国"，寄生在谷物国家周边。游牧民族的集中化程度与其邻居农业文明的程度是直接相关的。在这个漫长的历史时期中，虽然人类人口的增长催生了更为密集的生存策略，但国家的脆弱性以及国家外围庞大的无国家控制区域及其流动人群让我们不可能在现实中找到国家霸权。在这个历史时刻，野蛮人群相对于国家臣民的比例可能会不断增长，因为国家统治外围的生活甚至比在国家中心统治区域更有吸引力。

斯科特在深度历史（Deep History）意义上给我们展现了早期国家形成与崩溃的复杂图景。他提供的国家史叙事并不侧重特定变量之间的因果关联，那样简单化的科学解释无疑会掩盖人类历史的事实。最重要的是，他对国家起源与文明叙事的批判警示我们可能在政治演化的分析中犯了一个重要错误——我们对文明的考察受到了文明本身的偏见的影响。由于学者们对人类历史的考察严重依赖于一些文明的自画像，即基于国家视角的历史和考古记录，我们很可能忽视了国家形成历史中更为关键的部分。在这个纠正视角的基础上，斯科特展现了早期国家常见的崩溃与其原初构成之间的关联，还展现了居于权力中心的农业人口与无国家人口之间的流动性和相互构成的关系。国家建基于一个人口-农业生态综合体，而国家统治外围的流动人群既对这个综合体构成威胁，更是一种具有持久吸引力的生活方式。这很好地回答了斯科特一直以来思考的问题——"为什么流动人群总是现代国家的挑战？"早期国家自己建构出了一个不断威胁自己统治的流动人群。

图书在版编目（CIP）数据

政治与法律评论. 第12辑, 长臂管辖与美国总统权力/
史庆主编. — 北京：当代世界出版社，2022. 4
ISBN 978-7-5090-1660-2

Ⅰ. ①政… Ⅱ. ①史… Ⅲ. ①法学-政治学-研究
Ⅳ. ①D90-05

中国版本图书馆 CIP 数据核字（2022）第 050376 号

书　　名：政治与法律评论. 第 12 辑，长臂管辖与美国总统权力
出版发行：当代世界出版社
地　　址：北京市东城区地安门东大街 70-9 号
网　　址：http：//www. worldpress. org. cn
邮　　箱：ddsjchubanshe@ 163. com
编务电话：（010）83907528
发行电话：（010）83908410
经　　销：新华书店
印　　刷：北京中科印刷有限公司
开　　本：710 毫米×1000 毫米　1/16
印　　张：18
字　　数：210 千字
版　　次：2022 年 4 月第 1 版
印　　次：2022 年 4 月第 1 次
书　　号：978-7-5090-1660-2
定　　价：76.00 元